Unterwegs

Erarbeitet von
Elke Bleier-Staudt,
Katrin Bothe,
Günter Lange,
Jörg Ulrich
Meyer-Bothling,
Herbert
Schnierle-Lutz,
Karin Schröer,
Eike Thürmann,
Günter Waldmann

Lese- und Arbeitsbuch

Gestaltet von
Uwe Häntsch

Ernst Klett Schulbuchverlag Leipzig
Leipzig Stuttgart Düsseldorf

1. Auflage   A 1   5 4 3 2 1 | 2009 2008 2007 2006 2005

Alle Drucke können im Unterricht nebeneinander benutzt werden, sie sind
untereinander unverändert. Die letzte Zahl bezeichnet das Jahr dieses Druckes.

Redaktion: Herbert Schnierle-Lutz, Bad Teinach
Layout, Illustration und Satz: Uwe Häntsch, Berlin
Umschlagkonzeption: MetaDesign AG, Berlin,
unter Verwendung einer Illustration von Uwe Häntsch

Druck: Aprinta, Wemding

Printed in Germany

ISBN 3-12-309170-8

Teil 1 Unterrichtsvorhaben und Projekte

SZENISCHE TEXTE VERSTEHEN

Molières Lustspiel „Der Geizige"

BÜCHERWELT

Eine Jugendbuchautorin: Kirsten Boie

Teil 2 Themen und Texte

Ob ich dich liebe …

Dazugehören, draußen sein

Widerstehen

Mensch und Technik

Begegnung mit fremden Welten

Hexenwahn

Der fremde Planet

Teil 3   Informationen

Teil 1
Unterrichtsvorhaben und Projekte

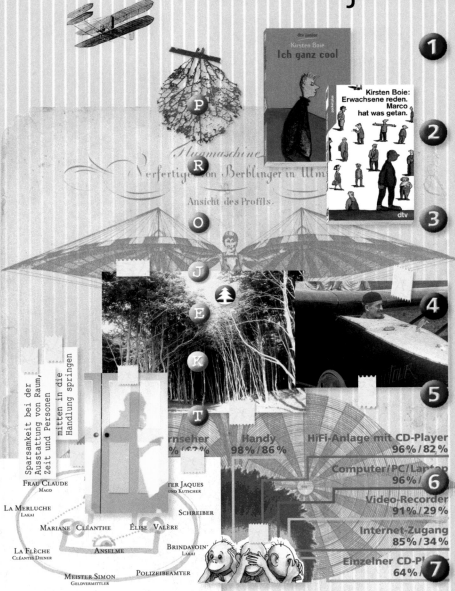

P R O J E K T

1

2

3

4

5

6

7

Fernseher
%/%

Handy
98%/86%

HiFi-Anlage mit CD-Player
96%/82%

Computer/PC/Laptop
96%/

Video-Recorder
91%/29%

Internet-Zugang
85%/34%

Einzelner CD-Pl...
64%/

Bilder und Texte vom Fliegen

1 Der Schneider von Ulm
– Sich in Bildern und Texten orientieren

1. Berblinger's unglückliches Unternehmen als Luftflieger in seiner Positur. 2. das Ufer der Donau, mit Zuschauer. 3. die glückliche Rettung des Luftfliger's, von den Fischern. 4. Ulm.

1 **Thema:** Worum geht es in den Bildern?

2 **Inhalte:** Welche Einzelheiten könnt ihr aus den Bildern über den Flugversuch des Schneiders von Ulm in Erfahrung bringen? Wie ist der Flugversuch ausgegangen?

3 **Absichten/Intentionen:** Mit welchen Absichten/Intentionen sind die einzelnen Bilder verbunden? Welches Bild beschreibt bzw. erklärt, welches berichtet, welches erzählt eine Geschichte, welches charakterisiert den „Helden"?

4 Was fällt euch an den Bildern sonst noch auf?

Berblinger, Albrecht Ludwig, genannt Schneider von Ulm, geb. 24. 6. 1770, gest. 28. 1. 1829, deutscher Flugpionier, konstruierte 1811 einen halbstarren Hängegleiter, mit dem er bei der Vorführung über der Donau am 31. 5. 1811 abstürzte.

24. 6. 1770	Geboren als siebtes Kind des Albrecht Ludwig Berblinger und seiner zweiten Ehefrau Dorothea, geb. Finck.
25. 6. 1770	Taufe in der Münsterpfarrei zu Ulm.
27. 9. 1791	Von der Schneiderzunft zu Ulm zum Schneidermeister gewählt, obwohl damals eine mindestens achtjährige Gesellenzeit nachzuweisen war.
um 1808	Entwicklung und Herstellung von Beinprothesen.
24. 4. 1811	In einer Anzeige im „Schwäbischen Merkur" kündigt Berblinger einen Flugversuch mit einer selbst gebauten Flugmaschine an. Gleichzeitig teilt er der Öffentlichkeit mit, dass diese Maschine im Gasthaus zum Goldenen Kreuz zu besichtigen sei.
30. 5. 1811	In Anwesenheit des Königs von Württemberg will Berblinger einen Flugversuch von der Adlerbastei über die Donau unternehmen. Dieser kam aber nicht zur Ausführung, da an der Flugmaschine ein Flügel gebrochen war, wie Christian Wachter, ein Zuschauer, berichtet. Trotzdem ließ der König Berblinger 20 Goldmünzen aushändigen.
31. 5. 1811	Misslungener Flugversuch in die Donau vor mehreren tausend Zuschauern, wie der oben erwähnte Christian Wachter schreibt.
15. 2. 1812	Berblinger erbittet ein Gerichtszeugnis für eine Anstellung als Regimentsschneider. Im Beschluss des Stadtgerichts heißt es, dass Berblinger seine Profession gut versteht, dass er ein erfinderischer Kopf sei, ein Weib und 4 Kinder habe und kein Vermögen besitze.
28. 1. 1829	Berblinger stirbt im Alter von 58 Jahren im Spital an „Abzehrung". Seine Grabstätte ist unbekannt.

Ulm, den 24. April. [Neue Flugmaschine]. Nach einer unsäglichen Mühe in der Zeit mehrerer Monate, mit Aufopferung einer sehr beträchtlichen GeldSumme und mit Anwendung eines rastlosen Studiums der Mechanik hat der Unterzeichnete es dahin gebracht, eine FlugMaschine zu erfinden, mit der er in einigen Tagen hier in Ulm seinen ersten Versuch machen wird, an dessen Gelingen er, bestärkt durch die Stimme mehrerer Kunstverständiger, nicht im Geringsten zweifeln zu dürfen glaubt. Von heute an ist die Maschine bis an den Tag des Versuchs, der nebst der Stunde in diesen Blättern vorher genau angezeigt werden wird, hier im Saale des GastHofs zum goldenen Kreuz Jedem zur Ansicht und zur Prüfung ausgestellt. – B e r b l i n g e r.

„Er bekommt von dem König die Erlaubnis, seine Kunst zu vollbringen, allein es misslung ihm, wie mehrere Tausend Zuschauer da waren, und man glaubte ganzlich, die Minut würde er fliegen, so brach ihm ein Flügel entzwei, musste also seine Kunst plötzlich zurücklassen und sein brochenen Flügel wieder probieren, bis auf den folgenden Tag ist er fertig worden. Am Freitag (d. 31. Mai) unter der Mittags-Zeit reitet er und 2 Trompeter in der Stadt umher, und der Künstler ruft es selber aus, bis Abend 4 Uhr wolle er seine Probe mit seiner Flugmaschine ablegen, und er musste es tun, aufs Königs Befehl, also wie es 3/4 auf 5 Uhr gewesen ist, so wurde er von dem Herzog Heinrich von Wiblingen rau angesprochen, seine Kunst in Bälde zu vollziehen. Wie man geglaubt hat, es gehe wirklich an das Fliegen, so machte er einen Sprung in die Donau, das ist die ganze Kunst des Schneiders gewesen, dann die Schiffmann sind schon mit ihren Schiffen bereit gestanden, die haben ihn herausgezogen." *(Augenzeugenbericht des Christian Wachter)*

Der Schneider von Ulm

(Ulm 1592)

Bischof, ich kann fliegen.
Sagte der Schneider zum Bischof.
Paß auf, wie ich's mach!
Und er stieg mit so 'nen Dingen
Die aussah'n wie Schwingen
Auf das große, große Kirchendach.

    Der Bischof ging weiter.
    Das sind lauter so Lügen
    Der Mensch ist kein Vogel
    Es wird nie ein Mensch fliegen.
    Sagte der Bischof vom Schneider.

Der Schneider ist verschieden.
Sagten die Leute dem Bischof.
Es war eine Hatz.
Seine Flügel sind zerspellet
Und er liegt zerschellet
Auf dem harten, harten Kirchenplatz.

    Die Glocken sollen läuten
    Es waren nichts als Lügen
    Der Mensch ist kein Vogel
    Es wird nie ein Mensch fliegen.
    Sagte der Bischof den Leuten.
              Bertolt Brecht

(Text in alter Rechtschreibung)

Ulm, 31. 5. 1811:
In Anwesenheit Seiner
Majestät des Königs von
Württemberg versuchte
gestern ein gewisser
Ludwig Berblinger, genannt
„Schneider von Ulm",
mit einem selbst erbauten
Schwingenflugapparat
die Donau zu überqueren.
Als Berblinger von der
Adlerbastei abheben wollte,
wurde er jedoch sofort von
einem heftigen Windstoß
erfasst und verschwand auf
Nimmerwiedersehen in den
Wolken. „Schneider sind
eben zu leicht zum
Fliegen!", beschied Seine
Majestät der König barsch
und verbot ab sofort allen
Angehörigen der wollenen
Zunft bei Strafe jeden
weiteren Flugversuch.

5 **Inhalte:** Welche der Texte orientieren sich an den historischen Ereignissen? Fasst zusammen, was ihr über den Flugversuch in Ulm aus den Texten ermittelt habt.

6 **Absichten/Intentionen:** Zwei Texte weichen erheblich von den historischen Ereignissen ab. Was mag dafür der Grund sein? Welche Absichten verbinden sich wohl mit diesen Texten?

7 **Textarten/Gattungen:** Welcher der Texte ist damals tatsächlich in einer Zeitung veröffentlicht worden und welcher Text spielt nur mit der Form eines historischen Zeitungsberichts? Welche anderen Textarten findet ihr auf dieser Seite?

8 **Gestaltung/Wirkung:** Findet ihr Besonderheiten in der Gestaltung der Bilder und Texte? Wie wirken sie auf euch?

2 Konnte er doch fliegen? – Vertiefende Texte lesen

Macht euch klar, was ihr bislang über den „Schneider von Ulm" erfahren habt. Könnt ihr daraus die Frage beantworten, ob er nun fliegen konnte oder nicht? Wenn nicht, müsst ihr weitere Texte dazu suchen und lesen. Entsprechende Texte könnt ihr eventuell in der Bibliothek oder im Internet finden. Hier ein Beispiel für einen in der Bibliothek gefundenen Text:

Die Wahrheit über den „Schneider von Ulm"
Untersuchungen des historischen Fluges am 31. Mai 1811

(Auszug) Es ist selbstverständlich für die damalige Zeit, dass man angesichts des königlichen Besuchs das Flugprogramm vorher nach allen Regeln der Kunst erprobt hat. Wäre Berblingers Fliegerei nur eine halbe, undurchsichtige Sache gewesen, wäre sie nie vor das Auge des Königs gelangt. Seine Probeflüge, die er vor der Stadt draußen auf dem Michelsberg gemacht hatte, mussten überzeugend ge- 5 wirkt haben. Warum misslang ihm dann aber vor der Öffentlichkeit alles? [...]

Er fliegt nicht zur festgesetzten Zeit um 16 Uhr, sondern wartet bis 16 Uhr 45, bis ihn der Herzog von Wiblingen „rau" anspricht. Erst daraufhin stürzt er sich in den missglückten Flug. Interessant sind die Beobachtungen vonseiten seiner zeitgenössischen Zuschauer, die natürlich gespannt seine Tätigkeit verfolgen: 10 „Er wurde weiß wie Backsteinkäs." – „Er kann nur tänzeln und wedeln." Ersterer Ausdruck zeigt, wie der Meister plötzlich von einer katastrophalen Erkenntnis erfasst wird. Der andere Ausdruck weist auf ein tastendes Suchen und Abtasten auf dem Sprunggerüst nach einer fehlenden Luftkraft hin. Es war mir als Segelflieger sofort klar, dass Berblinger hier plötzlich sein seither tragendes Luftelement ver- 15 misst. Auf dem Michelsberg, bei seinen Versuchen, muss er es noch gehabt haben.

Der Michelsberg ist ein gegen Süden abfallender Gleithang, der als beinahe ebene Fläche in die bayrische Hochebene übergeht. An diesem idealen Gleithang wird fast immer bei gutem Wetter ein leichter Aufwind sein, der für seinen primitiven Apparat ausreicht, ihm das „Erlebnis des gleitenden Fliegens" zu ermöglichen. 20 Dieser Aufwind entsteht sowohl bei Süd-, West- und Ostwind, wenn die von der Hochebene herangeblasene Luftschicht sich gegen den Hang aufwärts schiebt. Für Berblinger war dieser Aufwind das Flugelement. Ein jeder Segelflieger weiß, wie man den leichtesten Aufwind schon beim Start der Maschine spürt. Wie war es aber bei seinem primitiven Apparat, wenn dieser Aufwind fehlte oder wenn gar Rücken- 25 und Abwind einsetzte? Im letzteren Falle muss es zu jähem Sturz kommen.

Nach dieser Betrachtung kehren wir zurück zur Adlerbastei. War es möglich, dass das missliche Schicksal es wollte, dass er dort zum ersten Mal auf die Erscheinung des gefährlichen Ab- und Rückenwindes stieß? Dann war sein Schicksal schon vor dem Flug besiegelt. Und so etwas scheint sich hier zum Teil ganz 30 deutlich abgespielt zu haben. Der Meister fühlte plötzlich „tote" statt „lebendige" Luft. Abwind, Rückenwind oder Wirbelfelder wirken auf seinen Flugapparat unbelebend, nur der Aufwind kann ihn beleben und heben. Und dieses „Leben" will er haschen, dieses Luftelement will fühlend er suchen, und so entsteht sein emsiges „Tänzeln" und „Wedeln" vor dem Start. 35

*Foto von
Otto Lilienthal
mit seinem Gleiter,
der 85 Jahre nach
Berblinger dessen
Flugidee erfolgreich
weiterentwickelte*

Es ist also zu klären, ob die Adlerbastei wirklich keine guten Voraussetzungen für die Bildung von Aufwind bot. Und danach zu urteilen, hat Berblinger tatsächlich den Ort seines Fluges sehr schlecht gewählt:

1. Durch die bei Ulm mit der Donau vereinigte kalte Iller ist dort fast stetiger Abwind vorhanden.
2. Jeder Gegenwind, der sonst zum Aufwind wird am Hang, wird an der Adlerbastei durch die senkrechte Uferwand zum Wirbelfeld.

Wir dürfen Berblinger aber durchaus keinen Vorwurf machen. Wie sollte er damals die Luftströmungsgesetze kennen, die erst hundert Jahre später wissenschaftlich erforscht wurden? Am Michelsberg wäre wahrscheinlich ein solcher Flug gelungen. Aber wie sollten König und Volk zu einem Festprogramm so weite Wege gehen?! Er spürte die ungünstigen Bedingungen an der Adlerbastei noch vor dem Flug mit Schrecken und wollte nicht fliegen. Aber man zwang ihn zum Gespött zu werden. *Otto Schwarz*

1 **Informationen erschließen:** Macht euch eine Kopie des Textes und streicht darauf alle Stellen an, an denen der Verfasser etwas zu der Frage ausführt, ob der „Schneider von Ulm" nun fliegen konnte oder nicht. Gebt zur besseren Erschließung des Textes seinen Abschnitten aussagekräftige Überschriften und fertigt auf dem Rand Notizen zu ihrem Inhalt an.

2 **Informationen auswerten:** Macht euch klar, wie der Verfasser seine Argumentation Schritt für Schritt aufbaut. Fasst sie mit eigenen Worten zusammen und tragt sie verständlich vor.

3 **Informationen bewerten**: Was meint ihr zu der Argumentation des Verfassers? Überzeugt sie euch? Diskutiert darüber und sucht ggf. in der Bibliothek oder im Internet nach weiteren Informationen zum Thema.

3 Der „fliegende Narr" – Erschließen von Texten

Start in New York, Landung in Paris. Was heute alltäglich klingt, war 1927 eines der größten Ereignisse unseres Jahrhunderts.

Charles Lindbergh flog als Erster nonstop über den Atlantik, alleine.

Die ganze Erfahrung, die er dabei sammelte, steckt in der Uhr, die er daraufhin gemeinsam mit Longines entwickelt hat.

Diese Hour-Angle-Watch, eine Stunden-Winkel-Uhr, wird heute wieder nach Originalvorlagen von Longines gefertigt. Sie besitzt all die wichtigen Details, die eine solche Uhr über die bloße Zeitmessung hinaus so reizvoll machen.

Sicher kann man zu Recht behaupten, dass man auch deshalb die Lindbergh trägt, weil sie eine Legende darstellt.

Und nicht zuletzt, weil der Name Longines für die Schweizer Uhr steht, die viele wage-   mutige Entdecker unserer Zeit   begleitet hat.

Text-Steckbrief

Thema: *Nicht ganz eindeutig: Es geht um Lindbergh, aber auch um Armbanduhren*

Inhalte: *Ebenso gemischt: einige wenige Informationen zu Lindberghs Atlantik-Flug und dann Allgemeines über eine Art von Uhr („Hour-Angle-Watch"), die ich nicht kenne*

Textart/Gattung: *Klarer Fall = Werbung*

Absicht: *Ergibt sich daraus = Aufmerksamkeit herstellen, Käufer anlocken, Produkt positiv darstellen und verkaufen*

Besondere Gestaltungsmerkmale:

Großes Bild: *Sieht in die Ferne - Siegertyp - Heldenpose - altes Foto*

Kleines Bild:

Produktname:

Text:

Slogan:

Zusammenstellung/Montage:

Wirkung:

1 **Wirkung:** Wie wirkt diese Werbung auf euch? Welche Notizen hättet ihr euch zu dem Stichwort „Wirkung" gemacht?

2 **Besonderheiten in der Gestaltung:** Überprüft im Einzelnen die Elemente dieser Anzeige (Bilder, Texte) und stellt fest, welche Wirkung sie erzielen und mit welchen Mitteln.

3 Vervollständigt den Text-Steckbrief mit euren Notizen.

Vorbereitungen für den Start

Am 12. Mai trifft auf dem Curtiss-Flugfeld in Long Island unerwartet und unbeachtet ein junger Pilot ein. Er kommt auf dem Luftwege aus San Diego am Stillen Ozean und überführt sein Flugzeug – einen kleinen Eindecker der Ryan Flying Co. – in einem Flug von nur 21 Stunden über St. Louis nach New York. Immerhin, die Zeit ist ganz beachtlich. Sehr beachtlich sogar. Die einsitzige Maschine ist schließlich nur ein winziger Vogel aus Holz mit Kunststoffbespannung und einem bisschen Blech, so eine richtige zünftige „Apfelsinenkiste" von achteinhalb Meter Länge und zwölfeinhalb Meter Spannweite. Und der Wright-Whirlwind-Motor ist mit ganzen 240 PS auch nicht gerade einer der stärksten. 5

Als der junge 25-jährige Pilot, der sich als Charles Augustus Lindbergh aus Detroit im Staate Michigan, USA, ausweist, mit Bestimmtheit erklärt, mit dieser „Nudelmühle" allein nach Paris fliegen zu wollen, sobald das Wetter dies einigermaßen zuließe, schütteln die Sachverständigen und die „Kanonen" unter den Piloten nur mild und nachsichtig ihre weisen Köpfe. „Flying fool" – der „fliegende Narr" – heißt er von diesem Tage an. 10 15

Dabei ist Charles Lindbergh keineswegs ein fliegendes Greenhorn, das noch nicht trocken hinter den Ohren ist. Er hat schon immer gewusst, was er will, der Hauptmann der amerikanischen Luftwaffenreserve. Bereits 1926 traf er, der sich als Postflieger zwischen Chicago und St. Louis seinen Lebensunterhalt verdiente, sorgfältige Vorbereitungen für den Flug seines Lebens, der ihn ein Jahr später in den Ruhm der Geschichte führen sollte. Seine ganze Barschaft bestand indessen nur aus 2000 Dollar. Verschiedene Geschäftsleute in St. Louis, denen seine stets pünktliche Ankunft mit den Postsäcken viel Nutzen brachte, stellten ihm schließlich im Dezember 1926 weitere 13 000 Dollar zur Verfügung. 20

Am 20. Februar war mit der Montage der Maschine, in die Spezialtanks eingebaut sind, begonnen worden. Genau 60 Tage später machte er die ersten Probeflüge mit diesem „fliegenden Floh", der mit keinem der heute selbstverständlichen Hilfsgeräte ausgerüstet ist. So fehlen eine Enteisungsanlage, Scheinwerfer und Heizung. Nicht einmal mit einer Funkanlage, geschweige denn mit einer automatischen Steuerung ist der *Spirit of St. Louis*, wie die „Apfelsinenkiste" getauft wird, versehen. 25 30

Unterwegs
(Aus Charles Lindberghs Aufzeichnungen)

Die Wellen voraus verschwinden. Nebel liegt über der See. Mir bleibt gerade noch so viel Zeit, den Höhenmesser neu einzustellen und anzufangen wieder zu steigen. Dreißig Meter über dem Wasser, bei Sturm und Drückern, ist keine geeignete Gegend, um blind zu fliegen. Die Böen sind äußerst heftig. Mein Anschnallgurt boxt mich in den Magen. Die Zeiger schlagen so aufgeregt über den Skalen aus, dass ich beim Steuern nur ihren Durchschnitt nehmen kann. Ich schiebe die Drosselklappe nach vorne und halte den Staudruck auf gut hundertfünfzig Stundenkilometer, bis der Höhenmesser dreihundert Meter zeigt, wobei ich genau auf den Tourenzähler achte. 5

10   Der Nebel geht nicht vorbei. Ich fliege und fliege durch seine milchige Weiße. Ich fange an, mich ans Blindfliegen zu gewöhnen – und habe allein auf diesem Fluge mehr davon hinter mir als auf all meinen früheren Flügen zusammen. Zum Überleben ist jetzt nicht mehr so viel Aufpassen wie zu Anfang nötig. Minuten werden zur Viertelstunde. Aus einer Viertelstunde wird eine halbe, werden drei

15 Viertel. Noch immer erscheinen die Wellen nicht. Wiederum fliege ich automatisch, mit Augen, die registrieren, aber nicht sehen. –

Nein, nein: Ich darf mich nicht hinlegen und schlafen, ich kann nicht hinaus – und spazieren gehen. Reib dir die Augen, schüttele kräftig den Kopf. Du bist mitten über einem Ozean!

20 Mitten über dem Ozean bin ich nicht; bin nicht in einer Maschine, die durch den Himmel stürmt. Ich bin …

   „CHARLES!"

   Mein Herz klopft so laut, dass ich die Stimme des Kindermädchens kaum höre. Ich bin ihm entwischt und blicke angstvoll, die Augen weit aufgerissen, um

25 die Ecke unserer grauen Scheune.

   „CHARLES! KOMM SOFORT ZURÜCK!"

   Eine riesige Rauchwolke steigt aus unserem Haus auf, breitet sich aus, verdunkelt den Himmel. Das also haben Geschrei und Lärm zu bedeuten! Deswegen hat man mich jählings vom Spiel weggerissen und schleunigst über die Kü-

30 chentreppe ins Freie geschafft. Unser Haus brennt ab!

   „CHARLES!"

   Eine Hand ergreift meinen Arm und zieht mich hinter die Scheune zurück.

   „Charles, du *darfst* da nicht hinsehen!" Mein Kindermädchen ist schrecklich aufgeregt und fürchtet, ein solcher Anblick sei einem kleinen Jungen schädlich.

35 Wo ist mein Vater – und Mutter – was wird aus meinen Spielsachen werden? –

Rechts Seitenruder, fünf Grad.

4 **Thema:** Worum geht es in diesen Texten?

5 **Wirkung:** Welcher der beiden Texte schafft Distanz zu den Ereignissen der Ozeanüberquerung, welcher Text bezieht die Leser unmittelbar ein? Von welchem der beiden Texte fühlt ihr euch stärker angesprochen?

6 **Absicht/Intention:** Welchen der Texte würdet ihr lesen, um euch schnell und gründlich zu informieren, welchen Text würdet ihr lesen, um das Abenteuer der ersten Atlantiküberquerung nacherleben zu können?

7 **Besonderheiten in der Gestaltung:** Untersucht den zweiten Text nach solchen Gestaltungsmitteln, die euch als Leserin/Leser in die Position von Charles Lindbergh versetzen. Stellt Fragen an den Text und versucht sie zu beantworten:
- Wer erzählt und aus welcher Sicht/Perspektive?
- Auf welchen zeitlichen Ebenen wird erzählt?
- Mit welchen Mitteln wird das technische Abenteuer verdeutlicht?
- Wie werden Gegenwart und Vergangenheit abgegrenzt?
- Wie wird die Anstrengung, sich zu konzentrieren, vermittelt, wie Müdigkeit, Einsamkeit und Langeweile?

Der Ozeanflug

(Text in alter Rechtschreibung)

Ist es wahr, man sagt, du hättest bei dir
Nur deinen Strohhut und seist also
Eingestiegen wie ein Narr? Auf einem
Alten Blech willst du
5 Überfliegen den Atlantik?
Ohne einen Begleiter für die Orientierung
Ohne Kompaß und Wasser?

Mein Name tut nichts zur Sache
Ich bin 25 Jahre alt
10 Mein Großvater war Schwede
Ich bin Amerikaner.
Meinen Apparat habe ich selbst ausgesucht.
Er fliegt 210 km in der Stunde
Sein Name ist „Geist von St. Louis"
15 Die Ryan-Flugzeugwerke in San Diego
Haben ihn gebaut in 60 Tagen. Ich war dabei
60 Tage, und 60 Tage habe ich
Auf Land- und Seekarten
Meinen Flug eingezeichnet.
20 Ich fliege allein.
Statt eines Mannes nehme ich mehr Benzin mit.
Ich fliege in einem Apparat ohne Radio.
Ich fliege mit dem besten Kompaß.
3 Tage habe ich gewartet auf das beste Wetter
25 Aber die Berichte der Wetterwarten
Sind nicht gut und werden schlechter:
Nebel über den Küsten und Sturm über dem Meer
Aber jetzt warte ich nicht länger
Jetzt steige ich auf.

30 Ich wage es.
Ich habe bei mir:
2 elektrische Lampen
1 Rolle Seil
1 Rolle Bindfaden
35 1 Jagdmesser
4 rote Fackeln in Kautschukröhren versiegelt
1 wasserdichte Schachtel mit Zündhölzern
1 große Nadel
1 große Kanne Wasser und eine Feldflasche Wasser
40 5 eiserne Rationen, Konserven der amerikanischen
    Armee, jede ausreichend für 1 Tag. Im Notfall
    aber länger.
1 Hacke
1 Säge
45 1 Gummiboot.
Jetzt fliege ich.
Vor 2 Jahrzehnten der Mann Blériot
Wurde gefeiert, weil er
Lumpige 30 km Meerwasser
50 Überflogen hatte.
Ich überfliege
3000.

Ich bin der Nebel
  und mit mir muß rechnen
55 Der auf das Wasser hinausfährt.
1000 Jahre hat man keinen gesehen
Der in der Luft herumfliegen will!
Wer bist du eigentlich?
Aber wir werden da sorgen
60 Daß man auch weiterhin da nicht herumfliegt!
Ich bin der Nebel!
Kehr um!
Werde älter, dann wirst du
Wissen, wer ich bin:
65 Ich bin der Nebel!

Was Du da sagst
Das will schon überlegt sein
Wenn du noch zulegst, kehre ich
Vielleicht wirklich um.
70 Wenn keine Aussicht da ist
Kämpfe ich nicht weiter.
Entweder mit dem Schild oder
    auf dem Schild
Mache ich nicht mit.
75 Aber jetzt
Kehre ich noch nicht um.

Jetzt bist du noch groß, weil
Du dich noch nicht auskennst mit mir
Jetzt siehst du noch etwas Wasser unter dir
80 Und weißt
Wo rechts und wo links ist. Aber
Warte noch eine Nacht und einen Tag
Wo du kein Wasser siehst und den Himmel nicht
Auch dein Steuer nicht
85 Noch deinen Kompaß.

Seit einer Stunde ist in mir ein Mann
Mit einem Apparat!
Bald oben hoch über mir
Bald unten nahe beim Wasser!
90 Seit einer Stunde werfe ich ihn
Gegen das Wasser und gegen den Himmel
Er kann sich nirgends halten, aber
Er geht nicht unter.
Er fällt nach oben
95 Und er steigt nach unten
Er ist schwächer als ein Baum an der Küste
Kraftlos wie ein Blatt ohne Ast, aber
Er geht nicht unter.
Seit Stunden sieht dieser Mensch nicht den Mond
100 Noch seine eigene Hand
Aber er geht nicht unter.
Auf seinen Apparat habe ich Eis gepackt
Daß er schwer wird und ihn herabzieht
Aber das Eis fällt ab von ihm und
105 Er geht nicht unter.

Jetzt kommt er!
Am Himmel erscheint
Ein Punkt.
Er wird größer. Es ist
110 Ein Flugzeug.
Jetzt kommt es herab.
Auf die Wiese heraus
Kommt ein Mann
Und jetzt
115 Erkennen wir ihn: das ist
Der Flieger.
Der Sturm hat ihn nicht verschlungen
Noch das Wasser.
Bewährt hat sich sein Motor und er
120 Hat den Weg gefunden zu uns.
Er ist angekommen.

Ich bin Derundder. Bitte tragt mich
In einen dunklen Schuppen, daß
Keiner sehe meine
125 Natürliche Schwäche.
Aber meldet meinen Kameraden in
den Ryan Werken von San Diego

Daß ihre Arbeit gut war.
Unser Motor hat ausgehalten
130 Ihre Arbeit war ohne Fehler.

Zu der Zeit, wo die Menschheit
Anfing sich zu erkennen
Haben wir Wägen gemacht
Aus Holz, Eisen und Glas
135 Und sind durch die Luft geflogen
Und zwar mit einer Schnelligkeit, die den
    Hurrikan
Um das Doppelte übertraf.
Und zwar war unser Motor
140 Stärker als hundert Pferde, aber
Kleiner als ein einziges.
Tausend Jahre fiel alles von oben nach unten
Ausgenommen der Vogel.
Selbst auf den ältesten Steinen
145 Fanden wir keine Zeichnung
Von irgendeinem Menschen, der
Durch die Luft geflogen ist
Aber wir haben uns erhoben.
Gegen Ende des 2. Jahrtausends unsrer Zeit-
150   rechnung
Erhob sich unsere
Stählerne Einfalt
Aufzeigend das Mögliche
Ohne uns vergessen zu machen: das
155 N o c h   n i c h t   E r r e i c h t e.
Diesem ist dieser Bericht gewidmet.

Bertolt Brecht

8 **Absicht/Intention:** An welcher Stelle im Text findet ihr Aussagen, die euch helfen die Absicht/Intention zu verstehen, mit der dieser Text verfasst wurde? Verdeutlicht diese mit eigenen Worten.

9 **Textart/Gattung:** Der Text behauptet von sich selbst, er sei ein „Bericht". Sucht die Textpassagen heraus, die zu dieser Textart passen.

10 **Wirkung:** Wie wirken Berichte (z. B. ein Unfallbericht für die Versicherung) normalerweise? Wie wirkt dieser „Bericht" auf euch? Was ist daran anders?

11 **Besonderheiten in der Gestaltung:**
- Was meint ihr: Ist der Text eher für das laute und sinngestaltende Lesen oder für das stille Lesen geschrieben? Begründet eure Meinung und berücksichtigt dabei Satz- und Zeilenstruktur.
- Sucht die Abschnitte aus dem Text heraus, die aus der Rolle des Charles Lindbergh heraus gesprochen/geschrieben sind. Wer könnten die Sprecher in den anderen Abschnitten sein?
- Wenn ihr mit diesem Text ein Hörspiel inszenieren wolltet, mit welchen Gestaltungsmitteln (Sprechstil, Chor, Erzähler, Musik, Geräusche etc.) würdet ihr arbeiten? Welche Wirkung würdet ihr mit diesen Gestaltungsmitteln erzielen wollen? Probiert es aus.

4 Ein Jahrhundert Luftfahrt – Anlass für eigene Recherchen und Diskussionen

100 Jahre Luftfahrt

(Auszug) Mehr als 500 Millionen Passagiere reisen heute pro Jahr auf den zehn größten Flughäfen der Welt an und ab. Begonnen hat das Jahrhundert der motorisierten Luftfahrt mit nur einem Menschen in einem Flugzeug: Am 17. Dezember 1903 übernahm **Orville Wright** in Kitty Hawk, North Carolina, das Steuer eines fragilen Flugzeugs, das von einem Motor mit zwölf PS angetrieben wurde. Sein 5 Bruder **Wilbur Wright** lief neben der Maschine her, als Orville abhob und nach 37 Metern wieder landete. Diese zwölf Sekunden brachten die Antwort auf eine uralte Frage: Der Mensch *kann* fliegen.

    Alberto Santos-Dumont war der dritte Mensch, der in einem Motorflugzeug flog. 1906 gelang ihm der erste Flug in Europa. 10

    Henri Farman schaffte 1908 den ersten Rundflug in Europa und gewann mit seinem Doppeldecker zahlreiche Preise.

    Glenn Curtiss war ein begabter Motorenbauer. 1909 gewann er bei der internationalen Flugschau in Reims den Preis für Geschwindigkeit, er war 75 km/h schnell.

    Louis-Charles Breguet entwickelte Flugzeuge, die im Ersten Weltkrieg als 15 Aufklärungs- und Bombenflugzeuge eingesetzt wurden.

    Igor Sikorsky startete 1913 mit dem ersten viermotorigen Flugzeug. 1918 emigrierte er aus Russland nach Amerika und gründete eine Flugzeugfabrik, die in den 1930er-Jahren einen Prototyp des modernen Hubschraubers entwickelte.

    In den 1920er-Jahren wurde die Fliegerei zur Massenattraktion. Aber bis das 20 Flugzeug ein Transportmittel wurde, brauchte es viel Ingenieurwissen und Geschäftssinn:

    Alfred Lawson führte 1919 das erste mehrmotorige Passagierflugzeug ein, das eine vollständig geschlossene Kabine hatte, 26 Menschen Platz bot und 640 km weit ohne Tanken fliegen konnte. Es wurde jedoch kein Erfolg, da es damals bil- 25 liger war, in umgebauten Weltkriegs-Bombern zu fliegen.

    Hugo Junkers, der bereits 1915 das erste Ganzmetallflugzeug F 13 konstruiert hatte, schuf 1931 mit der Ju 52 (Tante Ju) ein wegweisendes Passagierflugzeug, das in einzelnen Exemplaren noch heute fliegt. Seine Fabrik wurde 1934 von den Nazis enteignet und baute danach vor allem Kriegsflugzeuge. 30

    Anfang der 1930er-Jahre war die Fliegerei nicht länger eine Männerdomäne: **Amy Johnson** flog als erste Frau allein von England über Indien nach Australien und 1932 in neuer Rekordzeit von England nach Südafrika. **Amelia Earhart** flog 1932, fünf Jahre nach Charles Lindbergh, als erste Frau nonstop über den Atlantik. **Jacqueline Cochran** gewann 1937 als Pilotin ihren ersten Luftfahrtpreis 35 und erhielt in den folgenden 30 Jahren mehr Preise als jeder andere Pilot. 1953 durchbrach sie mit einem F 86 Sabre-Jet als erste Pilotin die Schallmauer.

    Donald Douglas begeisterte sich für das Fliegen, als er 1909 einen Flug von Orville Wright miterlebte. 1941 transportierten Flugzeuge der Douglas Aircraft Company mehr Fluggäste als die aller anderen Hersteller zusammen. 40

Einige Flugpioniere (von oben links): Orville Wright, Alberto Santos-Dumont, Henri Farman, Amy Johnson, Wilbur Wright, Glenn Curtiss, Amelia Earhart, Hugo Junkers, Igor Sikorsky und Louis-Charles Breguet.

Der Zweite Weltkrieg, der einen hohen Bedarf an Kampfflugzeugen und Bombern hervorbrachte, beschleunigte die Flugzeugentwicklung immens. In Deutschland wurde mit der „Messerschmidt Me 262" das erste Düsenflugzeug entwickelt. 1947 durchbrach **Chuck Yeager** mit einer Bell XS-1 als Erster die Schallmauer.

45 1958 stellte die Firma **Boeing** in Seattle ihren ersten Passagierjet 707 vor und dominierte danach über lange Zeit den Passagiermaschinenmarkt. Heute steht sie in einem scharfen Konkurrenzkampf mit dem europäischen **Airbus**.

1986 meisterten **Dick Rutan** und **Jeana Yeager** eine besondere Herausforderung, indem sie mit dem aus Grafit und Wellpappe gebauten Leichtflugzeug

50 „Voyager" den ersten Nonstop-Flug um die Welt ohne aufzutanken schafften. Sie starteten mit 4577 Litern Treibstoff an Bord. Bei der Landung neun Tage und 40234 Kilometer später waren noch 68 Liter übrig. Die Piloten aßen vorgekochte Mahlzeiten, die sie auf dem Kühler des hinteren Motors aufwärmten.

Lynne Warren / National Geographic

1 Recherchieren: Im Text sind zahlreiche Personen und Vorgänge genannt, die neugierig machen, mehr über sie zu erfahren! Sucht euch welche aus, die euch besonders interessieren, und recherchiert dazu in der Biblothek oder im Internet Näheres.

2 Präsentieren: Präsentiert eure Rechercheergebnisse schriftlich oder mündlich in ansprechender Form.

3 Überprüfen: Ihr könnt auch kritisch überprüfen, ob der Text wirklich die wichtigsten Personen und Stationen der Luftfahrtgeschichte wiedergibt, oder ob Lücken bestehen und andere Personen/Ereignisse euch ebenso wichtig erscheinen. Stellt auch hier eure Ergebnisse überzeugend dar.

4 Erweitern: Der Text nennt nur die Fortschritte der Luftfahrt. Ihr könnt natürlich auch die Rückschläge und Katastrophen der Luftfahrt recherchieren und darstellen.

5 Diskutieren: Diskutiert in der Klasse auf Grundlage eurer Recherchen die Vor- und Nachteile, welche die Luftfahrt der Menschheit gebracht hat.

Geschichten besonderer Art

1 Eine Geschichte und viele Fragen

Das Fenster-Theater

Die Frau lehnte am Fenster und sah hinüber. Der Wind trieb in leichten Stößen vom Fluss herauf und brachte nichts Neues. Die Frau hatte den starren Blick neugieriger Leute, die unersättlich sind. Es hatte ihr noch niemand den Gefallen getan, vor ihrem Haus niedergefahren zu werden. Außerdem wohnte sie im vorletzten Stock, die Straße lag zu tief unten. Der Lärm rauschte nur mehr leicht herauf. Alles lag zu tief unten. Als sie sich eben vom Fenster abwenden wollte, bemerkte sie, dass der Alte gegenüber Licht angedreht hatte. Da es noch ganz hell war, blieb dieses Licht für sich und machte den merkwürdigen Eindruck, den aufflammende Straßenlaternen unter der Sonne machen. Als hätte einer an seinen Fenstern die Kerzen angesteckt, noch ehe die Prozession die Kirche verlassen hat. Die Frau blieb am Fenster.

Der Alte öffnete und nickte herüber. Meint er mich?, dachte die Frau. Die Wohnung über ihr stand leer und unterhalb lag eine Werkstatt, die um diese Zeit schon geschlossen war. Sie bewegte leicht den Kopf. Der Alte nickte wieder. Er griff sich an die Stirne, entdeckte, dass er keinen Hut aufhatte, und verschwand im Innern des Zimmers.

Gleich darauf kam er in Hut und Mantel wieder. Er zog den Hut und lächelte. Dann nahm er ein weißes Tuch aus der Tasche und begann zu winken. Erst leicht und dann immer eifriger. Er hing über der Brüstung, dass man Angst bekam, er würde vornüberfallen. Die Frau trat einen Schritt zurück, aber das schien ihn nur zu bestärken. Er ließ das Tuch fallen, löste seinen Schal vom Hals – einen großen bunten Schal – und ließ ihn aus dem Fenster wehen. Dazu lächelte er. Und als sie noch einen weiteren Schritt zurücktrat, warf er den Hut mit einer heftigen Bewegung ab und wand den Schal wie einen Turban um seinen Kopf. Dann kreuzte er die Arme über der Brust und verneigte sich. Sooft er aufsah, kniff er das linke Auge

Eigenartige Überschrift Warum „die"…?

Ah, jetzt passiert was!

Wird das 'ne religiöse Geschichte?

Will der die anmachen?

Was macht der denn? Spielt der Theater?

Das wird ja immer verrückter!

zu, als herrsche zwischen ihnen ein geheimes Einverständnis. Das bereitete ihr so lange Vergnügen, bis sie plötzlich nur mehr seine Beine in dünnen, geflickten Samthosen in die Luft ragen sah. Er stand auf dem Kopf. Als sein Gesicht gerötet, erhitzt und freundlich wieder auftauchte, hatte sie schon die Polizei verständigt.

40 Und während er, in ein Leintuch gehüllt, abwechselnd an beiden Fenstern erschien, unterschied sie schon drei Gassen weiter über dem Geklingel der Straßenbahnen und dem gedämpften Lärm der Stadt das Hupen des Überfallautos. Denn ihre Erklärung hatte nicht sehr klar und ihre Stimme erregt geklungen. Der alte Mann lachte jetzt, so dass sich sein Gesicht in tiefe Falten legte, streif-
45 te dann mit einer vagen Gebärde darüber, wurde ernst, schien das Lachen eine Sekunde lang in der hohlen Hand zu halten und warf es dann hinüber. Erst als der Wagen schon um die Ecke bog, gelang es der Frau, sich von seinem Anblick loszureißen. Sie kam atemlos unten an. Eine Menschenmenge hatte sich um den Polizeiwagen gesammelt. Die Polizisten waren abgesprungen und die Menge kam hinter ihnen und der Frau her. Sobald man die Leute zu verscheuchen such-
50 te, erklärten sie einstimmig in diesem Hause zu wohnen. Einige davon kamen bis zum letzten Stock mit. Von den Stufen beobachteten sie, wie die Männer, nachdem ihr Klopfen vergeblich blieb und die Glocke allem Anschein nach nicht funktionierte, die Tür aufbrachen. Sie arbeiteten schnell und mit einer Sicherheit, von der jeder Einbrecher lernen konnte. Auch in dem Vorraum, dessen Fenster
55 auf den Hof sahen, zögerten sie nicht eine Sekunde. Zwei von ihnen zogen die Stiefel aus und schlichen um die Ecke. Es war inzwischen finster geworden. Sie stießen an einen Kleiderständer, gewahrten den Lichtschein am Ende des schmalen Ganges und gingen ihm nach. Die Frau schlich hinter ihnen her.

Als die Tür aufflog, stand der alte Mann mit dem Rücken zu ihnen gewandt
60 noch immer am Fenster. Er hielt ein großes weißes Kissen auf dem Kopf, das er immer wieder abnahm, als bedeutete er jemandem, dass er schlafen wolle. Den Teppich, den er vom Boden genommen hatte, trug er um die Schultern. Da er schwerhörig war, wandte er sich auch nicht um, als die Männer schon knapp hinter ihm standen und die Frau über ihn hinweg in ihr eigenes finsteres Fenster sah.
65 Die Werkstatt unterhalb war, wie sie angenommen hatte, geschlossen. Aber in der Wohnung oberhalb mussten neue Mieter eingezogen sein. An eines der erleuchteten Fenster war ein Gitterbett geschoben, in dem aufrecht ein kleiner Knabe stand. Auch er trug sein Kissen auf dem Kopf und die Bettdecke um die Schultern. Er sprang und winkte herüber und krähte vor Jubel. Er lachte, strich
70 mit der Hand über das Gesicht, wurde ernst und schien das Lachen eine Sekunde lang in der hohlen Hand zu halten. Dann warf er es mit aller Kraft den Polizisten ins Gesicht.

Ilse Aichinger

1 Am Rand stehen Gedanken und Fragen, die jemandem beim Lesen durch den Kopf gegangen sind. Was sind eure Gedanken und Fragen, auch für den weiteren Verlauf der Geschichte?

2 Was meint ihr zu dem alten Mann und der Frau und ihrem Verhalten?

3 Das Geschehen hat jeder der Beteiligten aus seiner Sicht anders erlebt. Erzählt es aus der Sicht der Frau, des alten Mannes, eines Polizisten oder eines Passanten.

2 Anfänge: Ein Sprung mitten hinein

Nachts schlafen die Ratten doch

Das hohle Fenster in der vereinsamten Mauer gähnte blaurot voll früher Abendsonne. Staubgewölke flimmerte zwischen den steil gereckten Schornsteinresten.
Die Schuttwüste döste.

Er hatte die Augen zu. Mit einmal wurde es noch dunkler. Er merkte, dass jemand gekommen war und nun vor ihm stand, dunkel, leise. Jetzt haben sie mich!,
dachte er.

[...]

Wolfgang Borchert

Wanderer, kommst du nach Spa ...

Als der Wagen hielt, brummte der Motor noch eine Weile; draußen wurde irgendwo ein großes Tor aufgerissen. Licht fiel durch das zertrümmerte Fenster
in das Innere des Wagens und ich sah jetzt, dass auch die Glühbirne oben an der
Decke zerfetzt war; nur ihr Gewinde stak noch in der Schrauböffnung, ein paar
flimmernde Drähtchen mit Glasresten. Dann hörte der Motor auf zu brummen
und draußen schrie eine Stimme: „Die Toten hierhin, habt ihr Tote dabei?"

„Verflucht", rief der Fahrer zurück, „verdunkelt ihr schon nicht mehr?"

„Da nützt kein Verdunkeln mehr, wenn die ganze Stadt wie eine Fackel
brennt", schrie die fremde Stimme. „Ob ihr Tote habt, habe ich gefragt?"

„Weiß nicht."

„Die Toten hierhin, hörst du? Und die anderen die Treppe hinauf in den Zei-
chensaal, verstehst du?"

„Ja, Ja."

Aber ich war noch nicht tot, ich gehörte zu den anderen und sie trugen mich
die Treppe hinauf.

[...]

Heinrich Böll

1 Das sind die Anfänge von drei Kurzgeschichten. Wovon erzählen sie?

2 Wie wird der Leser jeweils in die Handlung eingeführt? Was erfährt er? Welche Fragen stellen sich ihm?

3 Wählt euch einen der drei Kurzgeschichtenanfänge aus und erzählt eine kurze Geschichte, die zu dem Anfang passt.

4 Der Erzähler der Kurzgeschichte „Nachts schlafen die Ratten doch" hätte z. B. einen ganz anderen Anfang für seine Geschichte wählen können. Etwa so: „Ich will euch eine Geschichte erzählen, die sich gegen Ende des Zweiten Weltkrieges zugetragen hat. Es war im März 1945. Ein kleiner Junge, er hieß Jürgen und war neun Jahre alt, saß auf den Trümmern seines Elternhauses, um seinen kleinen Bruder zu bewachen, der unter den Trümmern lag." – Vergleicht die beiden Geschichtenanfänge, und beschreibt ihre Unterschiede.

Die rote Katze

Ich muss immer an diesen roten Teufel von einer Katze denken und ich weiß nicht, ob das richtig war, was ich getan hab. Es hat damit angefangen, dass ich auf dem Steinhaufen neben dem Bombentrichter in unserem Garten saß. Der Steinhaufen ist die größere Hälfte von unserem Haus. Die kleinere steht noch und da wohnen wir, ich und die Mutter und Peter und Leni, das sind meine kleinen Geschwister. Also, ich sitz da auf den Steinen, da wächst überall schon Gras und Brennnesseln und anderes Grünes. Ich halt ein Stück Brot in der Hand, das ist schon hart, aber meine Mutter sagt, altes Brot ist gesünder als frisches. In Wirklichkeit ist es deswegen, weil sie meint, am alten Brot muss man länger kauen und dann wird man von weniger satt. Bei mir stimmt das nicht. Plötzlich fällt mir ein Brocken herunter. Ich bück mich, aber im nämlichen Augenblick fährt eine rote Pfote aus den Brennnesseln und angelt sich das Brot. Ich hab nur dumm schauen können, so schnell ist es gegangen. Und da sah ich, dass in den Brennnesseln eine Katze hockt, rot wie ein Fuchs und ganz mager. „Verdammtes Biest", sag ich und werf einen Stein nach ihr.

[...]

Luise Rinser

3 Erzählgegenstand: „Ein Stück herausgerissenes Leben"

Alter Mann an der Brücke

Ein alter Mann mit einer Stahlbrille und sehr staubigen Kleidern saß am Straßenrand. Über den Fluss führte eine Pontonbrücke, und Karren und Lastautos und Männer, Frauen und Kinder überquerten sie. Die Maultierkarren schwankten die steile Uferböschung hinter der Brücke hinauf, und Soldaten halfen und stemmten sich gegen die Speichen der Räder. Die Lastautos arbeiteten schwer, um aus alledem herauszukommen, und die Bauern stapften in dem knöcheltiefen Staub einher. Aber der alte Mann saß da, ohne sich zu bewegen. Er war zu müde, um noch weiterzugehen. 5

Ich hatte den Auftrag, über die Brücke zu gehen, den Brückenkopf auf der anderen Seite auszukundschaften und ausfindig zu machen, bis zu welchem Punkt der Feind vorgedrungen war. Ich tat das und kehrte über die Brücke zurück. Jetzt waren dort nicht mehr so viele Karren und nur noch wenige Leute zu Fuß, aber der alte Mann war immer noch da. 10

„Wo kommen Sie her?", fragte ich ihn.

„Aus San Carlos", sagte er und lächelte.

Es war sein Heimatort, und darum machte es ihm Freude ihn zu erwähnen, und er lächelte. „Ich habe Tiere gehütet", erklärte er. 15

„So", sagte ich und verstand nicht ganz.

„Ja", sagte er, „wissen Sie, ich blieb, um die Tiere zu hüten. Ich war der Letzte, der die Stadt San Carlos verlassen hat."

Er sah weder wie ein Schäfer noch wie ein Rinderhirt aus, und ich musterte seine staubigen, schwarzen Sachen und sein graues, staubiges Gesicht und seine Stahlbrille und sagte: „Was für Tiere waren es denn?" 20

„Allerhand Tiere", erklärte er und schüttelte den Kopf. „Ich musste sie dalassen."

Ich beobachtete die Brücke und das afrikanisch aussehende Land des Ebro-Deltas und war neugierig, wie lange es jetzt wohl noch dauern würde, bevor wir den Feind sehen würden, und ich horchte die ganze Zeit über auf die ersten Geräusche, die immer wieder das geheimnisvolle Ereignis ankündigen, das man „Fühlung nehmen" nennt, und der alte Mann saß immer noch da. 25

„Was für Tiere waren es?", fragte ich.

„Es waren im Ganzen drei Tiere", erklärte er. „Es waren zwei Ziegen und eine Katze und dann noch vier Paar Tauben."

„Und Sie mussten sie dalassen?", fragte ich. 30

„Ja, wegen der Artillerie. Der Hauptmann befahl mir fortzugehen wegen der Artillerie."

„Und Sie haben keine Familie?", fragte ich und beobachtete das jenseitige Ende der Brücke, wo ein paar letzte Karren die Uferböschung herunterjagten.

35 „Nein", sagte er, „nur die Tiere, die ich angegeben habe. Der Katze wird natürlich nichts passieren. Eine Katze kann für sich selbst sorgen, aber ich kann mir nicht vorstellen, was aus den andern werden soll."

„Wo stehen Sie politisch?", fragte ich.

„Ich bin nicht politisch", sagte er. „Ich bin sechsundsiebzig Jahre alt. Ich bin jetzt zwölf
40 Kilometer gegangen und ich glaube, dass ich jetzt nicht weitergehen kann."

„Dies ist kein guter Platz zum Bleiben", sagte ich. „Falls Sie es schaffen können, dort oben, wo die Straße nach Tortosa abzweigt, sind Lastwagen."

„Ich will ein bisschen warten", sagte er, „und dann werde ich gehen. Wo fahren die Lastwagen hin?"

45 „Nach Barcelona zu", sagte ich ihm.

„Ich kenne niemanden in der Richtung", sagte er, „aber danke sehr. Nochmals sehr schönen Dank."

Er blickte mich ganz ausdruckslos und müde an, dann sagte er, da er seine Sorgen mit jemandem teilen musste: „Der Katze wird nichts passieren, das weiß ich; man braucht
50 sich wegen der Katze keine Sorgen zu machen. Aber die andern; was glauben Sie wohl von den andern?"

„Ach, wahrscheinlich werden sie heil durch alles durchkommen."

„Glauben Sie das?"

„Warum nicht?", sagte ich und beobachtete das jenseitige Ufer, wo jetzt keine Karren
55 mehr waren.

„Aber was werden sie unter der Artillerie tun, wo man mich wegen der Artillerie fortgeschickt hat?"

„Haben Sie den Taubenkäfig unverschlossen gelassen?", fragte ich.

„Ja."

60 „Dann werden sie wegfliegen."

„Ja, gewiss werden sie wegfliegen. Aber die andern? Es ist besser, man denkt nicht an die andern", sagte er.

„Wenn Sie sich ausgeruht haben, sollten Sie gehen", drängte ich. „Stehen Sie auf und versuchen Sie jetzt einmal zu gehen."

65 „Danke", sagte er und stand auf, schwankte hin und her und setzte sich dann rücklings in den Staub. „Ich habe Tiere gehütet", sagte er eintönig, aber nicht mehr zu mir. „Ich habe doch nur Tiere gehütet."

Man konnte nichts mit ihm machen. Es war Ostersonntag und die Faschisten rückten gegen den Ebro vor. Es war ein grauer, bedeckter Tag mit tief hängenden Wolken, darum wa-
70 ren ihre Flugzeuge nicht am Himmel. Das und die Tatsache, dass Katzen für sich selbst sorgen können, war alles an Glück, was der alte Mann je haben würde. *Ernest Hemingway*

1 Die Kurzgeschichte ist wie eine Momentaufnahme von einem „Stück herausgerissenem Leben". Zeigt das an diesem Text.

2 Eine alltägliche Situation im Krieg.
• Wie wirkt sie auf euch?
• Warum hält sie der Autor wohl für mitteilenswert?

3 Was mag der alte Mann vorher erlebt haben, und wie wird es mit ihm weitergehen? Der Leser erfährt darüber nichts, aber der Text macht einige Andeutungen. Erzählt mit ihrer Hilfe die Geschichte des alten Mannes. Dadurch verdeutlicht ihr euch das „Unerzählte" der Kurzgeschichte und versteht sie besser.

4 Erzählweise: „Verdichtung" von Wirklichkeit

Nachts schlafen die Ratten doch

Das hohle Fenster in der vereinsamten Mauer gähnte blaurot voll früher Abendsonne. Staubgewölke flimmerte zwischen den steil gereckten Schornsteinresten. Die Schuttwüste döste.

Er hatte die Augen zu. Mit einmal wurde es noch dunkler. Er merkte, dass jemand gekommen war und nun vor ihm stand, dunkel, leise. Jetzt haben sie mich!, dachte er. Aber als er ein bisschen blinzelte, sah er nur zwei etwas ärmlich behoste Beine. Die standen ziemlich krumm vor ihm, dass er zwischen ihnen hindurchsehen konnte. Er riskierte ein kleines Geblinzel an den Hosenbeinen hoch und erkannte einen älteren Mann. Der hatte ein Messer und einen Korb in der Hand. Und etwas Erde an den Fingerspitzen.

Du schläfst hier wohl, was?, fragte der Mann und sah von oben auf das Haargestrüpp herunter. Jürgen blinzelte zwischen den Beinen des Mannes hindurch in die Sonne und sagte: Nein, ich schlafe nicht. Ich muss hier aufpassen.

Der Mann nickte: So, dafür hast du wohl den großen Stock da?

Ja, antwortete Jürgen mutig und hielt den Stock fest.

Worauf passt du denn auf?

Das kann ich nicht sagen. Er hielt die Hände fest um den Stock.

Wohl auf Geld, was? Der Mann setzte den Korb ab und wischte das Messer an seinem Hosenboden hin und her.

Nein, auf Geld überhaupt nicht, sagte Jürgen verächtlich. Auf ganz etwas anderes.

Na, was denn?

Ich kann es nicht sagen. Was anderes eben.

Na, denn nicht. Dann sage ich dir natürlich auch nicht, was ich hier im Korb habe. Der Mann stieß mit dem Fuß an den Korb und klappte das Messer zu.

Pah, kann mir denken, was in dem Korb ist, meinte Jürgen geringschätzig, Kaninchenfutter.

Donnerwetter, ja!, sagte der Mann, bist ja ein fixer Kerl. Wie alt bist du denn?

Neun.

Oha, denk mal an, neun also. Dann weißt du ja auch, wie viel drei mal neun sind?

Klar, sagte Jürgen und um Zeit zu gewinnen, sagte er noch: Das ist ja ganz leicht. Und er sah durch die Beine des Mannes hindurch. Drei mal neun, nicht?, fragte er noch mal, siebenundzwanzig. Das wusste ich gleich.

Stimmt, sagte der Mann, genau so viel Kaninchen habe ich.

Jürgen machte einen runden Mund: Siebenundzwanzig?

Du kannst sie sehen. Viele sind noch ganz jung. Willst du?

Ich kann doch nicht. Ich muss doch aufpassen, sagte Jürgen unsicher.

Immerzu?, fragte der Mann. Nachts auch?

Nachts auch. Immerzu. Immer. Jürgen sah an den krummen Beinen hoch. Seit Sonnabend schon, flüsterte er.

Aber gehst du denn gar nicht nach Hause? Du musst doch essen.

Jürgen hob einen Stein hoch. Da lag ein halbes Brot. Und eine Blechschachtel.

Du rauchst?, fragte der Mann. Hast du denn eine Pfeife?

Jürgen fasste seinen Stock fest an und sagte zaghaft: Ich drehe. Pfeife mag ich nicht.

Schade. Der Mann bückte sich zu seinem Korb. Die Kaninchen hättest du ruhig mal ansehen können. Vor allem die Jungen. Vielleicht hättest du dir eines ausgesucht. Aber du kannst ja hier nicht weg.

Nein, sagte Jürgen traurig, nein, nein.

Der Mann nahm den Korb und richtete sich auf. Na ja, wenn du hier bleiben musst – schade. Und er drehte sich um.

Wenn du mich nicht verrätst, sagte Jürgen da schnell, es ist wegen den Ratten.

Die krummen Beine kamen einen Schritt zurück: Wegen den Ratten?

Ja, die essen doch von Toten. Von Menschen. Da leben sie doch von.

Wer sagt das?

Unser Lehrer.

Und du passt nun auf die Ratten auf?, fragte der Mann.

Auf die doch nicht! Und dann sagte er ganz leise: Mein Bruder, der liegt nämlich da unten. Da. Jürgen zeigte mit dem Stock auf die zusammengesackten Mauern. Unser Haus kriegte eine Bombe. Mit einmal war das Licht weg im Keller. Und er auch. Wir haben noch gerufen. Er war viel kleiner als ich. Erst vier. Er muss hier ja noch sein. Er ist doch viel kleiner als ich.

Der Mann sah von oben auf das Haargestrüpp. Aber dann sagte er plötzlich: Ja, hat euer Lehrer euch denn nicht gesagt, dass die Ratten nachts schlafen?

Nein, flüsterte Jürgen und sah mit einmal ganz müde aus, das hat er nicht gesagt.

Na, sagte der Mann, das ist aber ein Lehrer, wenn er das nicht mal weiß. Nachts schlafen die Ratten doch. Nachts kannst du ruhig nach Hause gehen. Nachts schlafen sie immer.

Jürgen machte mit seinem Stock kleine Kuhlen in den Schutt.

Lauter kleine Betten sind das, dachte er, alles kleine Betten.

Da sagte der Mann (und seine krummen Beine waren ganz unruhig dabei): Weißt du was? Jetzt füttere ich schnell meine Kaninchen und wenn es dunkel wird, hole ich dich ab. Vielleicht kann ich eins mitbringen. Ein kleines, oder was meinst du?

Jürgen machte kleine Kuhlen in den Schutt. Lauter kleine Kaninchen. Weiße, graue, weißgraue. Ich weiß nicht, sagte er leise und sah auf die krummen Beine, wenn sie wirklich nachts schlafen.

Der Mann stieg über die Mauerreste weg auf die Straße. Natürlich, sagte er von da, euer Lehrer soll einpacken, wenn er das nicht mal weiß.

Da stand Jürgen auf und fragte: Wenn ich eins kriegen kann? Ein weißes vielleicht?

Ich will mal versuchen, rief der Mann schon im Weggehen, aber du musst hier warten. Ich gehe dann mit dir nach Hause, weißt du? Ich muss deinem Vater doch sagen, wie so ein Kaninchenstall gebaut wird. Denn das müsst ihr ja wissen.

Ja, rief Jürgen, ich warte. Ich muss ja noch aufpassen, bis es dunkel wird. Ich warte bestimmt. Und er rief: Wir haben auch noch Bretter zu Hause. Kistenbretter, rief er. Aber das hörte der Mann schon nicht mehr. Er lief mit seinen krummen Beinen auf die Sonne zu. Die war schon rot vom Abend und Jürgen konnte sehen, wie sie durch die Beine hindurchschien, so krumm waren sie. Und der Korb schwenkte aufgeregt hin und her. Kaninchenfutter war da drin. Grünes Kaninchenfutter, das war etwas grau vom Schutt. *Wolfgang Borchert*

1 Diese Kurzgeschichte wirkt wie eine Filmszene: Einblendung, szenische Darstellung (Gespräch), Ausblendung. Zeigt das am Text auf.

2 Wie verläuft das Gespräch zwischen Jürgen und dem alten Mann?

3 Die Sprache der Kurzgeschichte ist ungewöhnlich:
- Untersucht den ersten Absatz und überlegt, welche Wirkung diese ungewöhnliche Sprache beim Leser hat.
- Die Kurzgeschichte ist ganz knapp erzählt: Alle unwichtigen Wörter sind weggefallen, alle wichtigen werden betont. Zeigt das am Text auf und überlegt, warum Borchert so erzählt.

4 Erzählt die Geschichte aus der Sicht Jürgens oder des alten Mannes.

5 Nachdenken über die Textart „Kurzgeschichte"

Im Spiegel

„Du kannst nichts", sagten sie, „du machst nichts, aus dir wird nichts." Nichts. Nichts. Nichts.

Was war das für ein NICHTS, von dem sie redeten und vor dem sie offensichtlich Angst hatten, fragte sich Achim, unter Decken und Kissen vergraben.

Mit lautem Knall schlug die Tür hinter ihnen zu. 5

Achim schob sich halb aus dem Bett. Fünf nach eins. Wieder mal zu spät. Er starrte gegen die Zimmerdecke. – Weiß. Nichts. Ein unbeschriebenes Blatt Papier, ein ungemaltes Bild, eine tonlose Melodie, ein ungesagtes Wort, ungelebtes Leben.

Eine halbe Körperdrehung nach rechts, ein Fingerdruck auf den Einschaltknopf seiner Anlage. Manchmal brachte Musik ihn hoch. 10

Er robbte zur Wand, zu dem großen Spiegel, der beim Fenster aufgestellt war, kniete sich davor und betrachtete sich: lang, knochig, graue Augen im blassen Gesicht, hellbraune Haare, glanzlos. „Dead Kennedies"* sangen: „Weil sie dich verplant haben, kannst du nichts anderes tun als aussteigen und nachdenken."

Achim wandte sich ab, erhob sich, ging zum Fenster und schaute hinaus. Stra- 15 ßen, Häuser, Läden, Autos, Passanten, immer dasselbe. Zurück zum Spiegel, näher heran, so nahe, dass er glaubte, das Glas zwischen sich und seinem Spiegelbild durchdringen zu können. Er legte seine Handflächen gegen sein Gesicht im Spiegel, ließ seine Finger sanft über Wangen, Augen, Stirn und Schläfen kreisen, streichelte, fühlte nichts als Glätte und Kälte. 20

Ihm fiel ein, dass in dem Holzkasten, wo er seinen Kram aufbewahrte, noch Schminke herumliegen musste. Er fasste unters Bett, wühlte in den Sachen im Kasten herum und zog die Pappschachtel heraus, in der sich einige zerdrückte Tuben fanden. Von der schwarzen Farbe war noch ein Rest vorhanden: Achim baute sich vor dem Spiegel auf und malte zwei dicke Striche auf das Glas, genau 25 dahin, wo sich seine Augenbrauen im Spiegel zeigten. Weiß besaß er reichlich. Er drückte eine Tube aus, fing die weiche ölige Masse in seinen Händen auf, verteilte sie auf dem Spiegel über Kinn, Wangen und Nase und begann, sie langsam und sorgfältig zu verstreichen. Dabei durfte er sich nicht bewegen, sonst verschob sich seine Malerei. Schwarz und Weiß sehen gut aus, dachte er, fehlt noch 30 Blau. Achim grinste seinem Bild zu, holte sich das Blau aus dem Kasten und färbte noch die Spiegelstellen über Stirn und Augenlidern.

Eine Weile verharrte er vor dem bunten Gesicht, dann rückte er ein Stück zur Seite, und wie ein Spuk tauchte sein farbloses Gesicht im Spiegel wieder auf, daneben eine aufgemalte Spiegelmaske. 35

Er trat einen Schritt zurück, holte mit dem Arm weit aus und ließ seine Faust in die Spiegelscheibe krachen. Glasteile fielen herunter, Splitter verletzten ihn, seine Hand fing an zu bluten. Warm rann ihm das Blut über den Arm und tröpfelte zu Boden. Achim legte seinen Mund auf die Wunden und leckte das Blut ab. Dabei wurde sein Gesicht rot verschmiert. 40

Der Spiegel war kaputt. Achim suchte sein Zeug zusammen und kleidete sich an. Er wollte runtergehen und irgendwo seine Leute treffen. *Margret Steenfatt*

1 Vergleicht die Themen aller Kurzgeschichten in diesem Arbeitskapitel miteinander und zeigt auf, wodurch sich der Text „Im Spiegel" von den anderen
Texten unterscheidet.

2 Versetzt euch in Achims Lage. Beschreibt seine Handlungen, Gedanken und
Gefühle und versucht sie zu erklären. Mit welchen sprachlichen Mitteln werden sie deutlich gemacht?

3 Die Farben und der Spiegel besitzen symbolische Bedeutung.
Versucht sie herauszuarbeiten.

> „Die Kurzgeschichte ist, grob gesprochen, ein Stück herausgerissenes
> Leben. Anfang und Ende sind ihr gleichgültig; was sie zu sagen hat,
> sagt sie mit jeder Zeile. Sie bevorzugt die Einheit der Zeit; ihre Sprache
> ist einfach, aber niemals banal. Nie reden ihre Menschen auch in der
> Wirklichkeit so, aber immer hat man das Gefühl, sie *könnten* so reden.
> Ihre Stärke liegt im Weglassen, ihr Kunstgriff ist die Untertreibung."
>
> *Wolfdietrich Schnurre*

Merkmale der Kurzgeschichte

- Die Kurzgeschichte springt am **Anfang** meist ohne Vorrede gleich mitten in
  die Situation hinein; sie beginnt **offen**.
- Im **Mittelpunkt** steht meist ein einzelner **Mensch** oder die Begegnung von
  Menschen.
- Die geschilderte **Situation** erscheint auf den ersten Blick oft **alltäglich** und
  enthüllt ihre Besonderheit und Brisanz erst im Laufe der Lektüre.
- Die **Geschehnisse** sind häufig **mehrdeutig**, werden andeutend dargestellt. Be-
  stimmte Dinge/Vorgänge können dabei **symbolische Bedeutung** annehmen.
- Die Kurzgeschichte beschäftigt sich vorzugsweise mit dem **Augenblick**, der
  zum **Wendepunkt** im Geschehen werden kann.
- **Offenheit am Anfang** und **Unabgeschlossenheit am Ende** treten an die
  Stelle von in sich abgeschlossener Handlung. Das ist, im Vergleich zu älteren
  Erzählweisen, das Moderne an der Kurzgeschichte.

4 Besprecht, was mit den genannten sechs Merkmalen jeweils gemeint ist. Zieht
dazu ergänzend auch die Aussagen von Wolf-Dietrich Schnurre im obigen Zitat
heran.

5 Wendet die sechs Merkmale auf die Kurzgeschichten in diesem Kapitel an und
überprüft, ob ihr sie überall finden könnt. Fertigt dazu eine Tabelle an, in die ihr
eure Untersuchungsergebnisse für die einzelnen Geschichten eintragen könnt:

Merkmal Geschichte	Anfang [Offenheit]	Mittelpunkt [Person(en)]	Situation [Alltäglichkeit]	Geschehnis [Mehrdeutig- keit, Symbole]	Augenblick [Wendepunkt]	Schluss [Unabge- schlossenheit]
„Das Fenster- theater"						

6 Kurzgeschichten-Werkstatt

Erzählidee

Beste Geschichte meines Lebens. Anderthalb Maschinenseiten vielleicht. Autor vergessen; in der Zeitung gelesen. Zwei Schwerkranke im selben Zimmer. Einer an der Türe liegend, einer am Fenster. Nur der am Fenster kann hinaussehen. Der andere hat keinen größeren Wunsch als das Fensterbett zu erhalten. Der am Fenster leidet darunter. Um den anderen zu entschädigen, erzählt er ihm täglich stundenlang, was draußen zu sehen ist, was draußen passiert. Eines Nachts bekommt er einen Erstickungsanfall. Der an der Tür könnte die Schwester rufen. Unterlässt es; denkt an das Bett. Am Morgen ist der andere tot; erstickt. Sein Fensterbett wird geräumt; der bisher an der Tür lag, erhält es. Sein Wunsch ist in Erfüllung gegangen. Gierig, erwartungsvoll wendet er das Gesicht zum Fenster. Nichts; nur eine Mauer.   *Wolfdietrich Schnurre*

Offener Anfang: mitten in die Handlung springen

Offener Schluss oder Pointe?

Der Anfang einer Geschichte

Seit heute ist alles anders. Ich bin anders. Seit genau 10.45 Uhr. Seit der dritten Stunde. Seitdem bin ich größer. Ich gehe gerader. Ich gucke anders. Ich sehe alles genauer, schärfer. Dass das gar keinem auffällt! Natürlich bin ich nicht wirklich größer. Ich bin nur nüchterner. Ernüchtert. Älter. Ich bin erwachsen.

Letzten Mittwoch, vor einer Woche war ich noch nicht so. Bis heute Morgen war ich noch nicht so. Eine Ewigkeit ist das her. [...]
Katharina Kühl

Der Anfang einer Geschichte

Ich habe nicht auf die neue Breite geachtet, dachte Ellebracht. Nur deswegen ist es so gekommen.

Der hemdsärmelige Mann hob die rechte Hand vom Lenkrad ab und wischte sich hastig über die Brust. Als er die Hand zurücklegte, spürte er, dass sie noch immer schweißig war, so schweißig wie sein Gesicht und sein Körper. Schweißig vor Angst.

Nur wegen der Breite ist alles gekommen, dachte der Mann wieder. Er dachte es hastig. Er dachte es so, wie man stammelt. Die Breite des Wagens, diese neue, unbekannte Breite. Ich hätte das bedenken sollen. Jäh drückte der Fuß Ellebrachts auf die Bremse. Der Wagen kreischte und stand. Eine Handbreit vor dem Rotlicht, das vor dem Eisenbahnübergang warnte.

Fehlte grade noch!, dachte Ellebracht. Fehlte grade noch, dass ich nun wegen einer so geringen Sache wie Überfahren eines Stopplichtes von der Polizei bemerkt werde. Nach der Sache von vorhin. [...]
Josef Reding

Die Handlung auf das Wichtigste beschränken

Sparsam-
keit bei
der Aus-
stattung
von Raum,
Zeit und
Personen

Erzählidee

Vorschlag für eine ganz kurze Kurzgeschichte, die zeitlich
nach dem ersten Drittel des zwanzigsten Jahrhunderts anzu-
siedeln wäre und deren Handlungsort ein Dampfbad sein
könnte, russisch-römisch oder türkisch spielt keine entscheidende Rolle: Selbst wenn man den Schauplatz „Dampfbad"
aufgäbe, verlöre man nichts vom Kern der Erzählung, welcher durch alle Kulissen sichtbar würde. Dampfbad also nur
des komischen Kontrastes wegen. Da drinnen jedenfalls fällt
ein nackter Mann in Ohnmacht, als durch die wallenden
heißen Wolken zwei Herren auf ihn zukommen, von denen
der eine sagt: Der da ist es!

   In einem Nebenraum kommt er wieder zu sich. Man gießt
kaltes Wasser über ihn. Zitternd, wohl des eisigen Gusses wegen, springt er auf und man macht ihm klar: Er wäre der hun-
derttausendste Besucher dieses griechisch-römisch-russisch-
türkischen Dampfbades, er habe damit ein Stück Seife und
eine Bürste gewonnen! Da fällt er erneut in Ohnmacht.

Günter Kunert

Anfang und Schluss

Dieser Krach musste kommen, weiß Burghausen. Ein Viertel-
jahr Bitten und Argumente, und der Junge kommt aus den
Ferien zurück wie ein Penner. Irgendwann ist Schluss, weiß
Burghausen, man macht sich ja selber lächerlich. „Das wird dir
Leid tun", sagt er und greift zur Wurst, legt sie wieder hin,
möchte die Hand über die Hand seiner Frau stülpen, befürchtet, dass sie nun die halbe Nacht von diesem Jucken auf der
Kopfhaut gemartert wird, gegen das es kein Mittel gibt oder
eben das eine: keine Aufregung. Und nun wieder Aufregung
wegen Horsts Haaren, überflüssige Aufregung, eine irre Geschichte, zu beheben durch ein kleines Einlenken von Horst,
man ist ja kein Idiot, verlangt keinen preußischen Haarschnitt.
„Ich hab dir klipp und klar gesagt: So gehst du nicht in die
Schule! Morgen fängt der Unterricht wieder an und wie siehst
du aus?" Burghausen hat die Stimme gehoben, das ist Kom-
mandoton, begreift er, er hat ihn immer vermeiden wollen, aber
so was darf er sich nicht bieten lassen, muss ein Exempel statuieren – welches?

   Horst spürt die Versuchung zu nicken. Aber das wäre Kapi-
tulation, alles wäre für die Katz. Er spannt die Armmuskeln an,
seine Knie sind so steif, dass sie schmerzen, sein Körper ist hart
von den Zehen bis zu den Halswirbeln, als er sagt: „Mache ich
nicht. Genau das mache ich nun eben nicht!" *Erich Loest*

„Lasst Bilder sprechen ..."

1 Bilder vom Morgen

...

Wecker klingelt

frühes Aufstehen

Sonnen-aufgang

Morgennebel

Frühstück

Schulweg

große Eile

Was bringt der Tag?

...

Der Morgen

Grauschimmelfarben –
so tritt er aus dem Düstern,
zunächst noch scheu.

Dann wiehert er –

Und dann liebkost er mich
mit rosa Nüstern,
frisst meiner Träume grünes Heu.

Günther von Stünzner

In der Frühe

Goldstrahlen schießen übers Dach,
Die Hähne kräh'n den Morgen wach;
Nun einer hier, nun einer dort,
So kräht es nun von Ort zu Ort;
Und in der Ferne stirbt der Klang –
Ich höre nichts, ich horche lang.
Ihr wackern Hähne, krähet doch!
Sie schlafen immer, immer noch.

Theodor Storm

Unsinn und Poesie

„‚Der Morgen erwacht.' Es gibt keinen Morgen. Wie kann er schlafen? Es ist ja nichts als die Stunde, in der die Sonne aufgeht. ‚Verflucht! Die Sonne geht ja nicht auf', auch das ist ja schon Unsinn und Poesie. O dürfte ich nur einmal über die Sprache her und sie so recht säubern und ausfegen! O verdammt! Ausfegen! Man kann in dieser lügenden Welt es nicht lassen, Unsinn zu sprechen."

Ludwig Tieck

1 Tagesanfang, Morgen – was fällt euch dazu ein?

2 Wie wird der Morgen in den beiden Gedichten gesehen? Unterscheidet sich das von euren eigenen „Morgengedanken"?

3 Wie würdet ihr die beiden Gedichte verstehen, wenn die Überschriften fehlten?

4 Was meint ihr zu dem Text „Unsinn und Poesie"? Was würde zum Beispiel geschehen, wenn ihr Tiecks Wunsch auf die beiden Gedichte anwendet?

2 Der Abend – in Frack und Zylinder

In dem Gedicht „Der Morgen" habt ihr gesehen, dass man den Morgen als Pferd darstellen kann. Man könnte ihn oder andere Tageszeiten, Jahreszeiten und vieles andere aber auch als Person auftreten lassen.

Um Ideen für solche *Personifikationen* zu bekommen, kann man einen so genannten *Cluster* benutzen.

Zum Thema „Sturm" haben Schüler z. B. den folgenden Cluster angefertigt und dann damit die beiden unten stehenden Gedichte geschrieben:

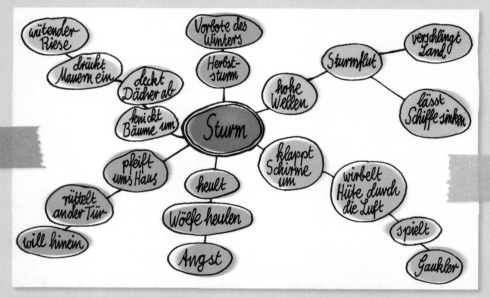

Aufdringlicher Bote

Er pfeift ums Haus
Er rüttelt an der Tür
Er klopft mit dem Regen ans Fenster

Ich lass ihn nicht rein
Ich weiß ja, was er melden will:
Der Winter naht

Stürmisches Spiel

Mit den Bäumen, den Wäldern
Mit den Dächern der Häuser
Mit den Autos, den Schiffen –
Millionenschäden und Tote

Der Riese Sturm
Spielt mit uns „Natur"

1 Überprüft, wie in den beiden Gedichten die Ideen aus dem Cluster verwendet worden sind.

2 Fertigt selbst einen Cluster an
• zu einer Tages- oder Jahreszeit,
• zum Wetter (Regen, Schnee, Gewitter, Nebel usw.).
Schreibt dann mit den Ideen aus dem Cluster, die sich dazu eignen, ein Gedicht, in dem ihr die Tages- oder Jahreszeit oder das Wetter als Person darstellt.

Der Abend im Frack

Der Abend geht im Frack durch unsre Straße
und steckt die Sonne in die Hintertasche.
Er fängt die Vögel unter den Zylinder
und heftet sich voll Sterne das Revers*
und einen goldnen Halbmond auf die Brust.

Im schwarzen Lackschuh tänzelt er vorbei
und trinkt die Lichter aus den Fenstern,
säuft die Laternen aus, frisst die Geräusche
und nimmt die keusche Nacht in seine Arme.

Am Morgen gleitet er betrunken aus
und fällt kopfüber in die Straßenrinne.
Da platzt die Hintertasche auf:
Die Sonne rutscht ihm wieder raus
und steigt ganz unbeschädigt
langsam über Haus und Dach
und lacht den Abend einen Tag lang aus.

Wolfgang Bächler

3 Der Abend als Mann in Frack und Zylinder, der die Sonne in die Tasche steckt, die Vögel in seinem Zylinder fängt … Versucht mit eigenen Worten zu sagen, was der Dichter mit diesen Bildern jeweils darstellen wollte.

4 Wie würden sich die Bilder und die Gesamtaussage des Gedichts ändern, wenn der Abend ein Straßenkehrer, ein Dieb, ein Clown oder ein alter Mann wäre? Versucht ein solches Gedicht zu schreiben.

3 Ich als Tiger

Trauriger Tag

Ich bin ein Tiger im Regen
Wasser scheitelt mir das Fell
Tropfen tropfen in die Augen

Ich schlurfe langsam, schleudre die Pfoten
die Friedrichstraße entlang
und bin im Regen abgebrannt

Ich hau mich durch Autos bei Rot
geh ins Café um Magenbitter
fress die Kapelle und schaukle fort

Ich brülle am Alex den Regen scharf
das Hochhaus wird nass, verliert seinen Gürtel
(ich knurre: man tut, was man kann)

Aber es regnet den siebten Tag
Da bin ich bös bis in die Wimpern

Ich fauche mir die Straße leer
und setz mich unter ehrliche Möwen

Die sehen alle nach links in die Spree

Und wenn ich gewaltiger Tiger heule
verstehn sie: ich meine es müsste hier
noch andere Tiger geben   *Sarah Kirsch*

1 Sagt mit eigenen Worten, wie sich der Mensch fühlt, der hier im Regen durch die Stadt Berlin läuft.

2 Warum möchte der Mensch gerade ein Tiger sein und nicht zum Beispiel eine Maus? Spürt dem Tigerbild genauer nach: Welche Wörter gehören dazu, und warum wurden gerade sie gewählt?

3 Welches Tier könnte die Autorin wählen, wenn sie bei ihrem Regenspaziergang durch die Stadt fröhlich wäre? Welche Eigenschaften und Tätigkeiten dieses Tiers wären dann wichtig? Und wie würde sich die Wahrnehmung des Regens und der Stadt ändern?

Ein Bild für sich selbst finden

Jemand aus der Klasse „denkt" sich einen Klassenkameraden/eine Klassen-
kameradin. Jetzt wird er reihum von der Klasse gefragt: Was wäre diese Person als … (Tier, Pflanze, Musikinstrument, Kleidungsstück, Gebäude usw.)? Er
antwortet und die Klasse rät, auf wen die Bilder passen. Spielt dieses Spiel
drei- oder viermal.

Danach entscheidet jeder für sich, welches Bild ihm für seine eigene Person
am meisten zusagt, und er schreibt dazu einen Text: „Ich als …".
Beispiele:

Ich als Wind

Ich als Wind, mal ruhig
mal aufbrausend.
Unberechenbar bin ich, wie sonst nichts,
denn ich bin launisch
Wie der Wind.   *Denis*

Ich als Rose

Ich möchte diese Rose sein.
Nur dich steche ich nicht.
Für dich blühe ich auf und
guck zu dir hinauf.
Ich wäre etwas Besonderes, denn
niemand könnt an mich so leicht heran.
     Marc

Ich möchte diese Birke sein

Ich möchte diese Birke sein
Die du so liebst:
Hundert Arme hätt ich um dich zu schützen
Hundert grüne und sanfte Hände
Um dich zu streicheln!
Ich hätte die besten Vögel der Welt
Um dich bei Tagesanbruch zu wecken
Und am Abend zu trösten
In den Stunden des Sommers könnt ich dich
Unter Blumenblättern aus Sonne verschütten
In meinen Schatten hüllte ich zur Nacht
Deine ängstlichen Träume […]   *Yvan Goll*

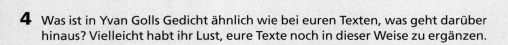

4 Was ist in Yvan Golls Gedicht ähnlich wie bei euren Texten, was geht darüber
hinaus? Vielleicht habt ihr Lust, eure Texte noch in dieser Weise zu ergänzen.

4 Bilder zeigen mehr

Zwei Menschen

Zwei Menschen, die in einer Pappelallee
Aufeinander zukommen:
Begegnung von zwei Tigern
Und der Wind bauscht teilnahmslos die 5-Uhr-Jacke des einen,
Die rot gewürfelt ist,
Und streift zufällig die 5-Uhr-Jacke des anderen,
Die blau gewürfelt ist.
Ihre Herzen schlagen wütend gegeneinander,
Aber listig auf den undeutlichen Gesichtern
Steht ein Lächeln wie Suppe, die kühl wird.
Ehe sie einander grüßen,
Fiel der eine im Innern
Über den anderen her: Großkatzensprung
Aus brutalem Gebüsch.
Beide waren zerfleischt, ehe der Blätterschatten
Vom Nachmittag zerstört war.
Doch der Teufel war inzwischen
Schon ausgewandert
Und schrie als Häher aus der Luft. –
Da verbeugten sie sich tief
Und waren aneinander vorüber.

Karl Krolow

Zwei Menschen

*sind Tiger.
Warum gerade Tiger?*

*Was bedeuten
die Jacken?*

*Was ist das für ein
Lächeln?*

*Wieso ist das Gebüsch
brutal?*

*Was bedeutet das?
Und was hat es mit
den Tigern zu tun?*

1 Stellt euch vor, ihr hättet auf einer Bank an der Pappelallee gesessen. Beschreibt, was ihr gesehen hättet.

2 Was hat der Dichter im Gedicht darüber hinaus bildlich dargestellt? Versucht die Fragen neben dem Gedicht zu beantworten und zu sagen,
  • was alles zum Tigerbild gehört,
  • was die anderen Bilder bedeuten und wie sie mit dem Tigerbild zusammenhängen.

3 Könnt ihr nun erklären, was der Dichter mit dem Tigerbild darstellen wollte?

Um Mitternacht

Gelassen stieg die Nacht ans Land,
Lehnt träumend an der Berge Wand,
Ihr Auge sieht die goldne Waage nun
Der Zeit in gleichen Schalen stille ruh'n;
   Und kecker rauschen die Quellen hervor,
   Sie singen der Mutter, der Nacht, ins Ohr
     Vom Tage,
Vom heute gewesenen Tage.

Das uralt alte Schlummerlied,
Sie achtet's nicht, sie ist es müd;
Ihr klingt des Himmels Bläue süßer noch,
Der flücht'gen Stunden gleich geschwung'nes Joch.
   Doch immer behalten die Quellen das Wort,
   Es singen die Wasser im Schlafe noch fort
     Vom Tage,
Vom heute gewesenen Tage.   *Eduard Mörike*

Der Panther

Im Jardin des Plantes, Paris

Sein Blick ist vom Vorübergehn der Stäbe
so müd geworden, dass er nichts mehr hält.
Ihm ist, als ob es tausend Stäbe gäbe
und hinter tausend Stäben keine Welt.

Der weiche Gang geschmeidig starker Schritte,
der sich im allerkleinsten Kreise dreht,
ist wie ein Tanz von Kraft um eine Mitte,
in der betäubt ein großer Wille steht.

Nur manchmal schiebt der Vorhang der Pupille
sich lautlos auf –. Dann geht ein Bild hinein,
geht durch der Glieder angespannte Stille –
und hört im Herzen auf zu sein.
    Rainer Maria Rilke

4 Auch in diesen Gedichten wird mit Bildern gearbeitet. Entdeckt diese Bilder, spürt ihnen nach und versucht sie zu deuten.

Molières Lustspiel „Der Geizige"

1 Eine Schülerinszenierung: Gelungen?

Jubel um den „Geizhals" und sein Team

Schüleraufführung von Molières „Der Geizige" am Theodor-Heuss-Gymnasium

[…] Im Rahmen der gewählten Interpretation konnten sich die Akteure individuell glänzend beweisen. Allen voran der umwerfend komische Daniel Danzer als Harpagon, der sich voll in seine Rolle hineinkniete.

In einem schönen Bühnenbild kamen die persönlichen Talente der einzelnen Mitspieler voll zur Geltung: bewusste Körperlichkeit an der Grenze zur Akrobatik (bei Cléanthes Diener La Flèche), Sinn für gestischen Witz (Frau Claude, die Lakaien, Meister Jaques, Meister Simon) und für Eleganz und „kultivierten Streit" (die Frauen sowie vor allem Cléanthe und Valère).

Die wirkungsbewusst eingesetzten komischen Elemente quittierte das Publikum immer wieder mit begeistertem Szenen-Applaus, der seine Wirkung auf die Spieler denn auch nicht verfehlte: Die Akteure steigerten sich deutlich in ein begeistertes Spiel hinein, das vom hingerissenen Publikum mit jubelndem Applaus honoriert wurde.

Aus dem „Göttinger Tageblatt"

Molière
DER GEIZIGE
Schüler-Inszenierung am Theodor-Heuss-Gymnasium

Der Geizige

Komödie in fünf Akten von Molière

Der Wucherer Harpagon, für den sich die Welt nur ums Geld dreht, hat ambitionierte Heiratsabsichten: Seine Tochter Elise, die den mittellosen, in seinen Diensten stehenden Adeligen Valère liebt, will er mit dem reichen und gereiften Anselme verkuppeln; und sein Sohn Cléanthe soll eine ältere vermögende Witwe
5 freien, obwohl er viel lieber die junge, hübsche Mariane zur Frau nähme, welche allerdings der Vater als seine eigene Braut auserkoren hat. Diesen Plänen wollen sich die Kinder widersetzen. Doch Harpagon fordert unerbittlich Gehorsam, droht cholerisch mit Enterbung und Rausschmiss und setzt noch für den gleichen Tag die Hochzeiten an. Dass er allerdings ein Festessen geben soll, passt
10 dem Pfennigfuchser überhaupt nicht: das Geschirr muss überwacht werden, die Diener sollen nur nach mehrmaligem Rufen stark verdünnten Wein nachschenken und der Koch leicht sattmachende Gerichte gut, aber billig zubereiten. Diese Leidenschaft für den Mammon* versucht Cléanthe für die Durchsetzung seines Ziels nutzbar zu machen: Mit Hilfe eines Dieners stibitzt er dem Vater die Gold-
15 kassette, erlangt so ein Druckmittel und versetzt ihm einen heftigen Schock. Halb wahnsinnig, trauert Harpagon jetzt über den Verlust seines treuesten Gefährten. Er verdächtigt die ganze Welt des Raubes, will sein Personal foltern und erwägt schließlich Selbstmord. Als die Polizei kommt und Anselme bei dem Streit hinzugezogen wird, fliegt der Schwindel auf. Zu aller Verblüffung zeigt
20 sich auch, dass der reiche Anselme der lange vermisst geglaubte Vater von Valère und Mariane ist. Damit entfallen die Einwände Harpagons gegen die Heirat seiner Kinder. Er willigt ein unter der Voraussetzung, dass er keinerlei Mitgift zu zahlen hat. Aber im Grunde interessiert ihn das Heiraten plötzlich nicht mehr, denn endlich hat er seine wahre Geliebte wieder – die Goldkassette.

Dirk Nümann in: Klaus Völker (Hrsg.), Der große Schauspielführer. Bertelsmann,Gütersloh/München 2000, S. 129

Molière

Der Geizige

Komödie in fünf Aufzügen

PERSONEN:
HARPAGON, Cléanthes und Élises Vater, verliebt in Mariane
CLÉANTHE, Harpagons Sohn, Geliebter der Mariane
ÉLISE, Harpagons Tochter, Geliebte des Valère
VALÈRE, Anselmes Sohn, Geliebter der Élise
MARIANE, Cléanthes Geliebte, von Harpagon geliebt
ANSELME, Valères und Marianes Vater
FROSINE, Heiratsvermittlerin
MEISTER SIMON, Geldvermittler
MEISTER JAQUES, Koch und Kutscher Harpagons
LA FLÈCHE, Diener Cléanthes
FRAU CLAUDE, Magd Harpagons
BRINDAVOINE, LA MERLUCHE, Lakaien Harpagons
DER POLIZEIBEAMTE und sein SCHREIBER

ORT DER HANDLUNG IST PARIS

FROSINE
HEIRATSVERMITTLERIN

FRAU CLAUDE
MAGD

MEISTER JAQUES
KOCH UND KUTSCHER

LA MERLUCHE
LAKAI

HARPAGON

SCHREIBER

MARIANE CLÉANTHE ÉLISE VALÈRE

LA FLÈCHE
CLÉANTES DIENER

ANSELME

BRINDAVOINE
LAKAI

MEISTER SIMON
GELDVERMITTLER

POLIZEIBEAMTER

1 Welchen ersten Eindruck gewinnt ihr aus den Materialien vom **Theaterstück** und der Schüler-**Inszenierung**? Erscheint euch beides interessant?

2 Versucht euch die **Figuren** (Personen) des Stücks vorzustellen und sie auf den Fotos zu finden.

3 Wie hängen die Figuren miteinander zusammen? Welche **Figurenkonstellation** besteht im Stück?

2 Die Exposition: Einführung in das Drama

Elise und Valère: Ein Liebespaar

1 (Akt I, Szene 1)

Harpagons Haus. Gartenseite. Elise putzt Schuhe. Valère, als alter bärtiger Mann verkleidet.

5 VALÈRE Elise! Was ist denn los? Erst verlobst du dich mit mir, und jetzt machst du so ein Gesicht! Ich freue mich wie verrückt und du – tut's dir jetzt Leid?

ELISE Natürlich nicht! Ich bin nun mal so.
10 Ich bin zu schwach, ich habe immer Angst.

VALÈRE Angst? Wovor denn?

ELISE Ach, vor allem! Mein Vater! Die Familie! Das Gerede der Leute! Aber vor
15 allem habe ich Angst vor dir, Valère.

VALÈRE Vor mir?

ELISE Eines Tages liebst du mich vielleicht nicht mehr.

VALÈRE Süße!

20 ELISE Alle Männer sind so. Einer wie der andere. Das weiß ich doch. Wenn man euch liebt, nutzt ihr es gleich aus.

VALÈRE Was heißt: Alle Männer! Jetzt bin ich beleidigt. Ich bin doch nicht „alle
25 Männer"! Ich habe meine Prinzipien. – Dich nicht mehr lieben – unvorstellbar!

ELISE Das wird sich erst zeigen.

VALÈRE Jetzt hör endlich auf, du gehst mir auf die Nerven! Immer siehst du bloß
30 schwarz!

ELISE Ja – ich will dir ja glauben! Alles glaube ich dir! Dass du mich ehrlich liebst! Dass du mir treu bleibst! Alles! Nur eben, die Leute …

35 VALÈRE Die Leute! Die Leute!

ELISE Die sehn dich ja nicht so wie ich. Die verstehn ja nicht, warum ich so leichtsinnig … aber ja! Ich habe ja Grund, dir dankbar zu sein. Valère, – für mich hast du ja einfach alles aufgegeben, Familie 40 und Ansehen, und läufst hier bei meinem Vater als Diener herum, nur um in meiner Nähe zu sein! Das ist bestimmt Grund genug, dass man dich liebt. Nur – ob die Leute das verstehn …? 45

VALÈRE Wer deinen Vater kennt, wie geizig der ist, wie engstirnig, der versteht noch ganz was anderes! Entschuldige, ich rede respektlos von deinem alten Herrn. Aber du weißt ja selbst! Lass mich erst 50 meine Eltern wiederfinden, dann merkt er plötzlich, wen er vor sich hat, dann ist er mit allem einverstanden, garantiert! Wenn ich nicht bald von meinen Eltern höre, zieh ich selbst los und suche sie. 55

ELISE Nein, Valère! Bleib da! Bitte! Sieh lieber, wie du mit meinem Vater zurechtkommst!

VALÈRE Das tu ich ja! Und wie! Den ganzen Tag streich ich ihm Honig um den 60 Bart, sage zu allem ja, richtig, sehr wohl, ganz meine Meinung, ausgezeichnet, – ich fürchte schon immer, jetzt ist es zu dick, aber was denn! Er schluckt alles.

ELISE *geht mit den Schuhen ins Haus:* Ich fin- 65 de, du müsstest mit meinem Bruder reden.

VALÈRE Mach *du* das doch! Ihr könnt's doch gut miteinander!

Aus: Molière: Der Geizige. In der Übertragung von Tankred Dorst, suhrkamp taschenbuch 486, Frankfurt am Main (Suhrkamp) 1978, S. 9 f. (Die in Klammern angegebenen Akt- und Szenenangaben beziehen sich auf die Reclam-Ausgabe.)

1 Wie wird der Zuschauer in der **1. Szene** (I. Akt, 1. Szene) in das Stück eingeführt? Was erfährt er über das Liebespaar und über die Hauptfigur, den „Geizigen"? Beschreibt die **Ausgangssituation**.

2 Was erfährt man über die Hintergründe der Handlung und die **Vorgeschichte**?

3 Woran könnt ihr erkennen, dass es sich um einen **Dramentext** handelt? Verwendet bei eurer Erläuterung Begriffe wie **„Rolle", „Dialog", „Regieanweisung", …**

Elise und Cléanthe: Ein Geschwisterpaar

2 (Akt I, Szene 2)

Schlafzimmer, Cléanthe und Elise auf dem Bett.

ELISE Mein lieber Bruder, ich möchte dir
5 was erzählen.
CLÉANTHE Ich auch: Ich bin verliebt.
ELISE Ach! Du?
CLÉANTHE Ja! Ich! Sag jetzt nichts, ich weiß
schon: Unsere Eltern haben uns das Leben
10 geschenkt, dafür müssen wir ewig dankbar
sein. Gehorsam geht über alles! Wir können doch nicht einfach tun, was wir wollen! Und das ist auch ganz richtig so, denn
ein junger Mensch ist ja durch seine Un-
15 reife gar nicht zurechnungsfähig. Die Eltern aber sind sachlich und kennen die
Welt. Sie wissen viel besser, was für die
Kinder richtig ist. Jugendliche Hitze kann
ja nur in der Gosse enden! Du brauchst mir
20 das alles nicht erst lang erzählen, Elise, ich
weiß, ich weiß, ich weiß! Aber ich bin völlig taub für alle Argumente, – spar sie dir!
ELISE Seid ihr denn schon verlobt?
CLÉANTHE Nein, aber bald.
25 ELISE Wann denn?
CLÉANTHE Egal wann – komme mir nur
nicht mit neuen Argumenten!
ELISE Hältst du mich wirklich für so dumm?
CLÉANTHE Du bist eben nicht verliebt! Du
30 hast gar keine Ahnung! Du weißt gar
nicht, wie das ist! Darum kommst du
mit deiner Moralpredigt.
ELISE Ach, meine Moral! Reden wir lieber
nicht davon! Wenn du wüsstest .
35 CLÉANTHE Was? Du auch? Das wäre ja
fantastisch!

ELISE Sag erst du! Was ist das für ein Mädchen?
CLÉANTHE Sie wohnt seit dem Frühjahr
hier ganz in der Nähe. Du müsstest sie 40
einfach mal sehen. Du würdest dich bestimmt auch in sie verlieben. So etwas
Schönes gibt es auf der ganzen Welt nicht
mehr! Mariane heißt sie. Sie lebt mit ihrer Mutter zusammen, die ist krank. [...] 45
ELISE Ich verstehe schon, du liebst sie.
CLÉANTHE Stell dir vor, die sind ganz arm.
Es reicht kaum für das Nötigste. Wenn
ich da wenigstens mal was mitbringen
könnte, wenn ich hingehe! Das will 50
man doch, wenn man liebt. Aber der
Alte ist ja so geizig. Keinen Sou rückt er
raus.
ELISE Das bedrückt dich natürlich; das
verstehe ich. 55
CLÉANTHE Es macht mich ganz krank!
Ach diese ekelhafte Knauserei! Man
kommt sich vor wie ein Sträfling! Geld!
Was haben wir denn von dem Geld!
Jetzt brauchen wir's, so lang wir noch 60
jung sind! *Jetzt* hätten wir was davon!
Ich muss jedoch vom Pump leben. Nein,
das mach ich nicht mehr mit! Ich erzähl
jetzt dem Alten, dass ich Mariane heirate, dann werden wir ja sehn. Macht er 65
Schwierigkeiten, dann geh ich, Schluss!
Mariane nehme ich mit; – egal wohin.
Wir finden schon einen Ort in der Welt,
wo wir glücklich sind. Bloß: Die Reise
kostet auch Geld, leider, das muss ich 70
irgendwie auftreiben. – Kannst ja auch
mitkommen, Elise! Oder willst du lieber hier versauern?   *(S. 10 ff.)*

4 Was erfährt der Zuschauer über die Situation des Geschwisterpaars? Kann
Elise ihre ursprüngliche Absicht verwirklichen (vgl. 1. Szene)? Vergleicht und
charakterisiert die beiden Geschwister.

5 Lest die Szene mit **verteilten Rollen**. Achtet dabei auf die richtige **Sinnbetonung** sowie auf **Lautstärke**, **Tonhöhe** und **Lesetempo**.
Versucht die Szene anschließend zu spielen. Berücksichtigt dabei **Körperhaltung**, **Gestik** und **Mimik** sowie eure **Position** auf der Bühne.

6 Noch ist die **Hauptfigur** des Stückes nicht aufgetreten. Was habt ihr bisher
über sie erfahren? Was erwartet ihr?

Harpagon, der Vater, tritt auf

3 (Akt I, Szene 3)

Harpagons Kontor. Harpagon. La Flèche.

HARPAGON Raus mit dir! Auf der Stelle!
Keine Widerrede! Raus! Lass dich hier
5 nicht mehr erwischen! Du Schnüffler!
Du Dieb!

LA FLÈCHE *beiseite:* Der ist total durchge-
dreht, der Alte!
[...]

?

10 LA FLÈCHE Empfehle mich bestens.
HARPAGON Krepier an deinen Lügen!
La Flèche ab

HARPAGON *kommt nach vorn:* Ich kann den
Kerl nicht ausstehen! – So viel Geld im
Haus, wissen Sie, das ist eine üble Sache! 15
10000 Francs! Sie haben nicht so viel?
Seien Sie froh! Seien Sie froh, dass Sie
nicht mehr haben, als Sie gerade brauchen. Wo soll man's denn verstecken?
Können Sie mir das sagen? Im Geld- 20
schrank? Ich bitte Sie! Die knackt man
doch bekanntlich! Gerade die! Die ziehn
das Gesindel ja direkt an! Die 10000
Francs – gestern habe ich sie bekommen,
und sofort im Garten vergraben! In einer 25
Kassette. *Dreht sich um:* O Gott, jetzt
haben die mich gehört!   *(S. 12 f.)*

7 Harpagon verdächtigt in seinem ersten Auftritt La Flèche (den Diener seines Sohnes) als Schnüffler und Dieb. Entwerft und spielt den (ausgelassenen) Binnenteil der Szene, in dem Harpagon La Flèche beschuldigt und tätlich angreift, während sich La Flèche pfiffig verteidigt und wehrt. Erkundet dabei Harpagons krankhaften Geiz und seine Angst.

8 Die ersten drei Szenen bilden die so genannte **Exposition** des Dramas, die den Zuschauer (Leser) einführt in
• **Schauplatz** und **Zeit**,
• die **Hauptfiguren** (Personen),
• die **Ausgangssituation** und
• die **Vorgeschichte** (was vor Einsetzen der Handlung geschehen ist).
Erläutert anhand der Szenentexte, wie diese Aufgaben (die Funktionen) der Exposition in diesem Stück erfüllt werden.

9 Zeichnet **Figurinen** (Kostümentwürfe) für die Hauptfiguren (Harpagon – Cléanthe – Elise – Valère – La Flèche), so wie ihr sie euch nach dem Text und den Fotos vorstellt.

10 Die Spielerinnen und Spieler der Theatergruppe haben dieses **Bühnenbild** entworfen. Wie schätzt ihr den Entwurf im Hinblick auf die Gesamtwirkung und die Spielmöglichkeiten ein?

Mariane und Cléanthe

3 Der Konflikt: Aufbau dramatischer Spannung

Ein Familienstreit bricht aus

4 (Akt I, Szene 4)

Speisezimmer. Cléanthe und Elise beim Frühstück. Harpagon setzt sich dazu.

HARPAGON Seid ihr schon lange da?

5 ELISE Wir haben gerade angefangen, Vater.

HARPAGON Habt ihr gehört …

CLÉANTHE Was denn, Vater?

HARPAGON Ich habe eben ein bisschen laut gedacht, und da habe ich mir so gedacht,
10 es ist doch verdammt schwer, heutzutage Geld aufzutreiben; wohl dem, der 10 000 Francs im Hause hätte!

CLÉANTHE Wir wollten dich nicht stören, Vater. Sonst hätten wir dir Guten Mor-
15 gen gesagt.

HARPAGON Ich erkläre euch das nur mit den 10 000 Francs, damit ihr das richtig versteht: Nicht dass ihr denkt, ich hätte tatsächlich 10 000 im Haus!

20 CLÉANTHE Deine Geschäfte sind deine Sache.

HARPAGON Ich wollte, ich *hätte* die 10 000!

CLÉANTHE Schön wär's!

HARPAGON Dann *hätte* ich ausgesorgt.

25 CLÉANTHE Mein Gott, Vater, du hast doch wirklich keinen Grund, dich zu beklagen! Du hast doch Geld genug! Das weiß doch jeder!

HARPAGON Was? Ich soll Geld haben? Wer
30 sagt denn so was? Das sind gemeine Lügen!

ELISE Rege dich doch bitte nicht so auf!

HARPAGON Ich bin fassungslos! Meine eigenen Kinder fallen mir in den Rücken!
35 […] *für sich:* Sie wollen meine Kassette! *Die beiden tuscheln; er laut:* Was ist?

ELISE Er meint, ich soll anfangen. Wir wollen dir beide etwas mitteilen, Vater.

HARPAGON So? Ich habe euch auch etwas
40 mitzuteilen.

CLÉANTHE Vater – es dreht sich ums Heiraten.

HARPAGON Ja, darum dreht sich's. Ums Heiraten.

ELISE *erschrocken:* Ah, Vater!   45

HARPAGON Was ist denn los?

CLÉANTHE Wir wissen ja nicht, ob du unsere Wahl akzeptierst.

HARPAGON Langsam, langsam. Keine Aufregung. Ich weiß schon, was ihr braucht. 50
Ihr sollt keinen Grund haben, euch zu beschweren. Du nicht – und du auch nicht. Reden wir nicht lange herum: *Zu Cléanthe:* Sag mal, kennst du ein junges Mädchen, Mariane heißt sie, sie wohnt 55
hier in der Nähe?

CLÉANTHE Ja, Vater!

HARPAGON *zu Elise:* Und du?

ELISE Dem Namen nach.

HARPAGON Wie gefällt sie dir, mein Sohn? 60

CLÉANTHE Bezaubernd!

HARPAGON Ihr Aussehen?

CLÉANTHE Hinreißend!

HARPAGON Und wie sie auftritt?

CLÉANTHE Das hat Stil!   65

HARPAGON Du meinst also auch, man könnte sich mit ihr sehen lassen?

CLÉANTHE Ja! Natürlich, Vater.

HARPAGON Dass sie in Frage käme …

CLÉANTHE Sehr! Sehr!   70

HARPAGON Dass sie eine gute Ehefrau wäre.

CLÉANTHE Eine sehr gute!

HARPAGON Die Sache hat nur einen kleinen Haken: Viel Geld bringt sie nicht mit. 75

CLÉANTHE Ach, Vater! Geld! Bei so einem Mädchen!

HARPAGON Langsam, langsam. Ich wollte nur sagen: wenn sie es nicht mitbringt, muss sie eben in der Ehe einsparen. 80

CLÉANTHE Kann sie!

1 Welchen Eindruck gewinnt der Zuschauer an dieser Stelle vom Fortgang des Stückes? Überlegt: Handelt es sich um einen **Konflikt**, der eine **dramatische Spannung** aufbaut?

HARPAGON Freut mich, dass wir uns einig sind. Ihre Bescheidenheit hat mir sehr gefallen. Wenn sie nur ein bisschen was
85 mitbekommt, heirate ich sie.

CLÉANTHE Wen?

HARPAGON Ich, Mariane, ja.

CLÉANTHE Wer?

HARPAGON Ja, ich; ich, ich!

90 CLÉANTHE Mir wird schlecht. *Er steht auf.*

HARPAGON Geh in die Küche! Trink ein Glas Wasser! *Cléanthe ab* Ja, mein Kind; das wär's, das habe ich also beschlossen. Für deinen Bruder habe ich eine Witwe vorge-
95 sehen, die ist mir heute empfohlen worden. Und du kriegst den Monsieur Anselme.

ELISE Monsieur Anselme?

HARPAGON Ein gescheiter Mann in reife-ren Jahren, Mitte fünfzig, steinreich. Be-
100 wundernswert.

ELISE Sei mir nicht böse, lieber Vater, aber ich will noch nicht heiraten.

HARPAGON *äfft sie nach:* Sei mir nicht bö-se, liebe Tochter, aber ich will, dass du
105 heiratest.

ELISE Ich bitte um Verzeihung, lieber Va-ter …

HARPAGON *nachäffend:* Ich bitte um Ver-zeihung, liebe Tochter …

ELISE Ich habe nichts gegen Monsieur An- 110 selme, aber wenn du gestattest, heiraten werde ich ihn nicht.

HARPAGON Ich habe nichts gegen dich, aber wenn du gestattest, du wirst ihn heiraten. Und zwar heute. 115

ELISE Daraus wird nichts, Vater.

HARPAGON Daraus wird was, liebe Toch-ter.
Elise läuft weg, Harpagon hinterher. Sie laufen durch das ganze Haus. 120

ELISE Das lass ich mir nicht gefallen!

HARPAGON Das wirst du dir gefallen lassen!

ELISE Eher bringe ich mich um!

HARPAGON Das wirst du nicht tun! Du wirst ihn heiraten! Umbringen! So eine 125 Frechheit! Ich bin schließlich dein Vater!

ELISE Ich bin schließlich deine Tochter!

HARPAGON Das ist eine gute Partie! Daran ist nichts auszusetzen! Das wird jeder sagen! 130

ELISE Es schreit zum Himmel! Das wird jeder sagen! *Sie kommen an die Treppe, wo Valère steht.* (S. 15 ff.)

2 Beschreibt und erklärt, wie Molière hier einen Überraschungseffekt erzielt und damit einen (Familien-) Konflikt erzeugt, der die dramatische Spannung aufbaut. Welche Fragen stellt sich der Zuschauer nun zum Fortgang des Stückes? Welche Rolle könnte Valère dabei spielen?

3 Spielt das **Streitgespräch** zwischen Harpagon und Elise wirkungsvoll. Achtet auf die Regieanweisungen. Bereitet euch auf das Spielen vor, indem ihr **pantomimisch** ausdrucksvolle Bewegungen, Gesten und Mimik erkundet.

4 Gebt den Inhalt der ganzen Szene als **Dialogbeschreibung** wieder, sodass Absicht und Vorgehen der Beteiligten deutlich werden. Dabei solltet ihr wichtige Redebeiträge kennzeichnen durch sog. **Sprechaktverben** (z.B. auffordern, drohen, verlangen, bitten, entgegnen, beschimpfen, vorwerfen, einlenken, …), die verdeutlichen, wie die Figuren **sprachlich handeln**.
Eure Dialogbeschreibung könnte z.B. so beginnen:

```
In dieser Szene geht es darum, dass Harpagon seine Kinder gewinn-
bringend verheiraten will, während er selbst die junge Mariane ge-
winnen möchte. Dieser Familienkonflikt birgt die dramatische Span-
nung und löst die Handlung des Stückes aus.
    Zu Beginn der Szene, die im Speisezimmer beim Frühstück spielt,
verdächtigt Harpagon seine Kinder, hinter seinem Gelde herzuspio-
nieren, und bestreitet den Besitz von 10000 Franc. Cléanthe hält
ihm vor, er könne sich wahrhaftig nicht über Geldmangel beklagen …
```

4 Steigerung:
Zuspitzung des dramatischen Konflikts

Unterschiedliche Strategien

12 (Akt IV, Szene 1, 3 und 5)

Schlafzimmer. Cléanthe, Mariane, Elise und Frosine, alle auf dem Bett.

ELISE Mein Bruder hat mir heute erzählt,
dass er Sie liebt. Und ich weiß, was das
bedeutet.

MARIANE Ach, das tut mir so gut! Zu wissen, dass man nicht allein steht! Lassen Sie uns doch Freunde sein. Das wird mir helfen, über manches Schwere hinwegzukommen.

FROSINE Ach, ihr seid mir zwei! Warum seid ihr nicht gleich zu *mir* gekommen, Ich hätte das schon hingekriegt.

CLÉANTHE Ich habe eben immer Pech! Hat alles keinen Sinn! Mariane, was sagst du!

MARIANE Was soll ich sagen! Ich kann nur noch hoffen. […]

FROSINE Also die gute Frosine soll's wieder mal machen! Die kann ja nicht Nein sagen. Die ist ja so ein dummes Luder. Immer zieh ich die andern aus dem Dreck! Na ja, wenn ich so eine junge Liebe sehe …

CLÉANTHE Dir fällt schon was ein!

MARIANE Bitte, bitte!

FROSINE Mit der Mutter könnte man ja reden. *Zu Cléanthe*: Das Dumme ist nur: Ihr Vater bleibt Ihr Vater.

CLÉANTHE Stimmt.

FROSINE Das schluckt der nie, dass man ihn stehn lässt. Schon darum kriegt ihr nie seinen Segen. Ausgeschlossen. Man müsste die Sache so drehen, dass er Mariane selber nicht mehr will. […]   *(S. 47 f.)*

Harpagon kommt hinzu. Alle ab, bis auf Cléanthe.

HARPAGON Na, gefällt dir deine Stiefmutter? Abgesehen davon, dass sie deine Stiefmutter wird?

CLÉANTHE Wie sie mir gefällt?

HARPAGON Ihr Aussehen, ihre Art, ihre Figur, ihr Verstand?

CLÉANTHE Es geht.

HARPAGON Hm; es geht?

CLÉANTHE Offen gestanden, ich habe eigentlich mehr erwartet. Der Gesamteindruck ist etwas enttäuschend. Hast du nicht gesehn, wie kokett sie ist? Und gewandt ist sie auch nicht gerade im Umgang. Hässlich ist sie ja nicht direkt. Aber mir zu einfältig. Ich will sie dir nicht madig machen. Vater, nimm sie nur!

HARPAGON Auf einmal!

CLÉANTHE Weil ich ihr vorhin ein paar Komplimente gemacht habe? Ich bitte dich! Die macht man doch so. Das habe ich für dich getan.

HARPAGON Du findest sie also nicht besonders?

CLÉANTHE Ich? Nein.

HARPAGON Schade. Dann wird nichts aus dem Plan.

CLÉANTHE Was für ein Plan?

HARPAGON Als ich Mariane vorhin sah, kam ich mir eigentlich ziemlich alt vor. Ich dachte, was werden wohl die Leute sagen, wenn ich so ein junges Ding heirate. Ehrlich gesagt, ich hätte am liebsten alles rückgängig gemacht. Aber das kann ich ja nicht so einfach. Ich kann sie doch jetzt nicht sitzen lassen. Und da habe ich gedacht, wenn sie dir gefällt, könntest du sie ja …

CLÉANTHE Was? Ich?

HARPAGON Ja, du.

CLÉANTHE Zur Frau.

HARPAGON Ja, zur Frau.

CLÉANTHE Na ja, Vater, sie ist nicht grade

80 mein Typ – aber dir zuliebe, Vater, würde ich sie schon nehmen.

HARPAGON Nein, zwingen will ich dich nicht.

CLÉANTHE Ach, Vater, für dich …

85 HARPAGON Nein, nein, so bloß aus Gefälligkeit, das ist nichts.

CLÉANTHE Liebe kann ja noch kommen, Vater, Liebe kommt ja oft erst in der Ehe.

HARPAGON Nein, das soll man nicht riskieren. Das kann bös enden. Das will ich
90 nicht. Wenn sie dir nur ein bisschen gefallen hätte – aber so! Lass nur, ich stehe zu meinem Wort, ich heirate sie selbst.

CLÉANTHE Also gut, Vater, da muss ich dir
95 die Wahrheit sagen. Ich liebe Mariane. Gerade wie ich mit dir über die Heirat reden wollte, bist du selbst damit gekommen. Da konnte ich dir's nicht mehr sagen.

100 HARPAGON Hast du sie schon mal besucht?

CLÉANTHE Ja, Vater.

HARPAGON Öfter?

CLÉANTHE Ja, verhältnismäßig oft.

HARPAGON Und man hat dich gut aufge-
105 nommen?

CLÉANTHE Sehr gut – aber sie wussten nicht, wer ich bin, und dass du mein Vater bist. Deshalb war Mariane vorhin überrascht.

110 HARPAGON Hast du ihr eine Liebeserklärung gemacht?

CLÉANTHE Wie man das eben so macht, ja.

HARPAGON Und Mariane?

CLÉANTHE Ich glaube, sie ist sehr dafür.

115 HARPAGON So, mein Sohn, jetzt hör mal zu: Daraus wird nichts! Das gibt es nicht! Mariane gehört mir und du heiratest deine Witwe!

CLÉANTHE Ah – ich verstehe! So hast du mich reingelegt! Na gut, wenn wir schon
120 so weit sind, erkläre ich feierlich: Ich denke nicht daran, Mariane aufzugeben! Ich werde alles tun, sie dir wegzunehmen. Du kriegst sie nicht! Auf keinen Fall!

HARPAGON Was? Du willst sie mir weg-
125 nehmen?

CLÉANTHE Du willst sie *mir* wegnehmen. Ich war zuerst da!

HARPAGON Und ich bin dein Vater! Wo bleibt dein Respekt!
130
CLÉANTHE Die Liebe kennt keinen Respekt! Vor niemand!

HARPAGON Ein paar Ohrfeigen kriegst du!

CLÉANTHE Schrei nur – das stört mich nicht.

HARPAGON Du lässt die Finger von ihr!
135
CLÉANTHE Denk ich nicht dran.

HARPAGON Ich schmeiß dich raus!

CLÉANTHE Schmeiß doch!

HARPAGON Ich will dich nicht mehr sehn!

CLÉANTHE Ich dich auch nicht!
140
HARPAGON Ich verstoße dich!

CLÉANTHE Von mir aus!

HARPAGON Ich enterbe dich!

CLÉANTHE Sonst noch was!

HARPAGON Krepieren sollst du!
145
CLÉANTHE Danke gleichfalls!

Er läuft weg.   *(S. 49 ff.)*

1 Diese Szenenausschnitte zeigen, wie sich der Familienkonflikt zuspitzt. Welche **„Strategie"** denken sich (im ersten Szenenausschnitt) die Geschwister zusammen mit der Heiratsvermittlerin Frosine aus, damit Cléanthe Mariane heiraten kann? Spinnt diese Strategie weiter, sodass sie zu dem geizigen Harpagon passt, und gestaltet sie aus.

2 Welche **„Strategie"** verfolgt Cléanthe gegenüber seinem Vater (im zweiten Szenenausschnitt)? Warum verfängt die Strategie nicht?

3 Spielt das **Rededuell** als „Duellszene" (wie in einem Film). Achtet vor allem auf Stimmführung und Körperhaltung.

4 Was meint ihr: Wie könnte das Drama nun weitergehen?

5 Höhe- und Wendepunkt: Umschlagen der dramatischen Handlung

Harpagon in Not

(La Flèche hat die Geldkassette ausgegra-
ben, um sie seinem „Herrn" Cléanthe als
Druckmittel gegen Harpagon zur Verfü-
gung zu stellen. Als Harpagon das Fehlen
5 *der Kassette bemerkt, ist er außer sich:)*

1 3 (Akt IV, Szene 7)

[...]

HARPAGON *kommt herein*

Diebe! Diebe! Mörder! Gerechtigkeit!
10 Ich bin verloren! Ich bin ermordet! Ich
bin erwürgt! Mein Geld ist weg! Wer?
Wer war's? Wo ist er? Wo hat er sich versteckt? Was soll ich machen? Suchen! Ist
er hier? Ist er da? Ist er da? Halt! Gib
15 mir mein Geld! Du Hund! Ach was,
Hund! Mein Kopf! Wo bin ich? Wer bin
ich? Harpagon? Ach, mein armes Geld!
Mein liebes armes Geld, mein Liebling!
Du bist mir entrissen! Du warst meine
20 Stütze, mein Trost, meine Freude, mein
Alles! Aus! Aus! Aus! Was soll ich noch
auf der Welt? Ohne dich will ich nicht
leben! Ohne dich geb ich's auf! Ich ster-
be. Ich bin schon tot! Im Grab, vermo-
25 dert! Weckt mich denn keiner? Ein Wort
nur: Wo ist mein Geld! Wer hat es! Was?
Was? Was hast du gesagt? Niemand da!
Es war einer, der sich genau auskennt!
Er hat genau aufgepasst. Gerade wie ich
30 mit meinem Sohn rede, da passiert's! Mit
diesem Verbrecher! Ich hol die Polizei!
Ich lass euch alle foltern, alle! Diener!
Kinder! Sohn! Tochter! Und mich auch
noch! – Was wollen denn alle die Leute
35 hier? Die sehn alle verdächtig aus. Alles
Diebe! He! Was redet ihr da? Ihr wisst
was! Was ist denn das da oben? Das ist
er! Bitte, bitte, sag mir doch: Wo ist mein
Geld? Sag es mir! Ich flehe dich an! Jetzt
40 lachen sie auch noch! Die stecken alle
unter einer Decke! Das bring ich schon
raus! Polizei! Schnell! Polizei! Kom-
missare! Wachtmeister! Richter! Schöf-
fen! Daumenschrauben! Ketten! Gal-
45 gen! Henker! Ich lass alle aufhängen!
Und wenn ich das Geld nicht wieder-
kriege, häng ich mich selbst auf!

(S. 55 f.)

1 Dieser **Monolog** offenbart dem Zuschauer Harpagons **innere Situation**.
Zeigt an dem Monolog **komische** und **tragische** Züge auf.

2 Versucht zu klären, warum der Monolog den **Höhepunkt** und zugleich den
Wendepunkt des Stückes ausmacht.

6 Dramatische Lösung: „Happyend"

Vergnügliche Missverständnisse

(Harpagon lenkt, angestiftet durch den eifersüchtigen Meister Jaques, seinen Verdacht auf Valère:)

14 (Akt V, Szene 3)

5 [...]

HARPAGON Komm her! Komm! Näher! Gesteh dein Verbrechen!

VALÈRE Was ist denn, Monsieur?

HARPAGON Was! Da wagt er noch zu fra-
10 gen! Als ob er von nichts wüsste! Streit es nur ab! Das nützt dir jetzt nichts mehr! Du bist entlarvt! Ich weiß alles! Das ist der Lohn für meine Güte! Du hast dich in mein Haus eingeschlichen,
15 nur aus diesem Grund!

VALÈRE Also gut, Monsieur Harpagon, ich kann es nicht mehr verheimlichen – ich gebe alles zu.

JACQUES Ach! Der war's wirklich?

20 VALÈRE Ich hatte sowieso vor, mit Ihnen zu sprechen und Ihnen meine Gründe zu erklären.

HARPAGON Gründe? Was gibt's denn da für Gründe! Du gemeiner Dieb!

25 VALÈRE Dieb, Monsieur, dürfen Sie nicht sagen. Das ist zu hart. Gut, ich habe ein Unrecht begangen, aber schießlich ist das verzeihlich, – hören Sie mich an …

HARPAGON Verzeihlich? Was? Ein solcher
30 Überfall? Ein solcher Meuchelmord?

VALÈRE Hören Sie mir doch erst mal zu! Es ist doch alles halb so schlimm.

HARPAGON Was? Halb so schlimm? So? So? Was? Mein Herzensschatz! Was?
35 Du Mörder!

VALÈRE Ihr Schatz ist in guten Händen. Meine Familie trägt einen angesehenen Namen. Und alles, was vorgefallen ist, kann leicht wieder gutgemacht werden.

40 HARPAGON Das will ich auch hoffen. Gib her, was du gestohlen hast! Gib sie sofort zurück!

VALÈRE Ihre Ehre soll nicht verletzt werden, Monsieur.

45 HARPAGON Ehre! Von Ehre ist gar nicht die Rede! Oder war das auch die Ehre,

die dich dazu getrieben hat! Oder was war es?

VALÈRE Das fragen Sie noch?

HARPAGON Du Ehrenmann! 50

VALÈRE Es war die Macht, die alles in der Welt entschuldigt: die Liebe.

HARPAGON Die Liebe?

VALÈRE Ja.

HARPAGON Das ist gut! Die Liebe! Die 55 Liebe! Die Liebe zu meinem Geld!

VALÈRE O nein, nein! Ihr Geld interessiert mich überhaupt nicht. Ich schwöre Ihnen, Sie können alles behalten, lassen Sie mir nur, was ich habe. 60

HARPAGON Hört euch das an! Jetzt will er auch noch behalten, was er gestohlen hat!

VALÈRE Sie sagen immer: gestohlen!

HARPAGON Was denn sonst! Mein Ein und 65 Alles!

VALÈRE Wir gehören zusammen! Nur der Tod kann uns trennen.

HARPAGON Das soll er auch: Du wirst gehenkt!

VALÈRE Machen Sie, was Sie wollen. Aber bitte glauben Sie mir nur das eine: Ihre Tochter ist unschuldig.

HARPAGON Das will ich auch hoffen! Meine Tochter! Ja, die ist anständig. – Also wohin hast du sie verschleppt?

VALÈRE Verschleppt? Ich habe sie doch nicht verschleppt! Sie ist hier im Hause.

HARPAGON Hier im Haus? – *Laut:* Sie ist noch im Haus?

VALÈRE Ja.

HARPAGON Und du hast sie nicht berührt?

VALÈRE Ich sie berührt? Bitte, Monsieur Harpagon, Sie müssen mir glauben, meine Liebe zu ihr ist rein …

HARPAGON Rein!

VALÈRE Sie steht mir viel zu hoch!

HARPAGON Hoch?

VALÈRE In meiner Liebe ist nichts Irdisches, nichts Sündhaftes …

HARPAGON Nichts Irdisches? Er spricht wie ein Liebhaber von seiner Braut.

VALÈRE Brindavoine weiß alles, Sie können ihn fragen.

HARPAGON Was? Der war auch dabei?

VALÈRE Ja – bei der Verlobung.

HARPAGON Verlobung? *Beiseite:* Jetzt ist er verrückt geworden, aus Angst!

VALÈRE Elise wollte erst nicht, aber dann habe ich sie überzeugen können, dass meine Absichten ehrlich sind. Da hat sie Ja gesagt.

HARPAGON Wer hat Ja gesagt? Zu was?

VALÈRE Zu unserer Heirat.

HARPAGON Heirat? Lieber Gott, noch ein Unglück!   *(S. 59 ff.)*

1 Warum wirkt diese Szene **komisch**? Untersucht und beschreibt die Technik des **Missverstehens** und des **Aneinander-Vorbeiredens**. Stellt zur Klärung gegenüber:

Harpagon denkt … und will … und sagt …
Valère denkt … und will … und sagt …

2 Die **Lösung** – und damit das „Happyend" – kommt durch den überraschenden Auftritt Anselmes zustande (*deus ex machina**), der sich als totgeglaubter Vater Valères und Marianes erweist (vgl. die Figurenkonstellation Seite 46). Er führt die beiden jungen Paare zusammen, verhilft Harpagon zu seiner geliebten Kassette und erklärt sich außerdem noch bereit, die Doppelhochzeit zu bezahlen.
Entwerft eine Schlussszene für dieses „Happyend", die die Verwicklungen löst und möglichst alle Figuren zum **Schlusstableau** (= wirkungsvoll gruppiertes Schlussbild) auf die Bühne bringt.

3 Schreibt im Rückblick zu einer der Figuren eine **Rollenbiografie**. Die Rollenbiografie für Elise könnte z. B. so beginnen:

Ich heiße Elise und bin die Tochter des reichen, aber geizigen Harpagon. Ich wohne mit ihm und meinem Bruder Cléanthe zusammen in einem schönen Haus in Paris. Trotzdem bin ich nicht glücklich, weil mein Vater uns mit seinem Geiz peinigt. Nun habe ich mich vor kurzem in einen schönen jungen Mann verliebt. Er heißt Valère. Auch er liebt mich und hat versprochen mich zu heiraten. Doch habe ich große Angst, meinem Vater von unserem Plan zu erzählen. Deshalb ist Valère auf die Idee gekommen, sich bei meinem Vater als „Haushofmeister" zu verdingen, um auf diese Weise …

7 Wirkungen

„Der Geizige" hat seit seiner Erstaufführung am 9. September 1688 im Théatre du Palais Royal in Paris durch Molière und seine Theatertruppe unzählige Inszenierungen und Aufführungen erlebt und ist auch verfilmt worden. Die wohl bekannteste Verfilmung „Louis der Geizkragen" aus dem Jahre 1980 in der Regie von Jean Girault und Louis de Funès zeigt den französischen Komiker Louis de Funès in der Hauptrolle des geizigen Harpagon:

Szenenfotos aus dem Film „Louis der Geizkragen"

1 Welchen Eindruck gewinnt ihr aus den Fotos von der Verfilmung?

2 Versucht euch den Film zu beschaffen. Vergleicht eure Filmeindrücke mit den Eindrücken, die ihr bei der Beschäftigung mit dem Theaterstück in diesem Kapitel gewonnen habt.

3 „Der Geizige" steht immer wieder auf den Spielplänen der Theater. Vielleicht habt ihr Gelegenheit, einmal eine Inszenierung zu besuchen.

4 Überlegt, ob ihr das Stück ganz im Unterricht behandeln und vielleicht sogar in Szene setzen wollt.

Eine Jugendbuch-autorin: Kirsten Boie

1 „Ich ganz cool" – Ein Jugendbuch

Steffens Schulalltag

Also Schule, nä, leider, musst du tierisch aufpassen bei. Dass du nicht zu spät kommst, ja Pech, oder schwänzt oder was. Wenn du zu viel schwänzt, kriegst du Ärger, rufen sie deine Mutter an, erst, und denn muss sie kommen, und kannst du alles haben, die hetzen so Psychologen auf dich. Ist aber nicht so schlimm, Psychologen, also die sind voll nett, reden mit dir und so und backen und ko- 5 chen, und wenn du nicht willst, kriegen die gar nichts raus von dir. Frisst du nur ihren Kuchen.

Holger weiß das, nä, weil der beim schulpsychologischen Dienst ist immer donnerstags, und denn kommt er hinterher immer so voll gefressen raus, sagt er, kann er gar kein Abendbrot mehr essen. Mal haben sie mit Schokoplätzchen und 10 mal mit Creme, aber immer so Fertigkuchen, nä, Backmischung, also wie im Fernsehen, nicht zu schwierig. Holger hat sich trotzdem nicht gebessert mit sei- nem Rauchen immer in der Pause und dem Schwänzen und lässt logisch auch mal was mitgehen im Laden, also da müssen sie, wetten, noch lange backen.

Aber ich bin da trotzdem nicht so für, also ich geh lieber zur Schule, weil, 15 sonst werd ich nachher auch noch schlecht, nä, und das bin ich jetzt nämlich echt nicht. Also logisch mal 'ne Fünf, wenn ich nicht hingehört hab. „Der Wald als Lebensraum", also fffttt!, rein zum Ohr und raus, aber sonst ganz gut, Mathe drei und Deutsch drei, also kannst du echt nicht meckern. Mama sagt, das ist al- les Vererbung, nä, mein Alter, der ist auch voll gebildet, echter Filialleiter in 20 Osnabrück bei Spar, also der Chef von so einem ganzen Laden und alles, und muss das da ausrechnen und nachprüfen und bestellen, und kann der logisch al- les ganz cool. Darum kann ich das auch jetzt, nä, logisch, und wenn ich mal 'ne Lehre krieg, später, werd ich vielleicht auch Filialleiter, hab ich ja sogar Beziehungen. Will ich aber nicht so gerne, immer mit den Tomaten und dem 25 Meister Propper und dem Scheiß, also lieber geh ich zu BMW in die Entwick- lung, Maschinen bauen, das ist geil. Musst du aber gut in der Schule sein für, al- so vielleicht Realschule oder sogar Abitur, und wenn du hier wohnst, nehmen die dich wetten sowieso nicht. Kann man ja aber die Adresse fälschen, nä. Oder doch die Tomaten, mal sehen. 30

Ich will das auch nicht wie bei Kai, Werkklasse für Blöde sollte der hin, dabei ist der echt nicht blöde, aber die Lehrer gleich: „Nee, den Abschluss schafft er sowieso nicht", nä „nee, der kriegt hier doch gar nichts mehr mit", nä, „in kei- nem Fach."

Hat er aber dann doch noch, nä, solchen Schrecken hat er gekriegt, Abschluss 35 wird logisch nichts mehr, klar, aber Werkklasse musste er nicht. Ja toll.

Freitags erste Stunde ist immer Deutsch, also voll ätzend bei diesem Typ Wieland, den haben sie von der Real zu uns geschickt und jetzt
40 heult er immer fast, weil wir so blöde sind, ich aber nicht. Also ich mach auch mal Scheiß, nä, Zuhören lohnt da echt nicht, „Inhaltsangabe", braucht man doch später im Arsch. Aber ich grins immer freundlich, wenn der mich an-
45 glotzt, oooh!, und dann freut sich der Typ! Weil der so eine Scheißangst hat, nä, sieht man schon richtig, der mag gar nicht erst reinkommen zu uns, wetten dem zittern die Finger. [...]

Ist aber geil, wenn er fehlt, erste Stunde, und
50 ist noch keine Vertretung da. [...]

Und denn plötzlich die Tür auf, so mit Ruck, und der Hopfenmüller steht da, oh, Scheiße. Hopfenmüller als Vertretung. Also alle auf die Plätze, weil, Hopfenmüller ist ei-
55 gentlichvoll voll gut, streng, nä, aber gerecht, und lässt nichts durchgehen. Aber bei dem wird das echt leise und da melden sich auch welche und alles, und denn sagt der manchmal: „Also, das war jetzt richtig gut, Mensch", finde ich echt nett. Aber streng kann der sein wie nichts, also da traut sich nicht mal Recep, und wenn der rausgeht, ist auch immer gut,
60 weil der denn sagt: „Also, das hat mir heute wieder richtig Spaß gemacht mit euch", und echt haben wir da auch manchmal was gelernt, nä, so streng kann der sein. Aber jetzt alle auf die Plätze, und Hopfenmüller: „Herr Wieland ist krank, leider", und wir, kicher, kicher, „Oh, wie schade", und Hopfenmüller: „Glaubt bloß nicht, dass ihr deswegen um eure Deutschstunde rumkommt", und in den
65 Zetteln gekramt und geht gleich zur Tafel. Haben wir wieder Inhaltsangabe gemacht, kann sein, im Kurztest schreib ich eine Zwei.   *(Seite 31–37)*

Dieser Text stammt aus dem 3. Kapitel von Kirsten Boies Jugendbuch „Ich ganz cool", das erstmals 1992 erschien und seit 1997 als Taschenbuch auf dem Buchmarkt ist. Es ist ein „ungewöhnliches" Jugendbuch.

1 Lest den Text und diskutiert über das „Ungewöhnliche" dieses literarischen Textes.

2 Welche Erzählsituation hat die Autorin gewählt? Wer spricht hier?

3 Zeigt die Besonderheiten in der Sprache von Steffen auf.

4 Beschreibt die Handlung und die Personen des hier abgedruckten 3. Kapitels. Was erfahrt ihr über sie, besonders über Steffen, seinen Schulalltag und seine Einstellungen?

5 Wie beurteilt ihr den Text, nachdem ihr ihn analysiert habt?

6 Den Text vorzulesen fällt nicht leicht. Andererseits kann man ihn nur richtig verstehen, wenn man ihn laut vorliest, weil er ein alltagssprachlicher mündlicher Text ist.

Steffens Träume

1. Traum

Die Maschine donnert durch die Nacht. Schwarz, neue Triumph, ganz schwarz. Die Lederklamotten auch schwarz, ganz schwarz, nicht zu sehen in der Nacht, nur der Scheinwerfer, weißer Finger, Halogen, schneidet Schneisen: Mittelstreifen, Bäume rechts, Bäume links, Zweige kahl. Soll das Winter sein? Alles wie tot.

Aber die Maschine nicht, schräg in den Kurven, immer dem Licht hinterher. Autos, logisch auch, rote Rücklichter, schon vorbei. Einer ab in den Graben, gleich ist es Mitternacht.

Gleich ist es Mitternacht und nur ich noch auf der Straße, ich und meine Maschine, schwarz, ganz schwarz, ich und meine Maschine allein.   *(Seite 16)*

3. Traum

Sonne, hell, Wüste, alles Sand, und die Sonne so von oben, ich schon längst den Helm ab, logisch, Oberkörper nackt, knallbraun, und der Schweiß immer so über die Muskeln, aber ich halte durch. Alles bloß Piste hier, Wellblech, die Maschine hoppelt und hüpft, am Horizont paar Kamele, aber Vorsicht!, kann ja auch Fata Morgana sein.

Ich denk: Wasser! Zur nächsten Oase noch ewig weit, so viel Schweiß, logisch, wirst du auch durstig. Aber durchhalten, Steffen, ich halte durch, Wüstenrallye, das Feld längst hinter mir, ich allein an der Spitze, aber denn plötzlich, Mann!, stirbt die Maschine ab. Ich will Gas, aber nee, kein Ton.

Sonne, hell, Wüste, alles Sand, und die Maschine kein Ton, ich denk: keine Überlebenschance, Mann! Eine Stunde, du hast eine Stunde, Sonne prall auf den Kopf, bist du tot.

Das Feld noch meilenweit hinter mir, nie kann da in einer Stunde einer da sein. Denk ich ganz cool, logisch, Rennfahrer ganz cool, also das war's denn. Ich denk, wenn sie mich finden, will ich auf meiner Maschine sitzen, nicht wie sonst immer die Leichen in der Wüste, Fingernägel im Sand und Maul so weit auf, Zähne und alles, wenn sie mich finden, will ich auf meiner Maschine sitzen, ein Held bis zum Tod.

Hör ich plötzlich das Geräusch, noch Meilen entfernt, aber logisch, scharfe Ohren, was kann das sein? Das Feld noch viel zu weit weg, aber da kommt einer, weiße Klamotten, weiße Maschine, bremst neben mir, dass der Sand nur so aufspritzt, ich denk: nanu? Reißt der sich den Helm ab, schon älterer Typ, knallbraun und alles, Staub in den Falten im Gesicht, also voll cool, wie dieser alte Ninjatyp immer in den Ninjafilmen, sagt der plötzlich – also breitet die Arme aus plötzlich und sagt: „Ich bin dein Vater!" Und ich: „Vater!" Und er: „Mein Sohn!", und gibt mir zu trinken, voll geile Stahlflasche, und wir zusammen auf seine Maschine und logisch die Rallye gewonnen.   *(Seite 46–47)*

6. Traum

Mein Alter, logisch Benz, nä, Coupé, „steig ein, mein Junge", und ich ganz cool, „okay", und denn Beifahrersitz, fährt der schon los. Und aus den Fenstern glotzen die alle so, Mann, haben sie noch nie hier gesehen, solchen Wagen, alle voll neidisch, aber ich tu, als ob ich keinen seh, nicht mal Kai.

40 Wir auf die Schnellstraße, fährt der schon 180, aber so ganz locker, nä, eine Hand immer am Lenkrad, Zigarette im Mundwinkel, logisch hat der auch Autotelefon. Und denn, nä, denn seh ich es. Wie er sich runterbeugt, Zigarettenanzünder, da seh ich es, also in der Tasche von seinem Hemd. Voll geiles Hemd hat der an, und wie der sich runterbeugt, in der Tasche seh ich den Stern, ich denk: Ninja? Kann doch

45 nicht sein. Aber doch, seh ich genau, in der Tasche hat der den Wurfstern, Mann, mein Alter gehört zum Geheimbund der Ninja, der einzige außerhalb Asiens.

Und bringt der mir voll bei. Wie wir aussteigen, Huppelweg, kleiner Teich, zieht der den Stern raus und sagt: „Du bist mein Sohn, ich will dich einweihen in die Künste der Ninja."

50 Und hat er gemacht. *(Seite 78)*

8. Traum

Sonnenuntergang, also voll rot überm Wasser, nä, und grade so bisschen Wind im Schilf. Ich auf dem Steg, hohe Stiefel, dicker Pullover, also wie die Typen in dieser Whiskyreklame immer, Schottland, ja, ist vielleicht Schottland.

Und der Eimer schon total voll, alles Riesenfische, und glotzen so hoch. Und

55 ich die Angel mit weitem Schwung, keine Sekunde, schwankt schon die Pose und das zerrt und zerrt, aber ich, keine Sorge, und ganz langsam, also ruhig, nä, mit Gelassenheit, gleich also den raus. Ist ein Hecht, Mann! Riesenhecht.

Ich denk, das soll nun genug sein für diesen Tag, hinter dem Schilf schon immer der Rauch, also mein Kumpel macht Feuer. Ich nehm den Eimer, Pfeife immer so

60 im Mundwinkel, hohe Stiefel, dicker Pullover, und zum Feuer hin, wo der sitzt.

„Das soll nun genug sein für diesen Tag", sag ich, und mein Kumpel, auch Pfeife, hohe Stiefel, hat das Feuer schon fertig.

„Ein guter Fang", sagt mein Kumpel, aber dann sind wir still, hörst du nur, wie das Feuer knistert, und die Sonne voll rot überm Wasser. Und den Fisch

65 drehn wir immer am Stock, überm Feuer und dreht sich so und das Fett tropft ins Feuer und es duftet voll gut.

„Ein guter Fang", sagt mein Kumpel und wir essen den Fisch und wir löschen das Feuer und neben der Asche schlafen wir ein. *(Seite 110–111)*

Das Jugendbuch „Ich ganz cool" ist in 8 Kapitel aufgeteilt, in denen Steffen von seinem täglichen Leben erzählt. Jedes Kapitels schließt mit einer in einer anderen Schrift gesetzten Szene, die man als „Steffens Tagträume" bezeichnen kann.

1 Lest die vier hier abgedruckten Tagträume von Steffen und unterhaltet euch über sie.

2 Wie sieht Steffen sich und sein Leben in seinen „Träumen"? Welche Bedeutung könnten die Träume wohl für ihn haben?

3 Welche Veränderungen lassen sich in Steffens „Träumen" erkennen?

4 Schreibt weitere Tagträume, die Steffen haben könnte. Versucht, seine Sprache nachzuahmen.

5 Schreibt eigene Tagträume. (Ihr müsst sie nicht unbedingt vorlesen; sie gehören in euer Tagebuch.)

2 Vom Umgang mit der Sprache beim Schreiben

Kirsten Boie: Ein Werkstattbericht

Die Frage, ob man Slang und Jugendsprache in Jugendbüchern verwenden dürfe, ist umstritten und kompliziert. Häufig wird hier dem Autor vorgeworfen, er biedere sich bei den Jugendlichen an; dies und nichts anderes sei der Grund für die von ihm gewählte Sprache. […]

Nehmen wir, um mit einem Extrembeispiel anzufangen, einen Jugendlichen, der folgendes sagt: „Hej, Alter, du hast wohl den Arsch offen!" Welches innere Bild des Jungen stellt sich beim Lesen ein? Wann und wo lebt er, was arbeiten seine Eltern, welche Schule besucht er? Ist es das gleiche Bild, das sich einstellt, wenn der Jugendliche, auf jeden Slang verzichtend, den folgenden Satz sagt: „Guten Tag, Kamerad / mein Freund / Kollege, ich glaube, bei dir stimmt etwas nicht?" Bedeutet der Satz dasselbe? 10

Durch ihre Sprache charakterisiere ich meine Figuren – sozial, altersmäßig, historisch. Wenn ein heutiger Jugendlicher in einer Geschichte eine CD-ROM einschiebt, darf er sie nicht „knorke" oder „dufte" finden; vermutlich wird sich der Autor eher zu „geil" durchringen müssen; und er wird seinen Protagonisten (handelnde Person) von seinem neuen Laufwerk auch nicht als von einem „Ding" sprechen lassen, sondern möglichst 15 von einem „Teil".

Mit allergrößter Wahrscheinlichkeit werden auch diese Ausdrücke schon nach wenigen Jahren überholt und durch andere ersetzt sein: Aber darum geht es nicht. Beschreibe ich einen Jugendlichen zu einem historisch konkreten Zeitpunkt, so muss schon auch die Sprache der handelnden Personen der Zeit entsprechen. Wenn das 20 Buch länger lebt als der verwendete Jugendslang – was bei einem Jugendbuch eher unwahrscheinlich ist –, werden sich auch spätere Leser kaum daran stören, sondern das Buch mitsamt seiner Sprache als das nehmen, was es ist: Eine Geschichte über eine ganz bestimmte Zeit. […]

Interessant wird es natürlich dort, wo es nicht nur um die Sprache der Protagonis- 25 ten geht, sondern wo wir es mit einem jugendlichen Ich-Erzähler zu tun haben. Denn nun gilt für den gesamten Text, was ich eben für die wörtlichen Äußerungen der Figuren zu erklären versucht habe: Der gesamte Text muss jetzt der eines Jugendlichen sein – nicht der eines Erwachsenen; eines Jugendlichen zudem, der *heute* lebt und nicht zu irgendeiner Zeit; und eines Jugendlichen schließlich, der auch sozial an einer ganz 30 bestimmten Stelle unserer Gesellschaft angesiedelt ist.

An einem Beispiel möchte ich das eben Gesagte deutlich machen. Als ich mein Buch „Ich ganz cool" schrieb, die Geschichte eines Jungen, der unter deprimierenden sozialen und familiären Bedingungen großwerden muss, wollte ich zunächst, wie bei allen meinen Jugendbüchern bis dahin, die Ich-Perspektive verwenden; aber noch bevor 35 ich anfing zu schreiben, war mir klar, dass das nicht gehen würde.

Ein Jugendlicher, der so erzählen würde wie meine bisherigen Ich-Erzähler – ein bisschen flapsig zwar manchmal, ein bisschen umgangssprachlich, aber doch souverän im Umgang mit komplexen Satzstrukturen und zudem mit einem erfreulichen Wortschatz – ein solcher Jugendlicher wäre nicht der gewesen, von dem ich berichten woll- 40 te. Ihm nämlich stünden spontan nur restringierte (eingeschränkte) sprachliche Möglichkeiten zur Verfügung, und zumindest, wenn er sich in einer nicht-öffentlichen Situation äußern würde – und diese Vorstellung liegt ja den meisten Ich-Erzählungen zugrunde –, würde er sich auch nicht um deren Glättung bemühen.

Also ließ ich einen personalen Erzähler berichten, sechzig Seiten lang und mit wach- 45 sendem Unbehagen. Denn der so beschriebene Junge *tat* zwar alles, was der von mir intendierte Jugendliche tun sollte, er *dachte* alles, was ich ihn durch meinen Erzähler denken ließ – er *war* aber ein ganz anderer, ich konnte tun, was ich wollte. Eine wesentliche, vielleicht die entscheidende Dimension zum Verständnis dieses Jungen fehlte. […]

50 Was blieb mir da anderes übrig? Ich musste ihn selber erzählen lassen, in seiner Sprache; nicht, wie vielfach unterstellt wurde, um ihn bloßzustellen, sondern um dem Leser die Chance zu geben, sich diesen Jugendlichen vorzustellen, sich in ihn, in seine Welt einzufühlen. […]

Wir sehen, die gewählte Sprache führt nicht nur zu einer Oberflächenveränderung.
55 Sie ist grundsätzlich für die Persönlichkeit dieses Jungen, den ich übrigens sehr mag, den ich keineswegs bloßstellen wollte, und den ich für sehr, sehr viel tüchtiger halte als viele der Kinder mit vorzüglicher Sprachfähigkeit. Ich drücke ihm für sein weiteres Leben ganz fest die Daumen – und ich hoffe, dass der Leser, der sich bis zum Ende des Buches durchgearbeitet hat, das versteht und es mit mir tut.

60 Aber natürlich hat das Buch vielfältige Kritik auf sich gezogen: Besprechungsexemplare wurden dem Verlag mit zornigen Anschreiben zurückgeschickt, Buchhandlungen ließen das Buch zurückgehen, Leser schrieben bitterböse Briefe. Ich will hier nicht daraus zitieren; die beiden Hauptargumente jedenfalls waren die Folgenden: 1. Unsere Jugend ist nicht so – ein Argument, das heute, nach intensiverem Nachdenken über
65 die Lage der Jugendlichen in diesem Land, vielleicht nicht mehr so häufig gebraucht würde; und 2. So einer Sprache darf der jugendliche Leser nicht ausgesetzt werden.

Tatsächlich? Solange es Jugendliche gibt, die in dieser Sprache, auch unter diesen sozialen Bedingungen leben müssen, wird es nur zwei Möglichkeiten geben: Entweder, die Augen ganz fest davor zu verschließen oder unsere unter glücklicheren Bedingungen aufwachsenden Kinder wenigstens in Texten diesem Elend auszusetzen.
70 Ich vermute, dass sie die Lektüre ohne größere Schäden überstehen. (Wenn sie natürlich auch, da gebe ich den Kritikern recht, keine schöne Sprache dabei kennenlernen.)

In: Beiträge Jugendliteratur und Medien 1995, Heft 1, Seite 13 – 16

Die Autorin Kirsten Boie äußert sich hier über die Probleme mit der Sprache beim Schreiben eines Jugendbuchs allgemein und insbesondere in Bezug auf ihr Buch „Ich ganz cool" sowie über die Reaktionen auf dieses Buch.

1 Welche Probleme sieht sie hinsichtlich der Verwendung der Jugendsprache?

2 Beschreibt ihre beiden Beispiele im zweiten und dritten Absatz des Textes, setzt euch mit ihnen auseinander und denkt über die Wirkung der Sprache der Hauptfigur eines Jugendbuches auf die Leser nach.

3 Beschreibt die Probleme, die Kirsten Boie bei der Wahl der Erzählsituation hatte: personaler oder Ich-Erzähler. Welche Konsequenzen haben sie für die Geschichte!

4 Warum hat sie sich am Ende für einen Ich-Erzähler entschieden? Zieht zur Beantwortung dieser Frage auch die am Anfang dieses Kapitels abgedruckten Texte aus „Ich ganz cool" heran.

5 Dieses Buch wurde heftig kritisiert, die Autorin sogar beschimpft. Welches waren die Argumente der Kritiker, welches sind eure kritischen Argumente?

6 Haltet ihr die Sprache, die Kirsten Boie in ihrem Buch Steffen sprechen lässt, für angemessen in einem Jugendbuch und in einem schulischen Lesebuch? Ist das noch Literatur?

3 Über die Autorin

Kirsten Boie ist eine der bekanntesten deutschen Autorinnen des modernen Kinder- und Jugendromans und wurde 1950 in Hamburg geboren. Dort absolvierte sie auch Schule und Studium, mit 5 Ausnahme eines Studienjahres an der englischen Universität Southampton mit einem Auslandsstipendium der Hamburger Universität. Während des Studiums bibliothekarische Hilfstätig- 10 keiten in der Bibliothek des literaturwissenschaftlichen Seminars der Universität, um den Lebensunterhalt zu verdienen. Nach dem ersten Staatsexamen in den Fächern Deutsch und 15 Englisch Promotion* in Literaturwissenschaft über die frühe Prosa Bertolt Brechts. Parallel dazu Unterricht an einer privaten Handelsschule, Referendariat, Heirat, dann Tätigkeit als Lehrerin an einem Hamburger Gymnasium. 20 Auf eigenen Wunsch Wechsel an eine Ganztagsgesamtschule.

1983 Adoption des ersten Kindes; auf Verlangen des vermittelnden Jugendamtes musste sie ihre Lehrerinnentätigkeit aufgeben und schrieb daraufhin ihr erstes Kinderbuch. 1985 Adoption des zweiten Kindes.

Bereits ihr erstes Buch, 1985 unter dem Titel „Paule ist ein Glücksgriff" er- 25 schienen, wurde ein beispielloser Erfolg (Auswahlliste zum Deutschen Jugendliteraturpreis, Buch des Monats der Deutschen Akademie für Kinder- und Jugendliteratur in Volkach, Ehrenliste des Österreichischen Staatspreises für Kinder- und Jugendliteratur).

Inzwischen sind von Kirsten Boie weit mehr als sechzig Bücher erschienen 30 und in zahlreiche Sprachen übersetzt worden. Bücher, die keinen Zweifel daran lassen, dass die Autorin auf Seiten der Kinder steht. Dass sie dabei auch die Erwachsenen nicht vergisst, macht ihre Figuren so wahrhaftig und sympathisch, ihre Bücher so liebens- und lesenswert.

(Aus der Pressemappe des Oetinger Verlages)

1 Was erfahrt ihr in diesem Text über Kirsten Boie?

2 Habt ihr schon Bücher von ihr gelesen? Tauscht euch über eure Leseerfahrungen aus.

3 Besorgt euch in der Buchhandlung, in der Bibliothek, in Lexika zur Kinder- und Jugendliteratur oder im Internet (z. B. mit der Suchmaschine www.google.de) Informationen über die Autorin und ihre Kinder- und Jugendbücher. Richtet eine Wandzeitung ein, auf der ihr alle Informationen zusammentragt.

4 Jugendbücher von Kirsten Boie

Es gäbe im Ort eigentlich so gut wie keine Ausländer und damit – so folgert der Bürgermeister der biederen deutschen Kleinstadt – auch keinen Fremdenhass. Und doch brennt eines Nachts ein von Türken bewohntes Haus. Der 15-jährige Marco hat dort Feuer gelegt, um den Bewohnern „einen Denkzettel" zu verpassen.

Kirsten Boie lässt zu diesem Vorfall 13 Personen aus Marcos Umfeld zu Wort kommen und stellt deren Aussagen unkommentiert nebeneinander: Zumeist gibt man sich schockiert und distanziert sich von Marco. Aber die Bereitschaft, den Ausländern selbst die Schuld zuzuschreiben, ist dennoch groß. Letztendlich finden sich nur wenige, die sich kritisch mit dem Vorfall auseinandersetzen, die sich mitverantwortlich fühlen und – sich ihrer eigenen Hilflosigkeit bewusst sind.

Niklas hat ein mulmiges Gefühl: Ausgerechnet mit Karl soll er für die Schule zusammenarbeiten. Der ist neu in der Klasse, gibt sich ziemlich cool und nicht gerade freundlich. Als Karl zu Niklas nach Hause kommt, fehlt hinterher eine CD. Kann es wirklich sein, dass Karl sie geklaut hat? Schnell muss Niklas begreifen, dass Karl noch zu viel schlimmeren Dingen fähig ist: Bald sieht er sich selbst bedroht …

„Beklemmend, packend, überzeugend. Zum Thema Gewalt ein Meilenstein!"

(„Eselsohr". Zeitschrift für Kinder- und Jugendliteratur)

Auf dieser und auf der nächsten Seite erfahrt ihr etwas über drei Jugendbücher von Kirsten Boie.

1 Lest die Klappentexte der Jugendbücher, betrachtet die Cover und sprecht in der Klasse über die Bücher.

2 Zeigt auf, über welche Themen Kirsten Boie schreibt.

3 Haltet ihr die Themen für interessant und wichtig? Begründet eure Ansicht.

4 Tragt die Informationen über diese Bücher in eure Wandzeitung ein oder ergänzt eure bisherigen Notizen.

5 Wie ein Buch entsteht: „Monis Jahr"

Interview mit Kirsten Boie über „Monis Jahr"

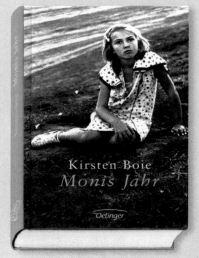

1955, zehn Jahre nach dem Krieg, kehrt in Deutschland wieder so etwas wie Normalität ein. Und für Moni, die mit Mutter und Oma in bescheidenen Verhältnissen lebt, wird alles anders. Sie ist die Erste aus der Familie, die auf die Oberschule geht. Monie zweifelt, ob sie da wirklich hingehört. Und dann hat ihre Mutter plötzlich einen Freund. Soll sie den etwa bald Vati nennen? Und was wird bloß aus Oma, die nicht glauben will, dass ihr Sohn Heiner, Monis Vater, nicht mehr aus dem Krieg zurückkehren wird?

Wie sahen Ihre Recherchen für diesen Roman aus?

Zunächst habe ich mich an meine eigene Kindheit erinnert, alte Fotoalben durchgeblättert, alte Filme angesehen. Es hat Spaß gemacht, wie viele Alltagsdetails und kleine Geschichten mir dabei wieder eingefallen sind. Da es mir aber ja auch wichtig war, ein Bild der damaligen Zeit zu zeichnen, das über das rein Private hinausgeht, habe ich mich auch noch einmal intensiv mit der politischen und gesellschaftlichen Situation im westlichen Teil Deutschlands in dieser Zeit beschäftigt. Dass es um das Jahr 1955 gehen sollte, stand relativ früh fest – mit diesem Jahr endet   10
die eigentliche Nachkriegszeit, die Bundesrepublik Deutschland erhält wieder ihre volle Souveränität, gleichzeitig wird aber auch die Trennung in zwei Staaten zementiert. In der Erinne-rung der Menschen ist 1955 aber vor allem das Jahr, in dem die letzten Gefangenen aus sowjetischer Kriegsgefangenschaft zurückkehrten – daran habe ich eine sehr intensive private Erinnerung.   15

Gab es eine besondere Herausforderung beim Schreiben dieses Buches? Wie sind Sie damit umgegangen?

Es war leicht, Informationen über die politische und gesellschaftliche Situation der Zeit zu beschaffen, da gibt es natürlich allerhand Literatur. Schwieriger wird es dann bei Fragen wie: An was für einem Wochentag ist die persische Kaiserin Soraya bei ihrem Staats-   20
besuch in Hamburg angekommen? (Konnte Monis berufstätige Mutter ihr also tatsächlich zujubeln?) Wie war das Wetter im Herbst 1955? Welchen Film hat Moni mit dem neuen Freund ihrer Mutter angesehen? In welche Konzerte ist Monis Mutter gegangen? Zu welcher Musik hat man Silvester 1954 getanzt? In welchem Monat waren in Hamburg die Aufnahmeprüfungen für das Gymnasium? Welche Kleidung galt als schick? Da mus-   25
ste ich meine eigenen Erinnerungen zumindest überprüfen – und ohne das Internet wäre ich sicherlich gescheitert. Denn auch die Erinnerungen anderer helfen ja nicht sehr viel weiter: Oft sind sie auch nicht sicher, war das nun wirklich 1955 oder doch erst 1957? Unendlich viele Details, die dem Leser vermutlich überhaupt nicht auffallen, sollten ja stimmen, und wenn die Überprüfung per Bibliotheksrecherche hätte geschehen müssen, hätte sie   30
Monate gedauert. Manchmal habe ich mich allerdings auch großzügig über mein Wissen hinweggesetzt: Zum Beispiel hatte der Film „Die Mädels vom Immenhof" im August 1955 Premiere, Moni sieht ihn aber schon im Juni, zu diesem Zeitpunkt habe ich ihn gebraucht. Das erschien mir als lässliche Sünde, da nicht wirklich das Bild der Zeit verfälscht wird.

35 *Haben Sie eine oder mehrere Lieblingsfiguren in Ihrem Roman? Haben sich Ihre Sympathien im Laufe des Schreibens verändert?*

Ich muss immer zu all meinen Figuren ein positives Verhältnis haben in dem Sinne, dass ich mich in sie hineinversetzen und ihre Handlungen nachvollziehen kann – selbst wenn ich sie ablehne. Natürlich ist Moni meine Lieblingsfigur – aber auch die Großmutter 40 schätze ich sehr, auch Monis Freund Harald.

Wussten Sie von Anfang an, wie sich die Handlung entwickeln würde?

Die Handlung habe ich zweigleisig entwickelt: Ich wusste relativ früh, welche persönlichen Ereignisse es in Monis Leben in diesem Jahr geben sollte. Erst nachdem ich mich dann intensiver mit dem Jahr 1955 beschäftigt hatte, konnte ich Privates und geschicht- 45 liche Ereignisse miteinander verknüpfen. Insofern ist „Monis Jahr" ein sehr durchgeplantes Buch, in viel stärkerem Maße als viele andere meiner Bücher.

Was ist Ihnen besonders wichtig an „Monis Jahr"?

Mir war wichtig, den Alltag eines Kindes in dieser Zeit nachvollziehbar zu machen. Aus den Geschichtsbüchern können wir vieles über politische und gesellschaftliche Ereignisse 50 erfahren. Wie es aber ganz konkret gewesen ist, damals Kind zu sein, wie es sich angefühlt hat, das wissen eigentlich nur diejenigen, die damals Kinder waren, das ist ein Wissen, das – anders als das Wissen um Politisches im Großen – mit dem Tod dieser Generation verloren gehen wird, wenn sie ihre Geschichten nicht erzählt. Das gilt natürlich für jede Zeit. Aber auch um die Verknüpfung von ganz und gar Privatem, von Monis all- 55 täglichem Kinderleben, mit politischen Ereignissen ist es mir gegangen. Im Rückblick werden diese Zusammenhänge ja immer deutlicher. Ein großer Teil der Jugendlichen, mit denen ich zu tun habe, findet Politik sterbenslangweilig, aus einem nachvollziehbaren Grund: Sie haben das Gefühl, das alles ginge sie gar nichts an und hätte keinen Einfluss auf ihr Leben. In dieser Geschichte sieht man die Zusammenhänge.

Interview von Frauke Wedler; Pressemappe des Oetinger Verlags, Hamburg 2003

Kirsten Boies Buch „Monis Jahr" erschien 2003. In einem Interview hat sich die Autorin über die Entstehung des Buches geäußert.

1 Nach dem Lesen des Interviews: Wie schätzt ihr das Buch ein? Möchtet ihr es lesen oder nicht? Begründet eure Entscheidung.

2 Welche Recherchen hat Kirsten Boie vorgenommen, um ihr Buch schreiben zu können? Warum unterzieht sich eine Autorin derartiger Mühen?

3 Was äußert Kisten Boie über ihre Einstellung zum Thema dieses Jugendbuchs und zu seinen Personen?

4 Kirsten Boie behauptet – wie übrigens zahlreiche Autorinnen und Autoren –, dass sich die Personen ihrer Bücher während des Schreibens selbstständig machen. Sie bekommen Eigenleben und „lassen sich nicht mehr alles gefallen", was die Autorin mit ihnen vorhat. Was meint ihr zu dieser Aussage?

5 Die Autorin sagt auch etwas über ihre Absichten, die sie mit dem Jugendbuch verfolgt. Im Geschichtsunterricht erfahrt ihr etwas über die historischen Ereignisse, in einem Jugendbuch lest ihr etwas darüber. Welche Unterschiede zwischen beiden Formen historischer Vermittlung könnt ihr erkennen?

6 Kirsten Boie über das Lesen von Büchern

Natürlich gefällt mir der Gedanke, irgendeins meiner Bücher könnte die Einstellung seiner Leser gegenüber Alten, Behinderten, sozial Unterprivilegierten, Schwulen und Lesben, der Dritten Welt, Aufrüstung und Krieg, Tierversuchen, Gentechnologie, Ökologie, Atomkraft und anderen problemverbundenen Dingen in meinem Sinne verändern; könnte zur Emanzipation der Leser beitragen, 5 sie stärker, selbstsicherer, durchsetzungsfreudiger, gleichzeitig sensibler, einfühlsamer machen – aber gleichzeitig weiß ich doch, dass es sich dabei immer um einen Glücksfall handeln würde, der durch Aspekte, die außerhalb meines Textes im Leben des Kindes liegen, vorbereitet wäre: Denn das Kind, das mit bitteren Tränen liest, wie ein Aussiedlermädchen in seiner Klasse gehänselt und ausge- 10 grenzt wird, wird deshalb noch lange nicht neben der neuen Russlanddeutschen in der eigenen Klasse sitzen oder sie womöglich sogar zum Geburtstag einladen wollen. Den Glauben, dass die Einsicht in Zusammenhänge automatisch zu verändertem Handeln führt, habe ich schon lange schweren Herzens aufgegeben: Das Ozonloch ist Dauerthema in Zeitungen, aber die Zahl der Zweit-, Dritt- 15 und manchmal Viertautos pro Haushalt nimmt, wo ich wohne, trotzdem zu.
(Seite 18)

Es stellt sich natürlich die Frage, ob Kinder heute denn überhaupt noch lesen wollen, ob sie es sollten, und warum. Die Überzeugung, meine Bücher könnten zwar gedruckt, auch gekauft, danach aber gar nicht oder nur unter Androhung 20 von Strafen oder meinetwegen auch mit Hilfe des Versprechens, nach dem Lesen dürfe dann auch ferngesehen werden, gelesen werden, würde mich ganz schnell dazu bringen, wieder nur noch für mich Tagebuch und Briefe zu schreiben.
Und natürlich hat das Lesen für heutige Kinder einen anderen Stellenwert. Zugang zu Fantasiewelten finden sie auch auf andere Weise, und das lange, be- 25 vor sie lesen können. Der Weg zum Bücherlesen ist darum für sie ja sehr viel steiniger, als etwa für meine Generation: Die Kosten-Nutzen-Relation sieht einfach schlechter aus. Zwar ist die Anstrengung beim Lesenlernen noch ebenso groß wie früher; was man dafür bekommt, ist aber zunächst einmal weniger wert. Fremde Welten, Abenteuer erleben, mich über Skurriles, Groteskes, Fantasti- 30 sches amüsieren; meinen eigenen anstrengenden Alltag vergessen und mich in eine Welt träumen, in der ich groß, stark, klug und schön bin: All das ist heute per Fernbedienung rund um die Uhr auf dreißig Kanälen zu haben. – Wozu da noch die Anstrengung des Lesens auf sich nehmen?
(Seite 19)

Wozu sollen Kinder denn heutzutage überhaupt noch die Anstrengung des 35 Lesens auf sich nehmen? Lange Zeit hat diese Frage mich heftig beschäftigt. Denn wenn ich glauben müsste, dass es sich beim Bücherlesen um eine aussterbende Kunst handelt, wenn ich glauben müsste, dass das Medium Buch nur noch durch die künstliche Beatmung kulturbeflissener Eltern am Leben gehalten werden kann, ohne dass es andere Argumente dafür gäbe als den Umsatz der Verlage 40 und Autoren: Ich würde für einen baldigen Gnadentod plädieren.
Zum Glück glaube ich das inzwischen nicht mehr. Dass Kinder sich bei der

Lektüre von Geschichten einüben in
das Einnehmen einer Fremdperspekti-
45 ve; dass zudem die Lektüre von Büchern nicht funktionieren kann, ohne
das Material aus den eigenen Erinnerungen, Vorstellungen des Lesers, aus
seinem eigenen Fundus an Gefühlen
50 und Erfahrungen, die er dem Text ein-
hauchen muss, damit aus einem Wust
kleiner Zeichen für ihn eine lebendige
Welt werden kann; dass damit Lektüre
also immer gleichzeitig, wie unbewusst
55 auch immer, Auseinandersetzung des
Lesers mit sich selbst ist, Bearbeitung
seines eigenen Erfahrungsmaterials,
ähnlich vielleicht dem Träumen: Das
allein reicht mir schon aus.
60   Schöner wäre es natürlich, ich könnte noch aus vollem Herzen glauben,
dass Bücher die Welt verändern; aber
auf ihre ganz eigene Weise tun sie es,
wer weiß, ja vielleicht doch ein wenig;

65 und vielleicht manchmal gerade die Bücher, von denen wir es am wenigsten erwarten. Indem sie Trost und Hoffnung geben vielleicht, wo jemand sonst unge-
tröstet bliebe. Darum wünsche ich mir „Die letzten Kinder von Schewenborn"
und „Bullerbü"; vielleicht wünsche ich mir sogar Pferdebücher. *(Seite 22–23)*

Aus: Kirsten Boie: „ Meine Bücher haben mich überfallen".
Institut für Jugendbuchforschung, Frankfurt am Main 1995

Kirsten Boie äußert sich in diesem Text über das Lesen von Büchern.

1 Können Bücher die Einstellungen ihrer Leser verändern? Diskutiert über diese Frage in eurer Klasse. Greift in der Diskussion auf Kirsten Boies Argumente
und auf eure eigenen Lese-Erfahrungen zurück.

2 Es gibt „bequemere" Medien als Bücher, z.B. Fernsehen: „Wozu da noch die
Anstrengung des Lesens auf sich nehmen?"

3 Können Bücher die Welt verändern? Was meint ihr?

4 Erinnert euch an eure Lieblingsbücher: Was habt ihr in welchem Alter gelesen? Gab bzw. gibt es Bücher, die ihr immer wieder gelesen habt bzw. lest?
Mit welchen Personen in euren Lieblingsbüchern habt ihr besonders mitge-
fühlt, mit welchen habt ihr euch identifiziert? Gibt es Bücher, bei deren Lektüre ihr geweint habt (auch die Jungen)? Erinnert ihr euch an ein Buch, das
euch so gefesselt hat, dass ihr es gar nicht aus der Hand legen mochtet und
alles rings um euch vergessen habt? Notiert euch zu allen diesen Fragen eure persönlichen Antworten und stellt eine Hitliste eurer Lieblingsbücher auf.

Die Welt der Medien

1 Medien – heute und früher

Jonas und die Medien

Jonas, 15 Jahre alt, lässt sich morgens von seinem Radiowecker mit Musik wecken. Am Frühstückstisch liest der Vater manchmal Meldungen aus der Zeitung vor, die ihn amüsieren oder aufregen; Jonas interessiert sich vor allem für den Sportteil und die Seite im Kulturteil, auf der über Popkonzerte und Kino berichtet wird. Auf dem Schulweg hört Jonas wieder Musik, meist aus dem Discman 5 oder MP3-Player. In der Schule wird in einigen Stunden am PC gearbeitet und dabei auch im Internet recherchiert. Sobald Jonas wieder zu Hause ist, schaltet er seine HiFi-Anlage an und hört mit voller Lautstärke seine Lieblings-CD. Zwischen den Mathe- und den Französisch-Hausaufgaben probiert Jonas zur Entspannung ein neues Computerspiel aus, das ihm sein Freund Sebastian ko- 10 piert hat. Um ein paar Tipps zu bekommen, versucht er Sebastian telefonisch zu erreichen; als niemand an den Apparat geht, schickt er Sebastian eine SMS aufs Handy. Bevor er den Computer abschaltet, geht er noch ins Internet und lädt einen neuen Musiktitel seiner Lieblingsgruppe auf seinen MP-Player herunter. Dann beginnt im Fernsehen die Vorabendserie, die er an keinem Tag versäumt. 15 Nach dem Abendessen schaut er, ob es einen Spielfilm oder Krimi im Fernsehen gibt, der ihn interessiert; wenn nicht, schaut er einen Film auf Video oder DVD an. Vor dem Schlafen spielt er noch ein Computerspiel oder surft eine Weile im Internet, bis seine Mutter kommt und ihn zum Schlafen mahnt.

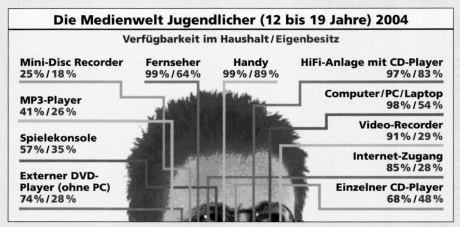

Die Medienwelt Jugendlicher (12 bis 19 Jahre) 2004

Verfügbarkeit im Haushalt / Eigenbesitz

Mini-Disc Recorder 25% / 18%	**Fernseher** 99% / 64%	**Handy** 99% / 89%	**HiFi-Anlage mit CD-Player** 97% / 83%
MP3-Player 41% / 26%			**Computer/PC/Laptop** 98% / 54%
Spielekonsole 57% / 35%			**Video-Recorder** 91% / 29%
			Internet-Zugang 85% / 28%
Externer DVD-Player (ohne PC) 74% / 28%			**Einzelner CD-Player** 68% / 48%

Quelle: JIM (Jugend, Information, Multimedia), Studie 2004 des Medienpädagogischen Forschungsverbands Südwest

1 Über welche medialen Möglichkeiten verfügt ihr? Beschreibt, wann und in welchen Situationen ihr welche Medien benutzt.

2 Führt über mehrere Tage ein Tagebuch, in dem ihr eure Mediennutzung notiert.

Vom Buchdruck zum Internet

Der Beginn der Massenmedien wird meist mit der Erfindung des Buchdrucks durch Johannes Gutenberg um 1445 in Verbindung gebracht. Der Mainzer Bürgersohn entwickelte Formen für Buchstaben, die mit Blei ausgegossen wurden. Mit den so gewonnenen Buchstaben konnten dann Wörter, Wortzeilen und ganze Buchseiten zusammengesetzt und mittels Einfärben mit Druckfarbe auf Papier gedruckt werden. Erst durch dieses flexible Verfahren mit beweglichen, haltbaren und wieder verwendbaren Buchstaben (Lettern) wurde die Massenverbreitung von Druckerzeugnissen ermöglicht. Auf ihrer Grundlage entwickelte sich der Buchmarkt und ab dem 18. Jahrhundert die Verbreitung von Zeitungen und Zeitschriften.

Zu Beginn des 20. Jahrhunderts kam mit dem Radio ein neues Massenmedium auf. Seine technischen Grundlagen wurden gegen Ende des 19. Jahrhunderts entwickelt: Der Physiker Heinrich Hertz wies 1888 elektromagnetische Wellen nach. 1914 begann dann der Bau von Röhrensendern und -empfängern. Im Oktober 1923 schlug schließlich die Geburtsstunde des Deutschen Rundfunks mit der Ansage: „Hier Sendestelle Berlin, Voxhaus, Welle 400".

Die Geburtsstunde des Fernsehens kam wenige Jahre später auf der Funkausstellung 1928 in Berlin; der erste Fernseher, der dort gezeigt wurde, hatte eine Mattscheibe von 4 x 4 cm. 1935 wurden dann erste regelmäßige Sendungen ausgestrahlt, vor allem Wochenschauen und Spielfilme. Das öffentlich-rechtliche Fernsehen startete in Deutschland in den 1950er-Jahren; das private folgte in den 1970er-Jahren.

Ein revolutionärer Umbruch in der Medienwelt wurde durch die elektronisch-digitale Technologie ausgelöst. Sie wurde nach dem Zweiten Weltkrieg erforscht und entwickelte sich ab den 1980er-Jahren rasant. Buchgroße Rechner (Computer) haben heute eine millionenfach größere Kapazität und Fähigkeit als schrankgroße Rechner vor 30 Jahren. Internet, Datenautobahn, Multimedia, virtuelle Realität, interaktives Fernsehen usw. sind Vorgänge des beginnenden 21. Jahrhunderts, die auf dieser Entwicklung der elektronisch-digitalen Technologie basieren.

3 Fasst mit eigenen Worten die Entwicklung der Massenmedien zusammen.

4 Informiert euch – einzeln oder in Arbeitsgruppen – in der Bibliothek oder im Internet genauer über die Entwicklungen der genannten Medien .

5 Diskutiert über die Vor- und Nachteile der modernen Medien.

2 Medien und Menschen in Zahlen

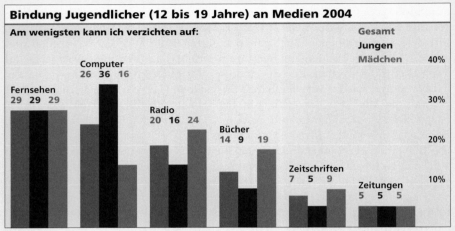

Bindung Jugendlicher (12 bis 19 Jahre) an Medien 2004

Am wenigsten kann ich verzichten auf:

Gesamt
Jungen
Mädchen

- Computer 26 36 16
- Fernsehen 29 29 29
- Radio 20 16 24
- Bücher 14 9 19
- Zeitschriften 7 5 9
- Zeitungen 5 5 5

Quelle: JIM (Jugend, Information, Multimedia), Studie 2004 des Medienpädagogischen Forschungsverbands Südwest

Mediennutzung und Freizeitbeschäftigung 2002 — in Prozent

Mehrmals in der Woche:	Personen ab 14 Jahre			Alter in Jahren						
	gesamt	Mann	Frau	14–19	20–29	30–39	40–49	50–59	60–69	70+
Zeitungen lesen	82,5	83,2	81,9	56,2	70,4	77,7	87,2	91,2	91,5	89,1
Zeitschriften, Illustrierte lesen	39,0	38,4	39,5	35,4	33,2	34,9	37,2	40,1	45,0	45,8
Bücher lesen	36,1	27,4	44,0	34,2	35,5	36,1	35,0	35,6	35,3	40,0
Fernsehen	90,0	89,0	90,9	90,7	83,0	85,3	88,6	91,9	95,0	96,2
Radio hören	83,8	83,6	84,1	80,6	79,4	84,4	87,0	86,8	85,7	80,0
Schallpl./CD's/Kassetten hören	43,6	45,6	41,7	82,6	66,0	52,7	43,7	34,9	25,5	19,6
Videokassetten ansehen	7,7	9,0	6,5	14,9	11,6	8,1	7,0	5,6	5,6	5,2
Ins Kino gehen	0,4	0,6	0,3	1,0	1,1	0,4	0,3	0,2	0,2	0,2
Theater/Konzert	0,3	0,3	0,3	0,4	0,5	0,3	0,2	0,3	0,2	0,4
Handarb., basteln, heimwerken	21,0	21,4	20,6	9,3	14,4	18,4	21,0	23,0	29,9	24,6
Sport treiben, trimmen	37,3	38,8	36,0	64,7	44,1	35,1	34,4	32,5	37,3	28,2
Ausgehen (Kneipe, Disco)	12,3	15,1	9,7	33,1	28,3	11,1	8,2	7,2	7,0	4,5

Quelle: Media Perspektiven 1/2003

Entwicklung der Mediennutzung — in Minuten pro Tag

	1980	1985	1990	1995	2000	2005	2010	...
Gesamt	346	351	380	404	502	?	?	?
Fernsehen	125	121	135	158	185	?	?	?
Hörfunk	135	154	170	162	206	?	?	?
Tageszeitung	38	33	28	29	30	?	?	?
Zeitschriften	11	10	11	11	10	?	?	?
Bücher	22	17	18	15	18	?	?	?
CD's/Schallplatten/Kassetten	15	14	14	13	36	?	?	?
Video	-	2	4	3	4	?	?	?
Videotext/PC-Nutzung	-	-	-	13	-	?	?	?
Internet	-	-	-	-	13	?	?	?

Quelle: Berg/Ridder: Massenkommunikation. Langzeitstudie 1964–2000

Quelle: Media Perspektiven, Band 16, 2002

Nutzungsmotive der Medien

in Prozent

trifft zu auf:	Fernsehen	Hörfunk	Tageszeitung	Internet
damit ich mitreden kann	65	55	82	53
weil ich Denkanstöße bekomme	58	49	70	66
weil ich mich informieren möchte	92	86	98	93
weil ich dabei entspannen kann	79	80	42	28
weil es mir Spaß macht	84	90	67	80
weil ich mich dann nicht allein fühle	26	36	10	9
weil ich damit den Alltag vergessen möchte	30	27	9	11
weil es aus Gewohnheit dazu gehört	52	63	55	17
weil es mir hilft, mich im Alltag zurechtzufinden	31	32	51	40

Quelle: Media Perspektiven, Band 16, 2002

Images* der Medien

in Prozent

trifft zu auf:	Fernsehen	Hörfunk	Tageszeitung	Internet
anspruchsvoll	69	41	59	31
zukunftsorientiert	83	27	28	61
vielseitig	82	39	39	40
unterhaltend/unterhaltsam	94	72	20	13
aktuell	78	49	48	25
informativ	72	40	63	25
glaubwürdig	70	53	62	14
kompetent	74	44	59	22
sachlich	68	45	69	18
kritisch	78	41	70	10

1 Die Statistiken zeigen, dass Menschen verschiedene Medien zur Information und Unterhaltung nutzen. Man unterscheidet dabei je nach Art, in der das Medium seine Inhalte vermittelt/verbreitet und der Nutzer diese aufnimmt: Print-Medien (Druck-Medien), Audio-Medien (Hör-Medien) und audiovisuelle Medien (Hör-Seh-Medien). – Fertigt eine Tabelle der wichtigsten Print-, Audio- und audiovisuellen Medien an und nennt dabei auch ihre Funktionen und Leistungen.

2 Die Mediennutzung der Menschen wird regelmäßig in Statistiken erfasst. Könnt ihr euch vorstellen, wer an solchen Statistiken Interesse hat und warum?

3 Seht euch die Statistiken genau an und versprachlicht sie. Ihr könnt sie auch in eine andere Form bringen, z. B. Kurven, Kreis- oder Balkendiagramme …

4 Wenn ihr alle Statistiken durchgearbeitet habt, könnt ihr ein Referat schreiben oder einen Vortrag halten, in dem ihr die Einstellung der Bevölkerung zu den verschiedenen Medien darstellt. Macht dafür zunächst eine sorgfältige Gliederung und überlegt genau, mit was ihr anfangen und was ihr als besonderes bemerkenswert und interessant hervorheben wollt. Ihr könnt dabei auch von euch angefertigte Kurven, Kreis- und Balkendiagramme verwenden und per Handreichung, Projektor (Folien) oder PC/Beamer (Power-Point) präsentieren.

5 Die in einem Buch abgedruckten Statistiken können nie auf dem allerneuesten Stand sein. Aktualisiert deshalb die Tabellen per Internet-Recherche.

6 Erstellt selbst in eurer Klasse oder eurer Schule per Umfrage entsprechende Statistiken und vergleicht sie mit den vorliegenden.

3 Computer und Internet – Multimedia

Bis vor 25 Jahren war die Schreibmaschine noch das verbreitetste Schreibwerkzeug; doch dann kam der „Personal Computer" (PC) und löste sie unaufhaltsam ab. Dabei entwickelte sich der PC durch immer neue Programme rasch zu einem Multimedia-Gerät weiter, das nicht nur als Schreibmaschine dient, sondern auch Grafik, Bild und Ton integriert. Diese Fähigkeiten wurden noch immens erweitert, als die Computer über Tele- und Satellitenkommunikation online an das Internet angeschlossen werden konnten.

1 Listet die Möglichkeiten auf, die Computer und Internet bieten.

Internetnutzer in Deutschland 1997 bis 2003							Anteile in Prozent
	1997	1998	1999	2000	2001	2002	2003
Gesamt	6,5	10,4	17,7	28,6	38,8	44,1	53,5
männlich	10,0	15,7	23,9	36,6	48,3	53,0	62,6
weiblich	3,3	5,6	11,7	21,3	30,1	36,0	45,2
14 bis 19 Jahre	6,3	15,6	30,0	48,5	67,4	76,9	92,1
20 bis 29 Jahre	13,0	20,7	33,0	54,6	65,5	80,3	81,9
30 bis 39 Jahre	12,4	18,9	24,5	41,1	50,3	65,6	73,1
40 bis 49 Jahre	7,7	11,1	19,6	32,2	49,3	47,8	67,4
50 bis 59 Jahre	3,0	4,4	15,1	22,1	32,2	35,4	48,8
60 Jahre und älter	0,2	0,8	1,9	4,4	8,1	7,8	13,3
in Ausbildung	15,1	24,7	37,9	58,5	79,4	81,1	91,6
berufstätig	9,1	13,8	23,1	38,4	48,4	59,3	69,6
Rentner / nicht berufstätig	0,5	1,7	4,2	6,8	14,5	14,8	21,3

Quelle: ARD / ZDF-Online-Studie 2003

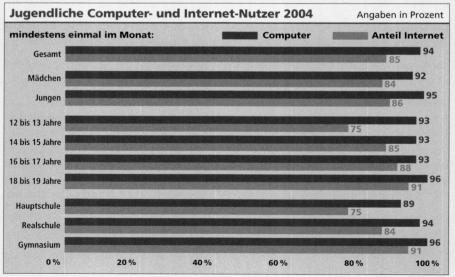

Quelle: JIM (Jugend, Information, Multimedia), Studie 2004 des Medienpädagogischen Forschungsverbunds Südwest

Quelle: JIM (Jugend, Information, Multimedia), Studie 2004 des Medienpädagogischen Forschungsverbunds Südwest

Computer-Tätigkeiten 2004 (12- bis 19-Jährige)

täglich/mehrmals pro Woche: ██ **Mädchen**   ██ **Jungen**

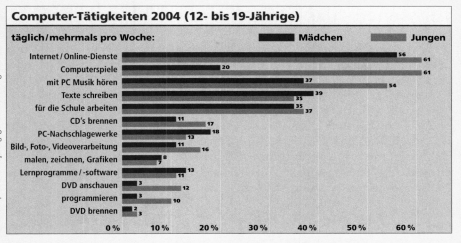

Tätigkeit	Mädchen	Jungen
Internet / Online-Dienste	56	61
Computerspiele	20	61
mit PC Musik hören	37	54
Texte schreiben	39	35
für die Schule arbeiten	35	37
CD's brennen	11	17
PC-Nachschlagewerke	18	13
Bild-, Foto-, Videoverarbeitung	11	16
malen, zeichnen, Grafiken	8	7
Lernprogramme /-software	13	11
DVD anschauen	3	12
programmieren	3	10
DVD brennen	2	3

0% 10% 20% 30% 40% 50% 60%

Quelle: JIM (Jugend, Information, Multimedia), Studie 2004 des Medienpädagogischen Forschungsverbunds Südwest

Auswahl Internet-Aktivitäten 2004 (12- bis 19-Jährige)

täglich/mehrmals pro Woche: ██ **Mädchen**   ██ **Jungen**

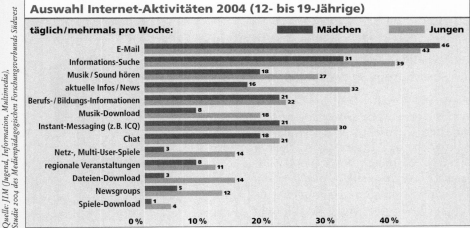

Aktivität	Mädchen	Jungen
E-Mail	43	46
Informations-Suche	31	39
Musik / Sound hören	18	27
aktuelle Infos / News	16	32
Berufs-/Bildungs-Informationen	21	22
Musik-Download	8	18
Instant-Messaging (z.B. ICQ)	21	30
Chat	18	21
Netz-, Multi-User-Spiele	3	14
regionale Veranstaltungen	8	11
Dateien-Download	3	14
Newsgroups	5	12
Spiele-Download	1	4

0% 10% 20% 30% 40%

2 Erklärt die Aussagen der Grafiken.

3 Vergleicht eure persönliche Nutzung von Computer/Internet mit der in den Grafiken dokumentierten. Stellt eure Nutzung in einem Text und als Grafik dar.

4 Sucht im Internet neueste Zahlen und Aussagen zur Nutzung von Computer und Internet durch Jugendliche eures Alters. Wertet sie aus.

5 Diskutiert die Aussage: „Die Möglichkeit und Fähigkeit zur Computer- und Internetnutzung entscheidet über Zukunftschancen".

6 Im Internet weiß man oft nicht genau, wer eine Information hineingestellt hat, und gleichzeitig haben unzählige Nutzer Zugriff auf die Daten und können eventuell Informationen verändern und verfälschen. Auch Betrüger benutzen das Internet. – Welche Gefahren/Risiken sind mit dem Internet verbunden?

7 Diskutiert darüber, inwieweit man Daten aus dem Internet trauen und wie man sich gegen Fälschungen und Internet-Kriminalität schützen kann.

4 Fernsehen – das einflussreichste Medium

Das Fensehen hat sich zum wohl mächtigsten Medium der Welt entwickelt: es unterhält und informiert, es kann über Probleme und Missstände aufklären, aber auch als Propagandainstrument missbraucht werden. Das Fernsehen hat in den Industrieländern eine Verbreitung von nahezu 100 Prozent. Bei uns haben viele Jugendliche einen eigenen Fernseher im Zimmer. 5

Das Fernsehen entwickelt sich weiter: die Auswahl an Programmen – öffentlichen und privaten – wird immer größer; zugleich wird das Medium „interaktiv" ausgebaut, d.h. der Zuschauer kann sich sein Wunschprogramm abrufen und aktiv an Sendungen teilnehmen; zudem werden die Funktionen des Internets immer stärker integriert werden … 10

Am liebsten vor der Glotze
Fernsehen bleibt die bevorzugte Freizeitbeschäftigung der Kinder

Auch im Zeitalter von Spielkonsole und Internet sitzen Kinder am liebsten vor dem Fernseher. Nach einer am Mittwoch in Erfurt vorgestellten
5 Grundlagenstudie von ARD und ZDF ist das Fernsehen bei Schulkindern die Freizeitbeschäftigung Nummer eins und bleibt das am häufigsten genutzte Medium.

10 Demnach sehen 83 Prozent der sechs- bis 13-Jährigen jeden oder fast jeden Tag fern. Neben Radio (32 Prozent) und Musik hören (22 Prozent) folgt auf Platz vier bereits der Compu-
15 ter. 20 Prozent schalten täglich oder fast täglich den PC zum Lernen und Spielen an. Der Studie „Kinder und Medien" zufolge haben fast 40 Prozent der Schulkinder einen eigenen Fernse-
20 her. Das sind mehr als doppelt so viele wie in der Vergleichsstudie von 1990 (19 Prozent). Der Fernseher flimmert vor allem, weil die Kinder Spannung und Spaß haben und ihr Wissen erwei-
25 tern wollen. *Deutsche Presse-Agentur, 1. 4. 2004*

Cartoon: Peter Hürzeler

„Vielseher sind dümmer und trauriger"

Kriminologe Christian Pfeiffer warnt vor der destruktiven Macht der Bilder bei Kindern

VON ANDREA ANSTÄDT

REUTLINGEN. Den Kampf gegen die zunehmende Medienverwahrlosung hat sich der Kriminologe Christian Pfeiffer auf die Fahne geschrieben. Landauf, landab ist er unterwegs, um über den Zusammenhang von steigendem Fernsehkonsum und sinkenden Schulleistungen aufzuklären.

Dem Leiter des Kriminologischen Forschungsinstituts Niedersachsen bietet sich auf seiner Deutschlandreise ein reiches Betätigungsfeld. Die Zahlen neuester Untersuchungen sind alarmierend genug. So kann jeder vierte Sechsjährige bereits vorm eigenen Fernseher sitzen, bei den 14- bis 15-Jährigen ist es schon jeder zweite.

Gut bestückt mit Fernseher, Computer und/oder Playstation sind auch die Kinderzimmer in Reutlingen. Fast alle Hände schnellen hoch, als Pfeiffer die Fünft- und Sechstklässler der Realschule des Bildungszentrums Nord nach ihren Besitztümern fragt. Ähnliches Bild auch am Morgen, als er die Schüler des Albert-Einstein-Gymnasiums um sich versammelte.

Pfeiffer selbst stellte Fragen und antwortete mit Statistiken: Wer eine eigene Flimmerkiste im Zimmer stehen hat, sitzt eine Stunde mehr vor der Glotze, so eine seiner vielen Zahlen. Summa summarum komme ein Vielseher locker auf drei bis vier Stunden täglich.

Die Zeit aber, die vor dem Fernseher verbracht wird, mache sich deutlich bei den schulischen Leistungen bemerkbar. Vor allem bei den Jungs. Denn sie schauen nicht nur mehr fern als Mädchen, sie konsumieren auch häufiger verbotene Filme wie Gewalt-, Action- oder Horrorstreifen.

Hirnforscher hätten aber herausgefunden, dass das Gedächtnis emotional funktioniert. „Was uns fasziniert, prägt sich uns ein, was uns langweilt, vergessen wir", erklärte Pfeiffer. Mit üblen Auswirkungen: Überlagert von den Bildern des Schreckens, habe das vormittags im Kurzzeitgedächtnis abgespeicherte Schulwissen wenig Chancen, ins Langzeitgedächtnis zu gelangen.

Die Folge: Mädchen haben die Jungen in der Schule überholt.

Vielseher sind außerdem die unglücklicheren Kinder, wie eine Allensbach-Umfrage ergeben hat. „Man wird nicht glücklich davon, einen Mord nach dem anderen zu betrachten", so Pfeiffer. Glücklich haben sich dagegen die Kinder gefühlt, die ihre Beziehung zu den Eltern als positiv bewerteten, wozu auch regelmäßige gemeinsame Aktivitäten gehörten. „Die Botschaft ist klar. Wer zuviel vor der Glotze sitzt, versäumt sein Leben. Vielseher sind unterm Strich dicker, dümmer und trauriger", stellte der Kriminologe fest. Sein Rat an die Reutlinger Schüler: „Verzichtet in euren Zimmern auf Fernseher und Co." Ganz verdammen aber will Pfeiffer die Geräte nicht. Im Gegenteil. Wenn Kinder und Eltern lernen, richtig damit umzugehen, könnten Fernseher und Computer durchaus gute und sinnvolle Einrichtungen sein.

Aus: Reutlinger General-Anzeiger, 2004

1 Arbeitet die wichtigsten Aussagen der Texte heraus und besprecht sie.

2 Wie sieht eure Fernsehnutzung aus? – Macht dazu eine Befragung in eurer Klasse/Schule oder führt eine Woche lang ein Tagebuch und tragt darin ein, was ihr wie lange schaut. Wertet die Ergebnisse aus, indem ihr sie den Sparten Information, Wissen, Unterhaltung, Sport, … zuordnet. Stellt eine Hitliste der Sendungen auf.

3 Listet die Möglichkeiten und Gefahren auf, die in der Fernsehnutzung stecken. Diskutiert darüber. (Bezieht dabei die Informationen und Meinungen der Texte und Materialien auf der Doppelseite mit ein.)

4 Informiert euch über die Entwicklungstrends beim Medium Fernsehen.

5 Der Hörfunk – nur noch „Dudelfunk"?

Der Rund- oder Hörfunk gehört nach wie vor zu den meistbenutzten Medien (siehe Statistiken S. 72). Ein oder mehrere Radios stehen fast in jedem Haushalt und werden fast täglich benutzt. Weltweit, besonders in den ärmeren Ländern, ist das Radio sogar verbreiteter als das Fernsehen. Bei uns hat es jedoch seine große Rolle als Informations- medium, die es im 20. Jahrhundert bis in die 60er-Jahre hinein hatte, an das Fernsehen 5 verloren. Immer mehr wird es zum reinen Musikmedium, zum „Dudelfunk", wie Kriti- ker sagen, das zur „Hintergrundberieselung" bei der Arbeit oder Geselligkeit läuft. Die Zahl der Programme, die Nachrichten, Berichte und Kommentare aus Politik, Wirt- schaft, Kultur und Wissenschaft, Weiterbildungssendungen, Schulfunk, Vorträge, Hör- spiele und Lesungen senden, wird immer geringer, ebenso wie die Zahl der Hörer 10 dieser Programme. Besonders die privaten Sender beschränken sich rigoros auf die Aus- strahlung populärer Musik, um genügend Hörer für ihre Werbespots anzulocken.

Sender verdrängen deutsche Musik

Kulturstaatsministerin ruft nach mehr nationalen Produktionen

Berlin. Kulturstaatsministerin Christina Weiss (parteilos) fordert mehr deutsche Musikproduktionen in den Rundfunk- sendern. Die Musikwirtschaft steuere
5 gegenwärtig einen radikalen Kurswech- sel an, der die Förderung nationaler Pro- duktionen vernachlässige, sagte Weiss gestern in Berlin.

In München verwies Bayerns Medi-
10 enminister Erwin Huber (CSU) auf das Jahrbuch 2003 der Musikwirtschaft, wo- nach deutschsprachige Neuheiten in den deutschen öffentlich-rechtlichen Hör- funkprogrammen nur einen Anteil von
15 1,2 Prozent haben, bei den privaten so- gar nur 0,6 Prozent. Huber machte sich vor Rundfunkmachern für neuere deut- sche Rock- und Poptitel stark.

THEMA DES TAGES

Öder Dudelfunk

Von Christoph Bielecki

Die Art und Weise, mit der die Radiosender seit Jahren den heimischen Nachwuchs ignorieren, behindern oder gar totschweigen, ist ein Skandal. Fast überall dieselbe Einheitssoße der Stars, wäh- rend die Kreativen und talentierten Jungspunde 5 entweder gar kein Forum erhalten – oder aber nachts gegen drei Uhr zu hören sind. Natürlich ist es ein Jammer, dass viele Privatsender ihren kläglichen musikalischen Grundwortschatz mit der Rotation von nur 600 massenkompatiblen 10 Hits bestreiten. Verheerend ist dagegen, dass sich auch die öffentlich-rechtlichen Wellen im Quo- ten-Wahn immer mehr von ihrem Bildungsauf- trag entfernen und dem Diktat der Zielgruppen- fahnder unterwerfen. Die Konsequenz ist ein 15 grässliches Unterhaltungs-Gedudel. Bleibt nur die Frage, weshalb wir dafür Rundfunkgebühren bezahlen sollen.

Texte aus: Schwarzwälder Bote vom 23. 3. 2004

1 Was meint ihr zu der Forderung in dem Zeitungsbericht und den Vorwürfen in dem Zeitungskommentar „Öder Dudelfunk"?

2 Wie benutzt ihr das Radio? Welche Arten von Sendungen hört ihr?

3 Wie würdet ihr ein Radioprogramm gestalten? Diskutiert darüber.

4 Habt ihr schon einmal an den „interaktiven" Angeboten der Sender mitge- wirkt, bei denen Jugendliche Sendungen mitgestalten können? (Wendet euch dazu ggf. an einen Sender in eurer Nähe und fragt nach.)

6 Das Buch – nicht mehr zeitgemäß?

Das letzte Buch

Das Kind kam heute spät aus der Schule heim. „Wir waren im Museum", sagte es. „Wir haben das letzte Buch gesehen." Unwillkürlich blickte ich auf die Wand unseres Wohnzimmers, die früher einmal mehrere Regale voller Bücher verdeckt haben, die aber jetzt leer ist und weiß getüncht, damit das neue plastische Fern-
5 sehen darauf erscheinen kann. „Ja und", sagte ich erschrocken, „was war das für ein Buch?" – „Eben ein Buch", sagte das Kind. „Es hat einen Deckel und einen Rücken und Seiten, die man umblättern kann." – „Und was war darin ge-druckt?", fragte ich. „Das kann ich doch nicht wissen", sagte das Kind. „Wir durften es nicht anfassen. Es liegt unter Glas." – „Schade", sagte ich. Aber das
10 Kind war schon weggesprungen, um an den Knöpfen des Fernsehapparates zu drehen. Die große weiße Wand fing an sich zu beleben, sie zeigte eine Herde von Elefanten, die im Dschungel eine Furt durchquerten. Der trübe Fluss schmatz-te, die Eingeborenen Treiber schrien. Das Kind hockte auf dem Teppich und sah die riesigen Tiere mit Entzücken an. „Was kann da schon drinstehen", murmelte
15 es, „in so einem Buch."

Marie Luise Kaschnitz

Kino killt Jugendbuch

Von Caroline Ankewitz, Florian Benfer, Stephanie Deyhle und Fabiana Schlichting (*Schüler am Domgymnasium Verden*)

Wie eine Umfrage an unserer Schule belegt, werden immer weniger Jugendbücher gelesen, aber auch ganz allgemein lesen Jugendliche wenig. Ist das denn verwunderlich? Vergleicht man beispielsweise die Ankündigung eines Kinofilms mit der eines Jugendbuches, wird rasch
5 klar, weshalb junge Leute ihr Geld und ihre Zeit lieber in einen Kino-besuch investieren. Allein schon die Werbeartikel wie Figuren, Tas-sen, Filmmusik und Werbeaufdrucke auf Getränkedosen lassen einen Film als ein großes Event erscheinen, das man nicht verpassen darf.

Der Film selbst präsentiert sich mit unzähligen Special-Effects,
10 exotischen Fabelwesen aus anderen Welten, mit wenig Handlung, aber mit Action. Die Frage, ob man nicht einmal nach einem Buch greifen sollte, endet spätestens vor dem Werbeplakat. Während die Werbung für Bücher oft erst auf den zweiten Blick zu verstehen ist, setzt Kinowerbung meist auf fesselnde Blickfänge.
15 Vor allem ist es aber auch die „Arbeit", die Lesen bedeutet, die Jugendliche abschreckt. Im Gegensatz zum Kino liefert ein Buch nur die Umrisse der Story, der Leser muss Gesichter und Gestalten selbst formen. Ein Film dagegen liefert die Geschichte verpackt in einer Flut von Bildern. Der Zuschauer muss sich die Handlung nicht mehr aus-
20 malen, denn das übernimmt der Film. Somit ist es verständlich, dass Jugendliche lieber mit einigen netten Freunden ins Kino gehen statt allein zu Hause zu sitzen und ein Buch zu lesen.

Aus: Frankfurter Rundschau, 3. 11. 1999

VERBRAUCHERANALYSE
BÜCHERLUST

Jugendliche lesen weniger

Trotz der enormen Erfolge der „Harry Potter"-Bücher verlieren Jugendliche laut ei-ner Studie die Lust am Le-sen. In der jüngsten Verbrau-
5 cher-Analyse gaben nur noch 47 Prozent der 14- bis 19-Jäh-rigen an, gern oder beson-ders gern Bücher zu lesen. 1995 hatten in dieser Alters-
10 gruppe noch 60 Prozent Le-sen zu den liebsten Freizeit-beschäftigungen gezählt.

Im Bevölkerungsdurch-schnitt ist die Leselust je-
15 doch immerhin geblieben. Bei der Hälfte der Deutschen gehören Bücher seit Jahren zu den beliebtesten Freizeit-beschäftigungen.
20

dpa, 7. 10. 2003

1 Wie sehen die drei verschiedenartigen Texte die Zukunft des Buches?

2 Ist das Buch nicht mehr zeitgemäß? Diskutiert die Vor- und Nachteile des Me-diums Buch im Vergleich mit den anderen Medien.

7 Zeitungen und Zeitschriften – veraltete Medien?

Warum noch Zeitung?

(SZ) Als die ersten Radios krächzten, sagten Schwarzseher das Ende der Presse voraus. Einem Journalisten soll damals die Antwort eingefallen sein: Solange man in den Rundfunkempfänger keine Heringe einwickeln kann, wird die Zeitung nicht untergehen. Sie hat sich seither sogar als Medium behauptet: Gegen das erdumspannende Hörfunknetz in vier Wellenbereichen und die Möglichkeit der Tonbandaufzeichnung. Gegen das Fernsehen mitsamt der Videotechnik. Gegen Telefonnachrichtendienste, Flugblätter, Werbedurchsagen, Taschenbücher, Litfasssäulen und Leuchtreklamen. [...]

Wie konnte die Tageszeitung gegen alle die neuen Medien bestehen, wo sie doch so viele Nachteile hat? Sie wird umständlich hergestellt, verbreitet wird sie mit dem Fahrrad der Zeitungsfrau. Dagegen erreichen uns Fersehbilder unseres Außenministers im Gespräch bei den Großen dieser Welt mit Lichtgeschwindigkeit. Hörfunk und Television machen uns zu Augen- und Ohrenzeugen; die Zeitung bereitet uns Mühe, sie will gelesen sein. Farbige bewegte Bilder kommen uns massenhaft ins Haus, die Zeitungen erscheinen im schlichten Dunkelgrau/Schwarz auf Weiß/Hell-grau, kokettieren gelegentlich mit wenig Rot, Blau oder Grün, wenn sie nicht wie die Boulevardblätter „marktschreierisch" eine dritte Farbe immer bieten. Während sich die elektromagnetisch verbreitete Information „wegfunkt", liegt uns die Zeitung als Altpapier im Wege. Im öffentlichen Verkehrsmittel ist sie sperrig, im Freien verhindert schon ein Lüftchen das ordnungsgemäße Umblättern. Also, warum noch Zeitung? [...]

Der Fernsehzuschauer muss zur Minute am Fernseher sein. Der Radiohörrer kann zwar Auto fahren und dabei mit Drucktasten allerlei Sender abfragen, aber das Angebot bleibt begrenzt. Oder er muss das Programm kennen und auf die Uhr achten. Er ist an die Kette der Gleichzeitigkeit gelegt. Wenn sein Informationsbedürfnis aber zur Unzeit erwacht oder er ein Programm hat, das mit dem Funk- und Fernsehprogramm unvereinbar ist, dann hört und sieht er nichts vom Tagesgeschehen. Der Zeitungsleser hat es in der Tasche; er ist frei in Raum und Zeit und in der Wahl des Stoffes. Ist das alles selbstverständlich und banal? Vielleicht überlebt die Zeitung, weil sie den Menschen Verfügungsfreiheit lässt.

Aus: Süddeutsche Zeitung, Streiflicht, 11. 5. 1984

Das Jahr 2000 wird das Ende der Zeitungs- und Zeitschriftenverlage einläuten.
Bill Gates
World Economic Press, 1998

1 Die Prophezeiung des Software-Industriellen Bill Gates ist nicht eingetroffen; 2004 werden täglich noch über 20 Millionen Zeitungen allein in Deutschland verkauft. Was meint ihr: Sind Zeitungen und Zeitschriften dennoch veraltete Medien? Nehmt dabei auch Stellung zu den Gegenargumenten im Artikel „Warum noch Zeitung?".

2 Über 400 deutsche Zeitungen sind mittlerweile auch online im Internet zu finden. Was bezwecken die Zeitungsverlage damit wohl? Was meint ihr: Können diese elektronischen Online-Zeitungen die Papierzeitungen eines Tages ablösen?

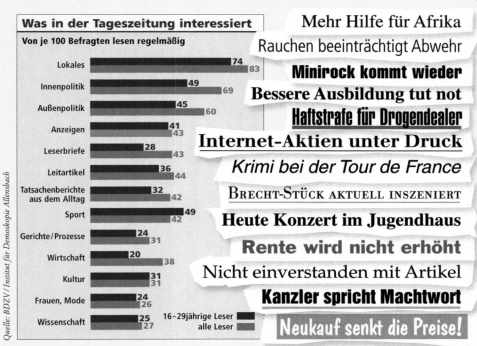

Was in der Tageszeitung interessiert

Von je 100 Befragten lesen regelmäßig

- Lokales: 74 / 83
- Innenpolitik: 49 / 69
- Außenpolitik: 45 / 60
- Anzeigen: 41 / 43
- Leserbriefe: 28 / 43
- Leitartikel: 36 / 44
- Tatsachenberichte aus dem Alltag: 32 / 42
- Sport: 49 / 42
- Gerichte / Prozesse: 24 / 31
- Wirtschaft: 20 / 38
- Kultur: 31 / 31
- Frauen, Mode: 24 / 26
- Wissenschaft: 25 / 27

16–29jährige Leser / alle Leser

Quelle: BDZV / Institut für Demoskopie Allensbach

Mehr Hilfe für Afrika

Rauchen beeinträchtigt Abwehr

Minirock kommt wieder

Bessere Ausbildung tut not

Haftstrafe für Drogendealer

Internet-Aktien unter Druck

Krimi bei der Tour de France

Brecht-Stück aktuell inszeniert

Heute Konzert im Jugendhaus

Rente wird nicht erhöht

Nicht einverstanden mit Artikel

Kanzler spricht Machtwort

Neukauf senkt die Preise!

3 Ordnet die Schlagzeilen den in der Grafik aufgeführten Zeitungssparten zu.

4 Welche dieser Sparten interessieren euch? Erstellt eine Grafik, aus der hervorgeht, wie viele in eurer Klasse Tageszeitung lesen und welche Sparten sie dabei bevorzugen.

Top 10 der von Jugendlichen gelesenen Zeitschriften			
Bravo	**23,2%**	Mädchen: 27,2%	Jungen: 19,2%
Computer Bild	**13,7%**	Mädchen: 5,7%	Jungen: 21,7%
Computer Bild Spiele	**13,5%**	Mädchen: 5,4%	Jungen: 21,6%
Bravo Girl	**11,4%**	Mädchen: 22,6%	Jungen: 0,2%
Gute Zeiten, schlechte Zeiten	**11,0%**	Mädchen: 17,4%	Jungen: 4,6%
Top of the Pops	**10,5%**	Mädchen: 13,1%	Jungen: 7,9%
Mädchen	**9,0%**	Mädchen: 17,5%	Jungen: 0,5%
Bravo Screen Fun	**7,7%**	Mädchen: 5,1%	Jungen: 10,3%
Yam!	**7,3%**	Mädchen: 10,9%	Jungen: 3,7%
Popcorn	**7,1%**	Mädchen: 10,2%	Jungen: 4,0%

Quelle: KVA-Jugendmedienstudie 2003

5 Prüft, ob die Zahlen dieser Zeitschriften-Statistik mit der Zeitschriften-Lektüre unter euren Mitschülern übereinstimmen.

6 Untersucht den Inhalt der Zeitschriften. Versucht zu ergründen, warum diese mehr oder weniger Interesse bei Mädchen und Jungen finden.

7 Warum lest ihr trotz Fernsehen und Internet noch Zeitschriften?

Eine Grundfunktion der Zeitungen (wie auch des Fernsehens und des Radios) ist es, die Menschen über Neuigkeiten und wichtige Sachverhalte zu informieren. Dies kann in unterschiedlicher Art geschehen: durch *Nachrichten / Meldungen* und *Berichte* über die Ereignisse und auch durch *Kommentare* dazu. Die *Nachrichten* sollen die Ereignisse sachlich-objektiv wiedergeben, ebenso die *Berichte*, die das Ganze noch durch ausführlichere Informationen und Schilderungen von Hintergründen anschaulicher machen. Dagegen bringen die meist mit dem Namen des Verfassers gekennzeichneten *Kommentare* die Meinung und Stellungnahme eines informierten Journalisten zum Ereignis zum Ausdruck, um dadurch die Leser/Hörer/Zuschauer zum Nachdenken und zu eigener Stellungnahme anzuregen. Besonders zugespitzte, witzige oder bissig-satirische Kommentare nennt man *Glossen*.

8 Prüft nach, um welche journalistische Textsorten es sich bei den folgenden beiden Texten handelt. Erfüllen sie eurer Meinung nach die an diese Textsorten gestellten Anforderungen?

„Fernsehfee" sperrt Werbung aus

RTL droht mit Gang zum Verfassungsgericht

Der Privatsender RTL ist vor dem Bundesgerichtshof (BGH) in Karlsruhe mit einer Klage gegen einen so genannten Werbeblocker gescheitert. Damit kann die „Fernsehfee" – ein Gerät, das Werbung automatisch aus den Programmen herausfiltert – ab kommender Woche in Produktion gehen.

RTL bemühte sich seit 1999, das Produkt des Herstellers TC Unterhaltungselektronik aus Koblenz verbieten zu lassen. Mit dem Werbeblocker kann das Fernsehgerät für die Dauer der Werbepause entweder ganz abgeschaltet oder aber auf ein anderes von Werbung freies Programm umgeschaltet werden. Darüber hinaus kann bei einer Video-Aufzeichnung die Reklame bereits bei der Aufnahme herausgefiltert werden. Die Privatsender, die sich über Werbung finanzieren, befürchten finanzielle Einbußen. Der 1. Zivilsenat entschied, dass mit dem Fernsehblocker nicht unmittelbar auf das Programm eingewirkt werde. Die Fernsehfee biete dem Zuschauer lediglich ein technisches Hilfsmittel zum Ausblenden unerwünschter Werbung. Ob er davon Gebrauch mache, bleibe dem Konsumenten überlassen. Nach den Worten der Richter erschwert der Blocker zwar die Tätigkeit des durch Werbung finanzierten Fernsehens. Von einer existenziellen Gefährdung sei aber nicht auszugehen.

RTL will laut Sprecher Christian Körner die schriftlichen Urteilsgründe prüfen und dann über eine eventuelle Verfassungsklage entscheiden. „Schließlich geht es um die Rundfunkfreiheit, deren wesentlicher Bestandteil auch die Finanzierung ist."

Rache ist süß

Von Christoph Bielecki

Liebes RTL-Team: Rundfunkfreiheit heißt zwar, dass ihr im Großen und Ganzen das ausstrahlen könnt, was euch in den Kram passt. Es bedeutet aber keineswegs, dass ihr uns zwingen könnt, all den Plunder auch anzuschauen. Insofern ändert die Fernsehfee doch nicht wirklich etwas. Wir haben eure Werbepausen immer schon dazu genutzt, kurz umzuschalten, zum Kühlschrank zu traben oder eine Pinkelpause einzulegen. Also, was soll der Zinnober*? Oder glaubt ihr etwa, wir hätten jemals Gefallen daran gefunden, dass ihr Privatsender jeden ordentlichen Film in ein Häppchen- und Schnipsel-Kino zerstückelt? Schon nach drei Minuten malträtiert ihr uns mit Spots für Knäckebrot, Zahnpasta oder Damenbinden.

Dazu die kreativen Großwildjäger eurer Werbeabteilungen, die mit viel Pling und Plong irgendwelche Laufbänder durchs Fernsehbild schießen, zu einer Idiotenfrage eine SMS- oder 0190er-Nummer einblenden und im Abspann drei andere Filme mitlaufen lassen. Damit habt ihr uns doch fast jede Freude am Fernsehen genommen. Seid deshalb jetzt bloß nicht sauer, weil wir uns endlich wehren können. Der einzige Skandal besteht nämlich darin, dass Justitias* lahme Mühlen den Vertrieb der Fernsehfee jahrelang blockiert haben. *Texte aus: Schwarzwälder Bote vom 26. 6. 2004*

9 Welche Meinung zum Thema habt ihr nach der Lektüre der beiden Zeitungs-
texte? Diskutiert das Thema „Fernsehwerbung".

10 Eine besondere Form des journalistischen Schreibens ist die *Reportage*, in der
die Nachrichten und Berichte über eine Sache durch die Schilderung persön-
licher Erlebnisse und Begegnungen (oft in wörtlicher Rede und Dialogform
wiedergegeben) ergänzt und dadurch anschaulich und interessant gemacht
werden. – Solche Reportagen findet ihr im vorliegenden Buch auf S. 152–155
und S. 168–182. Überprüft daran, wie die Reporter jeweils die verschiedenen
Elemente der Reportage einsetzen und für ihre Texte Interesse wecken.

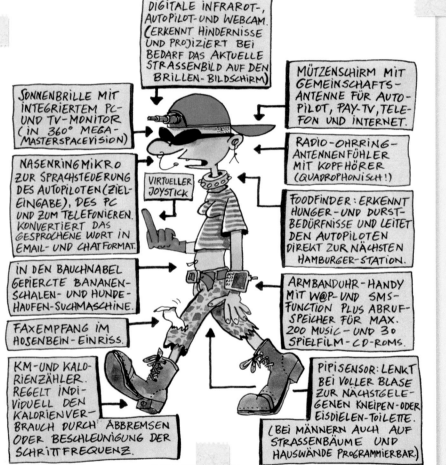

Karikatur:
Erich Rauschenbach

11 Zeitungen und Zeitschriften arbeiten heute auch mit Bildern. Eine alte Bildform der Zeitung sind *Karikaturen*, wie die oben abgebildete. Welche Funktion haben solche Karikaturen?

12 Was meint ihr zum Inhalt dieser Karikatur? Sieht so unsere mediale Zukunft
aus? Was ist satirische Übertreibung und was könnte Realität werden?

„Wer hat dich, du schöner Wald ..."

1 Überlegungen zu einem Projekt „Wald"

In welchen Schritten wir arbeiten wollen:

Orientierungsphase

Planungsphase
- Ziele klären
- Formen der Darstellung festlegen
- Arbeitsteilung
- ...

Durchführungsphase
- Bildung von Gruppen
- Material beschaffen
- Material ...
- ...

Präsentationsphase

Reflexionsphase
- Erfahrungen sichten und bewerten
- Möglichkeiten für weitergehende Aktionen prüfen
- ...

Womit wir im Projekt arbeiten wollen:

- mit Gedichten, Geschichten, ...
- mit Schlagzeilen, Zeitungsberichten
- mit Sachtexten, Statistiken, ...
- mit Bildern, ...
- ...

Was wir mit dem Projekt bewirken wollen:

- Partei ergreifen, damit der Wald überleben kann
- Über den Zustand des Waldes hier und in anderen Ländern informieren
- Zeigen, wie zu anderen Zeiten der Wald erlebt wurde
- ...
- ...

Wie wir die Projektergebnisse anderen vermitteln wollen:

- Ausstellung in der Schule
- Flugblattaktion
- Infostand auf dem Markt
- Abend für Eltern
- ...

1 Was wisst ihr zum Thema „Wald"?
2 Welche Fächer (und Fachlehrer) können etwas dazu beitragen?
3 Überlegt, wie, wo und zu welchem Anlass ein solches Projekt stattfinden kann.

Rehe

Kahlschlag

Mahagoni

Forstwirtschaft

Waldsterben

Einsamkeit

Jogging

saurer Regen

Ruhe

Romantik

Erholung

2 Fundort: Zeitungen, Sachbücher, Dokumentationen …

Schlagzeilen und Meldungen zur Gefährdung der Wälder zusammenstellen und vorlesen:

- ✦ Im Nachrichtenstil?
- ✦ Als dramatische Anklage?
- ✦ Im Wechsel mit literarischen Texten?
- ✦ Mit Musikuntermalung?
- ✦ …

Wo finden?
- ✦ *Zeitungen?*
- ✦ *Zeitschriften?*
- ✦ *Internet?*
- ✦ …

Eine Arche Noah für die Bäume

In Kühlbunkern soll das Erbgut des sterbenden Waldes in sauberere Zeiten hinübergerettet werden

THEMA DES TAGES

Patient Wald

Von Peter Brehm

Mit Slogans wie „Besuchen Sie den Schwarzwald, so lange er noch steht" machten in den 90er-Jahren Umweltschützer auf das Waldsterben aufmerksam. Das war einmal. Gäbe es nicht den alljährlichen Waldschadensbericht, kaum jemand würde sich noch für den Zustand des Waldes interessieren. Dabei gilt nach wie vor die höchste Alarmstufe. Forstbeamte hatten zwar kurzzeitig Besserung gemeldet, von einer Gesundung konnte aber nie die Rede sein. Jetzt rächt sich die viel zu frühe Entwarnung. Um wieder zu gesunden oder sich wenigstens zu stabilisieren, benötigt der Patient Wald viel Pflege. Dazu gehören ein konsequenter Klima- und Emissionsschutz ebenso wie das Energiesparen – beim Auto wie im Haushalt. Noch immer verpesten zu viele Schadstoffe die Luft und tragen so zum Waldsterben bei.

Aus: „Schwarzwälder Bote" vom 9. 12. 2004

Waldsterben geht weiter

BERLIN. Der deutsche Wald ist so krank wie nie zuvor. Nur noch ein Viertel aller Bäume ist gesund. Knapp ein Drittel der Bäume verlören deutlich Blätter und Nadeln, wurde gestern in Berlin bei der Vorlage des Waldzustandsberichts 2004 mitgeteilt. Damit sind sogar die Anfang der 1990er-Jahre erreichten Negativrekorde bei den Waldschäden übertroffen. Besonders Buchen, Eichen und Fichten sind dem Bericht zufolge geschädigt. Der Anteil gesunder Bäume sank im Vergleich zum Vorjahr um drei Punkte auf 28 Prozent.

Aus: „Schwarzwälder Bote" vom 9. 12. 2004

Genauere Informationen zur Bedeutung des Waldes beschaffen:

Wie optisch aufbereiten?
- ✦ Als Wandzeitung?
- ✦ Über Schautafeln?
- ✦ Mit Fotos und Skizzen?

Woher die Informationen?
- ✦ *Biologie- / Erdkundebuch?*
- ✦ *Fachlehrer fragen?*
- ✦ *Förster?*
- ✦ *Bibliothek?*
- ✦ *Jugendsachbücher?*
- ✦ *Internet?*
- ✦ …

Die Bedeutung des Waldes

- Der Wald liefert Sauerstoff und reinigt die Luft.
- Wälder bestimmen unser Klima.
- Der Wald speichert Wasser und liefert Trinkwasser.
- Der Wald ist ein wichtiger Rohstofflieferant.
- Der Wald ist ein Ort für Freizeit und Erholung.
- Wälder schützen eine artenreiche Tier- und Pflanzenwelt.
- …

Aktionen gegen das Waldsterben dokumentieren und zu eigenen Aktionen aufrufen:

- Zu welchen?
- Mit Flugblatt?
- Mit dramatisch inszeniertem Aufruf?

Bei Umweltverbänden nachfragen (Greenpeace, Robin Wood, BUND).

Videos oder Dias über Ursachen und Folgen des Waldsterbens zeigen:

Wo ausleihen?
- *Landes- oder Kreisbildstelle?*
- *In der Schule vorhanden?*
- *Bio- oder Erdkundelehrer fragen.*

Tote Bäume werfen keine Schatten

Waldsterben: Symptome – Ursachen – Folgen – Maßnahmen

Video, FWU, 23 Minuten

Der Film zeigt die verschiedenen Krankheitssymptome bei Nadel- und Laubbäumen und die Flächenschäden in einigen Gebieten Deutschlands. Danach werden die bekannten Ursachen des Waldsterbens (z.B. Luftschadstoffe und deren Herkunft) und seine wirtschaftlichen Folgen besprochen.

Waldsterben

Diareihe, 31 Farbdias mit Begleitheft, Landesbildstelle Baden

Ohne endgültige Aussagen treffen zu wollen und zu können, beschreibt die Diareihe den komplexen Vorgang des Waldsterbens mit folgenden Schwerpunkten: Leistungen des Waldes, Schadenssymptome, Schadensursachen, Folgen des Waldsterbens, Maßnahmen dagegen.

Ökosystem Wald

Video, FWU, 15 Minuten

Der Wald bildet in Mitteleuropa das bedeutendste Ökosystem. Naturwald ist ein Laubmischwald, der aus mehreren Stockwerken aufgebaut ist, in denen sich zahlreiche untereinander vernetzte Lebensbeziehungen ausprägen.

Der Baum – Mehr als ein Stück Natur

Video, FWU, 13 Minuten

Der Baum in seiner Bedeutung für Menschen: Neben rationalen Aspekten (Forstwirtschaft und ökologische Funktion) werden auch emotionale und symbolische Gesichtspunkte (z.B. der Märchenwald) berücksichtigt.

Aktuelle Statistiken zum Zustand des Waldes präsentieren:

- Auf Folie kopieren und an die Wand projizieren?
- Als Handzettel verteilen?
- Mit dramatischer Musikuntermalung vortragen?

Wo findet man aktuelles Material?
- *Bibliothek?*
- *Zeitungsarchiv?*
- *Forstamt?*
- *Landesamt für Statistik?*
- *Internet?*

Entwicklung der Waldschäden 1984–2004

Grundlage: Daten von ca. 13 500 Bäumen an ca. 450 Standorten im gesamten Bundesgebiet; Quelle: Waldschadensbericht der Bundesregierung Deutschland

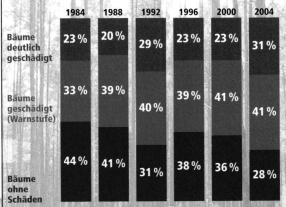

	1984	1988	1992	1996	2000	2004
Bäume deutlich geschädigt	23%	20%	29%	23%	23%	31%
Bäume geschädigt (Warnstufe)	33%	39%	40%	39%	41%	41%
Bäume ohne Schäden	44%	41%	31%	38%	36%	28%

TROPENWALD-VERNICHTUNG, WIESO? IST DOCH SO WEIT WEG.

Irrtum. Der tropische Regenwald reguliert auch unser Klima.

Was in Jahrhunderten wächst, wird in Minuten abgeholzt.

Die weltweiten Urwaldgebiete sind von ursprünglich 62 Millionen Quadratkilometern (das entspricht der dreifachen Fläche Nordamerikas) auf ein Viertel geschrumpft. Hauptverantwortung für den Kahlschlag tragen die Industrieländer: In den USA sind nur 15 Prozent der Urwälder übrig geblieben. Dicht bevölkerte Gebiete wie Europa oder China sind nahezu urwaldfrei. Tropenwälder bedeckten einst 16 Millionen Quadratkilometer (km²) Erdoberfläche. Davon existieren heute gerade noch die Hälfte. Dem Holzhunger der Industriestaaten, den auf den Einschlagstraßen nachrückenden Siedlern, Bodenspekulanten, Industrieprojekten und Stauseen fallen nach unterschiedlichen Schätzungen jährlich 140 000 km² bis 200 000 km² zum Opfer. Bis zum Jahr 2010 wird es in Asien, Ost- und Westafrika nur noch minimale Waldreste geben, in Mittelamerika fast keine. Auch 90 Prozent des Amazonas-Regenwaldes werden vernichtet, die letzten Bestände auf den äußersten Westen Brasiliens und das Hochland von Guyana zurückgedrängt sein. Die Regenwälder beherbergen mindestens 40 Prozent aller Tier- und Pflanzenarten. Sie sterben mit dem Wald.

Tropenwald im Teufelskreis

Die rasche und großflächige Vernichtung des tropischen Regenwaldes ist als eines der gravierendsten Umweltprobleme mit globaler Bedeutung weltweit anerkannt. Als befürchtete negative Folgen werden besonders häufig genannt:

Auswirkungen auf das Weltklima und dadurch Verschiebung der Vegetationsgürtel der Erde (Desertifikation, also Ausbreitung der Wüstengebiete);

vielfältige Naturkatastrophen mit lokaler und regionaler Bedeutung (Erosion, Hochwasser, Dürre);

das Aussterben zahlreicher Tier- und Pflanzenarten, noch bevor diese erforscht sind.

Das Ausmaß und die Auswirkungen der Zerstörung der Tropenwälder anschaulich vor Augen führen:

- In einem aufrüttelnden Flugblatt?
- In einer kurzen Rede unter dem Motto „Es ist 5 vor 12!"?
- Mit Bild- und Textdokumenten auf einer Stellwand?
- …

Woher die Informationen?
- *Biologie-/Erdkundebuch?*
- *Fachlehrer fragen?*
- *Umweltexperten fragen?*
- *Schlagwortkatalog in Bücherei?*
- *Internet?*
- …

Tropischer Regenwald in Amazonien: Nutzung und Zerstörung

Video und Medienmodule; FWU, 1993/2003

Die Regenwälder der Erde sind in Gefahr. Am Beispiel Amazoniens werden die Erschließung und Nutzung des tropischen Regenwaldes sowie die fortschreitende Zerstörung dieses Ökosystems gezeigt.

Eine Buchausstellung zum Thema „Wald" organisieren:

Welche Aspekte berücksichtigen?
- Nur Sachbücher?
- Kurzbeschreibungen der Buchinhalte hinzufügen?
- Einige Bücher an interessanten Stellen aufge-
schlagen präsentieren?
- …

Woher die Bücher nehmen?
- *Aus der Bücherei ausleihen?*
- *Im eigenen Bücherschrank nachschauen ?*
- *Die Privatbibliothek der Fachlehrer anzapfen?*
- *Im Internet recherchieren?*
- *…*

Eine Fotoausstellung zum Thema Waldsterben/Waldzerstörung präsentieren:

- Provokativ aufrüttelnd oder sachlich informativ?
- Einzelfotos oder Collage?
- Mit pointierten Bildunterschriften oder erklärenden Texten?

Woher die Fotos nehmen?
- *Aus Bildbänden?*
- *Oder selber machen?*
- *Aus dem Internet?*

3 Fundort: Musik und Literatur

O Täler weit, o Höhen,
O schöner, grüner Wald,
Du meiner Lust und Wehen
Andächtger Aufenthalt!
Da draußen, stets betrogen,
Saust die geschäftge Welt,
Schlag noch einmal die Bogen
Um mich, du grünes Zelt!

Joseph von Eichendorff
(1788–1857)

Jetzt rede du!

Du warest mir ein täglich Wanderziel,
Viellieber Wald, in dumpfen Jugendtagen;
Ich hatte dir geträumten Glücks so viel
Anzuvertraun, so wahren Schmerz zu klagen.

Und wieder such ich dich, du dunkler Hort,
Und deines Wipfelmeers gewaltig Rauschen –
Jetzt rede du! Ich lasse dir das Wort!
Verstummt ist Klag und Jubel. Ich will lauschen.

Conrad Ferdinand Meyer (1825 – 1898)

Die Alte im Wald

Es fuhr einmal ein armes Dienstmädchen mit seiner Herrschaft durch einen großen Wald und als sie mitten darin waren, kamen Räuber aus dem Dickicht hervor und ermordeten, wen sie fanden. Da kamen alle miteinander um, bis auf das Mädchen, das war in der Angst aus dem Wagen gesprungen und hatte sich hinter einen Baum verborgen. Wie die Räuber mit ihrer Beute fort waren, trat es herbei und sah das große Unglück. Da fing es an bitterlich zu weinen und sagte: „Was soll ich armes Mädchen nun anfangen, ich weiß mich nicht aus dem Wald herauszufinden, keine Menschenseele wohnt darin; so muss ich gewiss verhungern." […] *Brüder Grimm*

Menschen, die leiden, besuchen gerne den Wald. Es ist ihnen, als litte und schwiege er mit ihnen, als verstehe er sehr, zu leiden und ruhig und stolz im Leiden zu sein. Der Leidende besucht gern das, was ihn mit der stolzen und freien Haltung des Leidens umfängt. Jedenfalls lernt er vom Wald die Ruhe und er überträgt sie dann seinem Leiden.

Robert Walser (1878-1956)

Die Wälder schweigen

Die Jahreszeiten wandern durch die Wälder.
Man sieht es nicht. Man liest es nur im Blatt.
Die Jahreszeiten strolchen durch die Felder.
Man zählt die Tage. Und man zählt die Gelder.
Man sehnt sich fort aus dem Geschrei der Stadt.

Das Dächermeer schlägt ziegelrote Wellen.
Die Luft ist dick wie aus grauem Tuch.
Man träumt von Äckern und von Pferdeställen.
Man träumt von grünen Teichen und Forellen.
Und möchte in die Stille zu Besuch.

Die Seele wird vom Pflastertreten krumm.
Mit Bäumen kann man wie mit Brüdern reden
und tauscht bei ihnen seine Seele um.
Die Wälder schweigen. Doch sie sind nicht stumm.
Und wer auch kommen mag, sie trösten jeden.

Man flieht aus den Büros und den Fabriken.
Wohin, ist gleich! Die Erde ist ja rund!
Dort, wo die Gräser wie Bekannte nicken
und wo die Spinnen seidne Strümpfe stricken,
wird man gesund.   *Erich Kästner (1899–1974)*

Früher,
als die Bäume
Noch grünten,
werden die sagen,
die nach uns
kommen …

Friederike Mayröcker (*1924)

Stolze Einsamkeit

Im Walde, im Walde, da wird mir so licht,
Wenn es in aller Welt dunkel.
Da liegen die trocknen Blätter so dicht,
Da wälz ich mich rauschend darunter,
Da mein ich zu schwimmen in rauschender Flut.
Das tut mir in allen Adern so gut.
So gut ist's mir nimmer geworden.

Achim von Arnim (1781–1831)

Der Baum

Aus seinen Wurzeln
wächst er
dem Himmel zu

Ringe
umschlingen sein Herz
erzählen seine Jahre

Vögel verstehen
seine Laubsprache

Wer ihn fällt
erkennt sein Alter
nicht
seine Jugend

*Rose Ausländer
(1901–1988)*

Der tote Wald

Der Wald erwachte und die Vögel sangen.
Die Sonne kam und alle Blätter lachten.
Doch unten standen wir im Wald und schwangen
Die scharfen Äxte, um den Wald zu schlachten.

Durch seine Wurzeln war der Wald gefangen.
Die Stämme schlugen nieder, dass sie krachten.
Flussabwärts stießen wir mit langen Stangen
Der toten Wälder ungeheure Frachten.

Wir haben ihn hier wieder aufgestellt,
Den toten Wald, hier in der Stadt: Wir steigen
An ihm hinauf und das Gerüste hält

Uns fest. Doch manchmal spüren wir: Es neigen
Die Balken sich und schwanken in dem Wind
Und träumen, dass sie wieder Bäume sind.

Johannes R. Becher (1891–1958)

Abendlied
(nach Matthias Claudius)

Der Mond ist aufgegangen.
Die goldnen Sternlein prangen
am Himmel hell und klar.
Der Wald steht schwarz und schweiget
und aus den Wiesen steiget
die bange Frage: Wann das war?

*Werner Schneyder (*1937)*

Herr K. und die Natur

(Text in alter Rechtschreibung)

Befragt über sein Verhältnis zur Natur, sagte Herr K.: „Ich würde gern mitunter aus dem Haus tretend ein paar Bäume sehen. Besonders da sie durch ihr der Tages- und Jahreszeit entsprechendes Andersaussehen einen so besonderen Grad von Realität erreichen. Auch verwirrt es uns in den Städten mit der Zeit, immer nur Gebrauchsgegenstände zu sehen, Häuser und Bahnen, die unbewohnt leer, unbenutzt sinnlos wären. Unsere eigentümliche Gesellschaftsordnung läßt uns ja auch die Menschen zu solchen Gebrauchsgegenständen zählen, und da haben Bäume wenigstens für mich, der ich kein Schreiner bin, etwas beruhigend Selbständiges, von mir Absehendes, und ich hoffe sogar, sie haben selbst für die Schreiner einiges an sich, was nicht verwertet werden kann."

„Warum fahren Sie, wenn Sie Bäume sehen wollen, nicht einfach manchmal ins Freie?", fragte man ihn. Herr Keuner antwortete erstaunt: „Ich habe gesagt, ich möchte sie sehen aus dem Hause tretend."

Bertolt Brecht (1898–1956)

Der Wald

Motorsägen heulen.
Wo Schatten war, Himmel.
Tag- und Nachtgestirn. Die zärtlichen Moose
Perlgras Schlafmohn und Thymian
Fragen warum denn
Immer nur mein Fuß?   *Sarah Kirsch (*1935)*

Illusion

Bäume
auf graue Wände malen
um den letzten Vögeln
einen Platz
für den Nestbau
zu sichern.

Dittmar Werner (*1949)

Wald, Bestand an Bäumen

Wald, Bestand an Bäumen, zählbar,
Schonungen, Abholzung, Holz- und Papierindustrie,
Mischwald ist am rentabelsten
Schädlinge, Vogelschutz
Wildbestand, Hege, Jagdgesetze
Beeren, Bucheckern, Pilze, Reisig
Waldboden, Wind, Jahreszeiten,
Zivilisationslandschaft

Zauberwald Merlins
Einhorn (das Tier, das es nicht gibt)
    das uns bevorsteht,
    das wir nicht wollten
    die vergessene Zukunft   *Günter Eich (1907–1972)*

Im Wald

Im Wald! Im Wald!
Wo die großen grünen Bäume
                              rauschen
ewig rauschen.
Die großen grünen Bäume.
Das goldgrün' Haargelock
worin das Sonnenlicht blitzt
das hängt voller Träume.
Schüttle dich Grüner schüttle dich
So!
Schon sinken Träume
wie schwerer roter Wein
in mich.   *Hans Arp (1887–1966)*

Texte, Texte, Texte ... Was tun damit?
Lesen und zu verstehen suchen, wie der Wald in ihnen dargestellt ist.
Feststellen, wie die Texte sich inhaltlich unterscheiden und wie sie geordnet werden könnten:
- nach dem Zeitpunkt ihrer Entstehung?
- danach, ob der Wald in ihnen als Ort der Bedrohung oder der Geborgenheit und Erholung, als heil oder krank dargestellt ist?
- nach dem Verhältnis des Menschen zum Wald, das im Text zum Ausdruck kommt?

Überlegen, welche Texte auf welche Art und Weise vorgetragen werden könnten:
- in Gruppen gleichartiger Gedichte?
- abwechselnd „positive" und „negative" Gedichte?
- von einzelnen Sprechern oder in Sprechchören?
- eventuell szenisch, pantomimisch ausgestaltet?
- auf Folien kopiert und projiziert?
- mit Dias illustriert oder mit Musik unterlegt?

Weitere Texte in Lesebüchern, Gedichtsammlungen, Liederbüchern suchen (oder Texte selber schreiben?), Dias beschaffen (oder selber fotografieren?), geeignete Musik besorgen.

4 Fundort: Malerei und Grafik

Ludwig Richter:
Brautzug im Frühling, 1847
(Seite 94, oben)

Max Peintner:
Die ungebrochene
Anziehungskraft der Natur, 1970
(Seite 94, unten)

Henri Rousseau:
Dschungel, 1908
(Seite 95, oben)

Max Ernst:
Der große Wald, 1927
(Seite 95, mitte links)

Ernst Ludwig Kirchner:
Waldlandschaft mit Bach, 1925/26
(Seite 95, mitte rechts)

Bilder betrachten und zu verstehen suchen, was sie zum Thema „Wald" aussagen.

Überlegen, nach welchen Gesichtspunkten die Beispiele aus Malerei und Grafik zusammengestellt und geordnet werden können:

- nach dem Zeitpunkt ihrer Entstehung?
- danach, wie der Wald dargestellt wird: als Ort der Erholung und Geborgenheit, von Geheimnis und Bedrohung?
- passend zu den literarischen Texten?

Nachdenken, wie man die Bilder präsentieren soll:

- auf Dias?
- in Form einer Ausstellung?
- mit kommentierenden Texten?

Weitere Beispiele aus Malerei und Grafik suchen: Kunstkalender? Kunstpostkarten? Bildbände? Kunstlehrer fragen?

5 Eine Veranstaltung zum Thema „Wald" planen

Was/wer uns zur Verfügung steht:

- Aula und Pausenhalle (von 14.00 – 22.00 Uhr)
- Dia- und Overheadprojektoren
- Verstärkeranlage
- Beamer
- …
- Stellwände
- Chip für 150 Kopien
- Revierförster Dr. Hirsch
- …

Was an dem Abend passieren soll:

- Ausstellung auf Stellwänden in der Pausenhalle
- Schadensmeldungen vom Wald (vom Band, mit großer Lautstärke) während der Pause
- Holz zum Anfassen und Riechen
- Power-Point-Präsentation zum Thema
- Programm in der Aula
- …

Wie das Programm gestaltet wird:

- **19.30: Beginn**
  dreimaliges Schellen
- **19.40: Gedicht zum deutschen Wald**
  am Anfang: romantische Stimmung, Fichten-
  nadelgeruch, Hausmeister an der Beleuch-
  tung: grünes Dämmerlicht; Sabine aus dem
  Off: „O Täler weit, o Höhen …" – Wirbel am
  Schlagzeug – Diaprojektor an: Ludwig-Rich-
  ter Gemälde … Kettensägengeräusche vom
  Band, Benzingeruch breitet sich in der Aula
  aus …
- **19.55: …**

Wer was wann tut:

- **16.00:** Getränke und Brötchen für Pause(n)
  vorbereiten, gestaltete Stellwände aufbauen
- **16.30:** Letzte Probe für Chor in der Aula
- **17.00:** Beleuchtungs- und Stellprobe in der
  Aula
- …

1 Welche Aktivitäten würdet ihr für den Abend planen, mit dem das Projekt endet? Wie können eure Vorarbeiten mit Gedichten, Bildern, Sachtexten, … in die Gestaltung des Abends eingebracht werden?

2 Entwerft einen Plan für das Programm in der Aula.

er hat dich, schöner ald

AM 26. JUNI UM 19.30 UHR

Eine Revue der Klasse 8c der Mittelschule Chemnitz
für Eltern, Lehrer, Schüler und alle, die das Thema interessiert und angeht.

Teil 2
Themen und Texte

Ob ich dich liebe, weiß ich nicht.
Seh ich nur einmal dein Gesicht,
Seh dir ins Auge nur einmal,
Frei wird mein Herz von aller Qual.
Gott weiß, wie mir so wohl geschieht!
Ob ich dich liebe, weiß ich nicht.

Johann Wolfgang von Goethe

Ob ich
dich liebe ...

Ob ich dich liebe, weiß ich nicht.
Seh ich nur einmal dein Gesicht,
Seh dir ins Auge nur einmal,
Frei wird mein Herz von aller Qual.
Gott weiß, wie mir so wohl geschieht!
Ob ich dich liebe, weiß ich nicht.

Johann Wolfgang von Goethe

Susanne Fülscher

Liebe auf den ersten Blick

Olli fiel damals, an diesem schwülen Nachmittag im August, einfach vom Himmel und geradewegs in mein Herz. Ich sah noch, wie er auf mich herabstürzte, wollte schreien, aber da war im selben Moment dieses viele Wasser in meinem Mund und in meiner Nase, einfach überall, und ich glaubte, ich müsse jetzt sterben. Als ich wieder zu mir kam, standen alle Dinge Kopf.

Ich blickte um mich, erkannte den Bademeister, einige aus der Mittelstufe, Schwenk, Zoom, aber nur zwei Augen waren so tiefbraun, dass ich beinahe in ihnen ertrank und wieder das Bewusstsein verlor.

Olli. Dieser Kerl hieß Olli. War mir einfach vom Dreimeterbrett auf den Kopf gesprungen, ruck, zuck, das Wasser spritzte auf, gurgelte in mich rein, und jetzt lag ich auf kalten Steinplatten, frierend, und hatte keine Ahnung, dass dieser Jemand da im Gewühl, dessen Blick glatt den Südpol zum Schmelzen gebracht hätte, dass *er* der Übeltäter war. Alle redeten auf mich ein, aber ich verstand kein Wort. Ich spürte nur dieses unerträgliche Hämmern in meinem Schädel. Dann kam der Krankenwagen und ich wurde abtransportiert wie ein Stück Vieh. Gott, wie peinlich, dachte ich noch, ist doch gar nicht groß was passiert. Mein Magen rebellierte, aber ich hatte nur diese Augen im Kopf und wunderte mich nicht mal darüber, dass man sich auch noch in halb totem Zustand verlieben kann.

Die folgenden Tage verbrachte ich mit einer leichten Gehirnerschütterung im Krankenhaus. Meine Eltern waren entsetzt. Noch am gleichen Abend rückten sie an, die Tasche voller Obst, Bücher und Wäsche, und regten sich in einer Tour auf. Diese leichtsinnigen Halbstarken, das hätte noch viel schlimmer ausgehen können und so weiter und so fort. Mutter hatte es sich ohnehin zur Aufgabe gemacht, alle Menschen unter zwanzig „rowdyhaft" und „verantwortungslos" zu schimpfen.

Mir war das alles mehr oder weniger egal. Die Kopfschmerzen ließen schon nach kurzer Zeit nach, ich musste nicht zur Schule und träumte mich ansonsten in meinen selbst gedrehten Liebesfilm „Tatort Schwimmbad", in dem ich und ein Paar haselnussbraune Augen die Hauptrolle spielten. Mal errettete mich ihr Besitzer aus den Klauen des bösartigen Bademeisters, der nur zur Tarnung Bademeister und in Wirklichkeit ein drogensüchtiger Dealer war, mal gehörten sie einem Juwelendieb, der mich erst beklaute, dann entführte und schließlich nach allen Regeln der Kunst im Gebüsch des Schwimmbades verführte.

Am zweiten Abend meines Klinikaufenthaltes brachte mir Schwester Gudrun einen Blumenstrauß ans Bett, weiße und lilafarbene Tulpen, wunderschön. Auf einem beigefügten Kärtchen stand geschrieben:

„Tut mir Leid, tut mir wirklich sehr Leid. Es wird bestimmt nicht wieder vorkommen. Das Dreimeterbrett überlasse ich künftig den anderen ... Ich hoffe, du hast nichts dagegen, wenn ich bald mal im Krankenhaus vorbeischaue, um dich zu besuchen. Olli.

Nun gut – Olli. Sollte er mich doch besuchen, wenn er dadurch sein Gewissen erleichtern würde. Dass er einer dieser Schwimmbaddeppen war, die ihre Oberkörper so aufblasen, wenn sie vorbeispazieren, und glauben, dass man sie unwiderstehlich findet, hielt ich für mehr als wahrscheinlich. Aber immerhin

hatte sich mein Held der Lüfte die Mühe gemacht, mich ausfindig zu machen,
45 und eine nette Karte geschrieben. O Wunder!

Dann stand besagter Olli zwischen lauwarmem Schweinebraten und Stuhl-
gangversuch Nummer drei in der Tür, unterm Arm schon wieder Tulpen, und
ich fühlte den ersten Herzinfarkt meines Lebens nahen.

Olli – das waren braune Augen und blondes Strubbelhaar, das war ein Lächeln,
50 das die Welt für die Dauer durchschnittlichen Fiebermessens stillstehen ließ. Für
mich stand sie still und hörte gar nicht mehr damit auf, während sich mein Körper nicht um meine erhabenen Gefühle scherte und sämtliches Blut, das sich sonst
brav bis in Finger- und Zehenspitzen verteilte, Richtung Kopf schickte, wo es
mächtig zu brodeln anfing. Dann bekam ich wieder Kopfschmerzen, so schlimm,
55 dass ich fürchtete, nicht einen vollständigen Satz herausbringen zu können. Zum
Glück war es Olli, der das Gespräch in die Hand nahm.

„Hi, ich bin Olli", sagte er und überreichte mir die Blumen. Alles an ihm
leuchtete, als er sich zu mir runterbeugte, die roten Jeans und der grüne Rolli,
das vergesse ich nie, diese beiden Farben, die mich so aufsaugten, und dazu das
60 ganze Nutella in seinen Augen.

„Janna, freut mich, hallo."

Händeschütteln. Es war wie bei meinen Eltern, wenn die neuen Nachbarn rü-
berkamen, um sich vorzustellen. So steif und ungelenk, entsetzlich, und dazu mein
Gesicht, das genau den gleichen Farbton wie Ollis Jeans angenommen hatte.

65 „Danke, äh, schöne Blumen ..." Ich nahm die Tulpen, ein bisschen Wasser
tropfte auf mein Bett – wohin nur mit dem Strauß ? –, und ärgerte mich maßlos,
dass ich im Stakkato* eines mittelprächtigen Roboters redete, der demnächst
hops gehen würde. Olli lachte, ein bisschen schüchtern, aber er lachte. Seine Arme hingen schlaff am Körper runter, wie bei einer Puppe, er stand still und sah
70 mich erwartungsvoll an.

Ich hätte mich ohrfeigen mögen, ich lag da mit meinem brummenden Kopf,
in dem sich nichts als Leere ausbreitete und bekam kein Wort heraus. Es waren
Wallungen, so richtig heiße Wallungen, die alles wegschwemmten, den Verstand
und jeden klaren Gedanken sowieso.

75 „Ich wollte mich noch einmal entschuldigen", brach Olli endlich das Schweigen. „War schon ziemlich dämlich von mir, dass ich einfach gesprungen bin."

Ich nickte und vergrub mich in meiner Überdecke. Die Blumen lagen irgendwo an meiner Seite, ganz brav. Mir fiel beim besten Willen nichts ein. Kein
lustiger Spruch, nicht mal irgendeine blöde Floskel, einfach nichts. Schweigen.
80 Stille, die in den Ohren weh tat.

„Na, dann will ich auch nicht länger stören."

Ich nickte wieder und rang mir ein Lächeln ab, das schrecklich verkrampft
aussehen musste.

„Also, dann." Olli ging zur Tür.

85 „Danke!", rief ich ihm hinterher, aber er drehte sich nicht noch mal um.

Peng. Das war's wohl. Alles vermasselt.

Erst jetzt merkte ich, dass mein rechter Schlafanzugärmel von den Tulpen
ganz nass geworden war. Da hatte mir der schönste Junge der Welt einen offizi-
ellen Besuch abgestattet, und ich war gerade mal imstande gewesen, mich vom
90 Mauerblümchen in eine ausgewachsene Tomate zu verwandeln!

Irene Rodrian

Ruf mal an

Sie nannten ihn Hank. Das gefiel ihm nicht schlecht, denn eigentlich hieß er nach seinem Großvater Hans, und das fand er langweilig. Sie, das waren die anderen in der Klasse, die Clique. Fred und Sue, Mike, Nadja, Jeff, Foxi und Hello und natürlich Bea. Bea war die absolute Superbraut. Sie hatte blaue Augen und langes blondes Haar und meistens trug sie weite Röcke mit Glitzergürteln und Stiefeln. Hank war, wie fast alle Jungen in der Schule, mächtig in Bea verliebt, aber Bea blieb cool. Höflich, freundlich, aber cool. 5

Aber heute Abend würde sich das vielleicht ändern. Sie wollten alle zusammen ins Kino gehen, so ein richtig schöner Grusel-Hitchcock, und wenn Hank es schaffte neben ihr zu sitzen, dann ergab es sich möglicherweise ganz von selbst, dass sie sich bei einer besonders aufregenden Stelle vor Schreck an ihn klammerte und er sie tröstend und beschützend in die Arme nehmen konnte. Genau so musste das laufen, lässig. Das einzige Problem dabei war, dass er vorher noch seine Mutter anrufen musste. Und die konnte manchmal ganz schön stur sein. Nach dem Fiasko mit der letzten Lateinarbeit durfte er nur noch am Samstag bis elf Uhr ausbleiben, an Wochentagen war neun das äußerste Limit, und das bis zu den Zeugnissen. Dabei fing der Film erst um halb neun an, und wenn sie nachher noch irgendwo eine Cola trinken wollten … Es war einfach unerträglich! Er sah auf die Uhr. Schon zehn vor halb. Er ging schneller, rannte das letzte Stück. 10 15 20

Das Telefonhäuschen war besetzt.

Zuerst dachte er, es wäre ein Junge, aber es war ein Mädchen. Kurzes Stoppelhaar, Stupsnase, Sommersprossen, Turnschuhe, Jeans und ein T-Shirt mit der Aufschrift „Read books not T-Shirts". An einem anderen Tag hätte er das vielleicht komisch gefunden, heute war er nur sauer. Er schlich nervös um das Telefonhäuschen, klimperte mit seinem Geld und versuchte ihr Zeichen zu machen. Sie sah ihn nicht mal an. Quatschte nur aufgeregt in den Hörer. Ja, nein, doch, natürlich! Ja! Nein! Klang so, als hätte sie Ärger mit ihrem Typ. Meine Güte, was für ein Schwachsinn. Und er stand hier wie auf glühenden Kohlen, und wenn er zu spät kam, dann konnte er froh sein, wenn er überhaupt noch eine Karte bekam! 25 30

Er trat mit dem Schuh gegen die Glastür. Das Mädchen reagierte nicht, sprach nur noch lauter und aufgeregter: „Nein, das hat nichts mit Liebe zu tun! Ich bin nicht rücksichtslos! Aber ich habe doch auch ein Recht auf mein eigenes Leben, oder?" 35

Ach, du grüner Schnee, offensichtlich las sie selber auch nichts anderes als T-Shirts. Er knallte eine Münze gegen die Scheibe. Baute sich vor ihr auf und machte ein paar eindeutige Handbewegungen. Sie drehte sich einfach um und laberte weiter. Weiber! Hank hätte sie erwürgen, erdrosseln und erschießen können.

Da! Der Kerl hatte anscheinend einfach aufgelegt, was man ihm weiß Gott nicht verdenken konnte. Sie quäkte noch ein paar Mal „Hallo, hallo", dann legte sie auf. Hank griff nach der Tür. 40

Das war ja nicht zu fassen! Sie schmiss zwei andere Groschen rein und wähl-

te neu. Hank riss wütend die Tür auf. „Jetzt reicht's aber oder willst du hier drin
45 übernachten?!" Sie wählte weiter. Hank schob sich an ihr vorbei und drückte die
Gabel runter. Die Münzen klimperten heraus. Er warf seine rein. Wählte.

Das Mädchen verzog sich endlich. „Blödmann!"

Hank klemmte den Hörer mit der Schulter fest, wählte mit einer Hand weiter und zog mit der anderen die Tür zu. Besetzt! Mist, verdammter. Er legte auf,
50 wählte neu. Das Mädchen hopste draußen von einem Bein aufs andere und
schnitt ihm Grimassen. Er wandte sich ab. Wieder besetzt, er musste sich ver-
wählt haben, wie sollte man sich auch konzentrieren, wenn man dauernd gestört
wurde. Er wählte zum dritten Mal. Das Mädchen versuchte die Tür zu öffnen,
er stemmte einen Fuß dagegen. Immer noch besetzt. Mit wem telefonierte seine
55 Mutter denn da überhaupt?!

Als er die Groschen zum vierten Mal in den Schlitz werfen wollte, brach das
Mädchen wie ein Elefant in die Telefonzelle ein und riss ihm den Hörer aus der
Hand. „Wer will hier übernachten? Doch wohl *du*!"

Hank stand vor dem Häuschen und klapperte nervös mit seinen Münzen. Im
60 Prinzip war's gelaufen. Selbst wenn er seine Mutter jetzt noch erreichte, dann
würde es ein halbes Jahr dauern, bis sie ihm die Ausrede mit der Arbeitsgruppe
abkaufte, und sogar wenn er fliegen könnte, bis er zum Kino kam, hockten die
anderen schon längst drin und lutschten ihr Eis zum Vorfilm. Bea und den ganzen
schönen Plan konnte er vergessen.

65 Das Mädchen war durchgekommen und laberte ihren Typ wieder voll: „Aber,
du hast doch aufgelegt, nicht ich! Nein! Ich will ja mit dir reden! Ich *versuch* es
ja die ganze Zeit! Warum kannst du mir nicht *ein* einziges Mal glauben! Bitte!"
Und so weiter. Hank drückte gegen die Glastür, sie stemmte ihren Hintern dagegen. Er dachte gar nicht daran aufzugeben, jetzt schon dreimal nicht. Diese
70 Kuh, die sein ganzes Liebesleben ruiniert hatte!

Der Kerl schien irgendetwas zu antworten. Das Mädchen achtete für einen
Moment nicht auf die Tür. Und schon war Hank drin. „Komm endlich, Baby",
brüllte er über die Schulter in den Hörer. Das Klacken, mit dem am anderen Ende der Leitung der Hörer auf die Gabel flog, konnte man drei Häuserblocks weit
75 hören.

Hank grinste triumphierend.

Das Mädchen legte den Hörer langsam in die Gabel zurück, nahm ihre drei
Zehner und drehte sich um. Sah ihn an. Sie war nicht geschminkt, auf der Nase
hatte sie einen Sonnenbrand und ihre Augen waren dunkelbraun und groß wie
80 Untertassen. „Vielen Dank", sagte sie leise, „du bist ein wahrer Gentleman, du
kannst einem den Glauben an die Menschheit zurückgeben."

Das Telefonhäuschen war so winzig, dass sie sich fast berührten. Hank wich
zurück, um ihr Platz zu machen. Sie bewegte sich immer noch im Zeitlupen-
tempo. Er hielt ihr die Tür auf, sie sah ihn nicht mehr an. Hank fühlte sich plötz-
85 lich richtig mies. „Hey!" Sie reagierte nicht. Er lief hinter ihr her, hörte noch das
saugende Schmatzen, mit dem sich die Glastür schloss. „Es tut mir Leid."

Sie blieb stehen und drehte sich zu ihm um. „Ehrlich, das war Scheiße." Ihre
Augen waren feucht und einen Moment dachte er, sie würde zu weinen anfangen, aber sie lächelte. Ein bisschen wenigstens. Sie hatte einen schönen Mund,
90 breit und rot und wie gemacht zum Lächeln. Schneeweiße Zähne und eine klei-

ne runde Sommersprossennase. Sie sah richtig niedlich aus. „Gehn wir ein Eis essen?" Das war raus, bevor Hank überhaupt nachdenken konnte.

„Ich denke, du musst so dringend telefonieren?"

Jetzt grinste sie fast, Hank machte ein wichtiges Gesicht. „Eine halbe Stunde ist gerade noch drin." 95

Sie ging mit. Hank konnte es zuerst gar nicht richtig fassen. Sie ging einfach mit. Packte ihre Tasche unter den Arm, zuckte so nebenbei mit den Schultern und ging mit. ,'ne halbe Stunde ist massig. Ich hab noch knapp 30 Minuten."

Die Eisdiele war fast leer um die Zeit und sie bekamen einen von den kleinen runden Ecktischen. Hank nahm Vanille, Schoko und Pistazie, das Mädchen Zi- 100 trone, Malaga und eins, das er nicht mal aussprechen konnte. Strazziadingsbums oder so. Zuerst löffelten sie schweigend und schauten nur auf ihre Eisbecher. Dann schauten sie beide mit einem Mal hoch und sie lächelte immer noch. Hielt ihm ihr Löffelchen hin. „Willst du mal probieren?"

In diesem Augenblick verliebte er sich in sie. Er merkte es erst viel später. Er 105 schmeckte die weiße Eissahne mit den dunklen Schokoladensplittern drin, sah ihre Augen und dann ihren Mund, als er sie von seiner Pistazie probieren ließ. Danach fanden sie raus, dass Malaga und Schokolade perfekt zusammenpassten. Sie hieß Ira und mochte keine Vanille.

In Wirklichkeit hieß sie Irmgard, aber das erzählte sie ihm auch erst später. 110 Sie redeten über die verschiedenen Eissorten und über Pizza. Sie mochte am liebsten die mit Salami und Käse, er die mit Zwiebeln und Meeresfrüchten. Oder Spaghetti Carbonara oder grüne Lasagne. Über der himmelblau blinkenden Theke hing eine elektrische Uhr. Es war genau neun Uhr. Die halbe Stunde war um und auch die 30 Minuten. 115

Sie schauten beide gleichzeitig auf die Uhr, dann sahen sie sich an. „Vorhin hätte ich dich locker erdolchen können", sagte er leise.

„Und ich dich rädern und vierteilen!" Sie sahen sich an und setzten sich so, dass sie die große Uhr nicht dauernd im Blickfeld hatten. Die Eisbecher waren längst bis auf den letzten Tropfen ausgeleckt. Hank dachte daran, dass sie einen 120 Freund hatte, den sie anrief, obwohl er den Hörer aufgeknallt hatte, und wusste, dass alles sinnlos war.

„Du wolltest doch telefonieren", sagte sie plötzlich und sah ganz ernst aus dabei. Da erzählte er ihr alles. Von dem Lateinfiasko und seiner Mutter und sogar von Bea. Und weil sie nicht lachte, erzählte er ihr auch, dass er sich in sie verliebt 125 habe und dass er sich wünschte mit ihr Pizza essen zu gehen oder auch Lasagne.

„Und warum tun wir's nicht?", fragte sie.

„Und dein Freund?" Sie sah ihn verwirrt an. „Na, der, mit dem du dauernd telefoniert hast." Sie schaute plötzlich auf den verkleckerten Tisch.

„Das war doch nicht mein Freund, das war meine Mutter. Ich hab in Mathe 130 voll versagt und jetzt glaubt sie mir nichts mehr, dabei wollte ich wirklich nur mit ein paar Leuten pauken."

Hank war glücklich. Rundum und vollkommen. „In Mathe bin ich super."

„Und ich in Latein!"

An der Kreuzung verabredeten sie sich hastig für Samstag zur Pizza und rann- 135 ten los. Für eine halbe Stunde Verspätung konnte man immer eine gute Ausrede finden und Samstag war übermorgen.

Per Nilsson
Bus fahren mit Herztrost

Die Busfahrt zur Schule war zu zehn Minuten Glück geworden. Zehn Minuten
seiner Busfahrt waren reines Glück.

Jeden Montagmorgen, Dienstagmorgen und Donnerstagmorgen fuhren sie
miteinander zur Schule. Er hatte sie „Herztrost" getauft.

5 Wenn es ihm gelang, bis zu ihrer Haltestelle den Platz neben sich freizuhal-
ten, saßen sie nebeneinander, sonst standen sie nebeneinander. In dem überfüll-
ten Bus besaßen sie gemeinsam eine einsame Insel: Eine Sitz-Insel oder eine Steh-
Insel, wo sie redeten und redeten und redeten.

Und lachten und kicherten. Und redeten und redeten.

10 Komisch. Reden war ihm bisher immer schwer gefallen.

Mit ihr fiel es ihm leicht. Es lief von ganz allein. Er musste nicht nach Worten suchen, die richtigen Bemerkungen fielen ihm nicht erst zehn Minuten zu
spät ein, wie sonst immer, und sie hatten immer jede Menge Gesprächsstoff. Unendlich viel Gesprächsstoff, und die Busfahrten waren so erbärmlich kurz.

15 Sie brachte ihn zum Reden.

In Gedanken hatte er sich immer als TR-Menschen bezeichnet.

„Ein TR-Mensch, was ist das?", fragte sie neugierig. „Bist du in einer geheimen Sekte oder was?"

„Nein, aber … es gibt eine Menge TR-Wörter: TRüb und TRist und TRau-
20 rig und TRanig und TRottelig und TRivial und TRagisch und TRäg und TRost-
los … das alles bin ich."

„Klarer Fall von mangelndem Selbstvertrauen!" Sie lachte und schüttelte den
Kopf. „Du musst total down sein."

„Nein, ich hab kein mangelndes Selbstvertrauen", protestierte er. „Ich kenne
25 mich nur selbst, ich …"

„Es gibt auch N-Wörter!", unterbrach
sie ihn.

„Ich weiß. Niete!"

„Nett!"

30 „Ich hasse NETT!"

Sie nickte.„Mm. Nett ist trist."

„Mm."

Nach kurzem Schweigen sagte sie:
„Normal."

35 „Normalverbraucher", sagte er.

„Normalverbraucherberater", sagte sie.

„Normalverbraucherberaterausbildung",
sagte er.

„Normalverbraucherberaterausbildungs-
40 anstalt", sagte sie.

„Ich geb mich geschlagen", sagte er.

„Trist", sagte sie. „Trübe Tasse."

„Hab ich doch gesagt."

„Okay, dann bist du eben nicht direkt nett", sagte sie, als er aussteigen wollte. „Freut mich zu hören."

„Aber direkt unnett bist du auch nicht", sagte sie und machte eine Schnute.

Dreimal in der Woche zehn Minuten waren zu wenig, fand er. Ganz entschieden zu wenig.

„Deine Englischlehrerin hat angerufen", sagte seine Mutter eines Abends mit ernster Stimme.

„Frau Hammar."

„Der Hammer", murmelte er und wusste, was jetzt kommen würde.

„Sie hat erzählt, dass du vier Mal hintereinander am Mittwoch im Englischunterricht gefehlt hast. Naa ...?"

Er hätte antworten können: Ich hab ein hübsches Mädchen getroffen, das in meinem Bus mitfährt, und mittwochs fängt sie immer erst um zehn an, darum musste ich den Englischunterricht schwänzen, um sie treffen zu können. Das verstehst du doch, Mama ...? „Äh ... äh ... der Zahnarzt ... zweimal war's der Zahnarzt ... und einmal, da hab ich geglaubt, wir hätten frei, weil wir am Abend ... in diesen englischen Film gehen wollten, das weißt du doch noch, und dann ... dann ... ja, dann bin ich einmal im Bus eingepennt, doch, ehrlich, bin erst an der Endhaltestelle aufgewacht ..."

Seine Mutter sah ihn an.

„Du lügst", sagte sie kurz.

Er schwieg.

„Außerdem lügst du schlecht", sagte sie. „Aber dafür ziemlich komisch."

Er sagte nichts.

„Aber ab jetzt gehst du mittwochs in den Englischunterricht, ist das klar?", sagte sie. „Ich möchte keinen Anruf mehr vom Hammer bekommen."

Er nickte. „Klaro". Er seufzte.

Auf dem Heimweg gelang es ihm selten, denselben Bus zu erwischen wie sie. Und wenn es ab und zu doch klappte und er einen roten Haarschopf leuchten sah und diese sprudelnde Freude schon in ihm hochsteigen wollte, musste er sich bremsen, wenn er feststellte, dass sie nicht allein war. Auch wenn sie ihn dann entdeckte und fröhlich winkte, blieb er in einiger Entfernung stehen, ohne zu ihr und ihren Freunden hinzugehen.

Er wollte sie für sich allein haben.

Auf ihrer Insel war nur Platz für zwei.

Heinrich Heine

Dass du mich liebst, das wusst' ich

Dass du mich liebst, das wusst' ich,
Ich hatt' es längst entdeckt;
Doch als du mir's gestanden.
Hat es mich tief erschreckt.

Ich stieg wohl auf die Berge
Und jubelte und sang;
Ich ging ans Meer und weinte
Beim Sonnenuntergang.

Mein Herz ist wie die Sonne
So flammend anzuseh'n
Und in ein Meer von Liebe
Versinkt es groß und schön.

Wolfgang Borchert

Der Kuss

Es regnet – doch sie merkt es kaum,
weil noch ihr Herz vor Glück erzittert:
Im Kuss versank die Welt im Traum.
Ihr Kleid ist nass und ganz zerknittert

und so verächtlich hochgeschoben,
als wären ihre Knie für alle da.
Ein Regentropfen, der zu Nichts zerstoben,
der hat gesehn, was niemand sonst noch sah.

So tief hat sie noch nie gefühlt –
so sinnlos selig müssen Tiere sein!
Ihr Haar ist wie zu einem Heiligenschein zerwühlt –
Laternen spinnen sich drin ein.

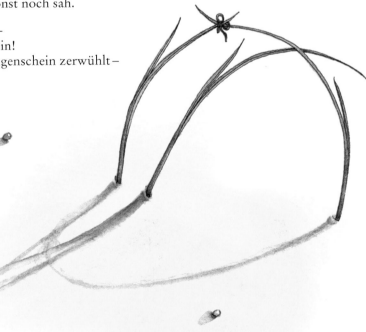

Rose Ausländer

Das Schönste

Ich flüchte
in dein Zauberzelt
Liebe

Im atmenden Wald
wo Grasspitzen
sich verneigen

weil
es nichts Schöneres gibt

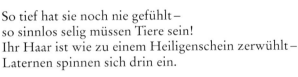

Aidan Chambers
Die wissenschaftliche Annäherung

Meine Freundin hat jetzt einen anderen Freund.

Einen von der athletischen Sorte. Nicht so groß wie ich. Ich sehe auf ihn runter.

Er sieht mich gar nicht. In seiner Nähe fühl ich mich schmächtig. Schwarze Haare, ganz kurze Stoppeln. Muss sich schon jeden Tag rasieren; lässt es, um zu zeigen, er könnte.

Hätte nicht gedacht, dass er ihr Typ ist.

Vielleicht war ja ich nicht ihr Typ und sie hat es bloß nicht gewusst, bis sie ihn ausprobiert hat.

Wie mit ihren Klamotten. Zog was an und war überzeugt, dass es das war, was sie wollte, dann entschied sie sich um, zog was völlig anderes an und sagte, das genau sei es.

Irrtum macht klug.

Nichts dran auszusetzen.

Die wissenschaftliche Annäherung.

Genauso machte sie es beim Essen.

Wir gingen irgendwo hin – McDonald's, Kochlöffel, PizzaHut, wo auch immer – und jeder holte sich, worauf er Lust hatte.

Sie nahm einen Bissen oder auch zwei von ihrem, dann meinte sie, sie hätte lieber was anderes nehmen sollen. Ich fragte: Und was? Sie sagte: Was du hast. Und ich: Okay, nimm du meins und ich nehm deins.

Wir tauschten und sie war glücklich.

Irgendwann war es so weit, dass ich immer bestellte, was sie meiner Meinung nach wollte, und ihr vorschlug – ganz zufällig, kein bisschen drängend, sonst hätte sie's nicht gewollt –, das zu nehmen, was ich gern gehabt hätte. Sie nahm es, biss ein- oder zweimal rein, erklärte: Ich hätte lieber was anderes nehmen sollen, ich sagte: Nimm du meins, und alles war bestens, jeder war glücklich.

Sie hätte mir nie die Schuld gegeben, dass ich ihr vorschlug zu nehmen, was sie dann nicht wollte. So ist sie absolut nicht, versucht nie, dem andern die Schuld in die Schuhe zu schieben. Das ist wirklich gut bei ihr.

Gibt sich aber auch niemals selber die Schuld.

Lässt es einfach, wie es ist – so spielt das Leben.

Ich saß im „Goldenen Löffel".

Ich mag den „Goldenen Löffel" nicht besonders. Um ehrlich zu sein, ich mag ihn überhaupt nicht. Aber der neue Freund meiner Freundin. Ich hab ihn oft reingehen sehen.

Sie kamen rein. Sie sah mich. Winkte. Lächelte. Keine Feindschaft zwischen uns. Wir sind nicht im Streit auseinander. Nicht wie andere. Sie sagte einfach, sie wolle mit ihrem neuen Freund ausgehen, ob ich was dagegen hätte. Ich sagte, sie solle tun, was sie wolle, es sei ihre Entscheidung. Ich wusste, sie würde es ohnehin tun. Zu sagen, dass ich was dagegen hätte, würde sie nicht abhalten.

Also tat sie es, und wir sind seitdem nicht mehr zusammen weggewesen.

45 Sie kam mit ihm rüber an meinen Platz. Tisch für vier, mit niemandem dran außer mir. Sie setzte sich mir gegenüber, er sich neben sie.

Sie sagte, sie seien bei einem Fußballspiel gewesen.

Nicht mein Ding.

Alles an ihr noch frische Luft und rosa Backen.

50 Ziemlich mein Ding.

Wollten noch weiter auf eine Party bei einem von seinen Kumpels. Geburtstagsfete. Eltern hätten den Platz geräumt. Würde 'n Rave. Sie sagte, er wolle was essen, ,sich voll stopfen', ehe sie gingen.

Er sagte nichts, aß nur. Pommes, Truckersteak, Pommes. Massen von Pom-
55 mes. Keine sehr guten Manieren. Kaute mit offenem Mund. Blies dabei auch noch kräftig Luft aus. Sah mich aber natürlich kein einziges Mal an.

Sie fragte, was ich vorhätte. Ich sagte, ich wolle ins Kino.

Wollte gar nicht, sagte es nur. Sie ging immer gern ins Kino. War so ziemlich ihre Lieblingsbeschäftigung. Haben immer Händchen gehalten. Sie hält gern
60 Händchen, meint, das wär das Beste dran. Egal ob der Film gut oder schlecht ist, was sie mag, ist die Dunkelheit, die Wärme, nahe zusammen sein und Händchen halten, während sie den Film guckt.

Ich finde Händchenhalten auch schön.

Außerdem mag sie noch Eis, bevor es losgeht. (Ich hätte lieber deins nehmen
65 sollen. – Tausch.)

Sie wollte wissen, in welchen Film. Ich sagte, ich würde mich erst entscheiden, wenn ich vorm Kino stände.

Danach sagte sie eine Weile nichts. Sah ihn bloß lange an.

Er sagte nichts, außer: Willst du deins nicht?, was sich aufs Essen bezog, von
70 dem sie nur ein oder zwei Bissen genommen hatte. Sie sagte Nein. Ich hätte was anderes nehmen sollen. Er sagte: Dann gib's mir, zog es zu sich heran und aß es auf, Kopf über den Teller gesenkt.

Seine Haare sind wirklich extrem kurz. Nicht so wie meine, die lang und dicht sind. Schön, hat sie immer gesagt und ihre Finger hindurchgleiten lassen. Ich
75 konnte seinen Schädel unter den Stoppeln sehen. Ganz grau, ich hätte gedacht, er wäre da auch sonnengebräunt, fleischig wie überall sonst, aber nichts da, alles grau. Wie die Haut einer Eidechse.

Konnte nicht weiteressen, um ehrlich zu sein.

Als er fertig war, stand er sofort auf, und sie gingen.

80 Als ich dachte, jetzt wäre es Zeit, ging ich zum Kino. Eins, wo sie fünf Filme zur Auswahl haben.

Stand an der Eistheke im Foyer. Konnte, während ich wartete, sehen, was sie auf jeder Leinwand zeigten. Auswählen, welchen ich sehen wollte und welchen ich vorschlagen würde.

Tanja Zimmermann

Sommerschnee

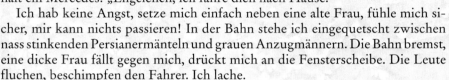

Mir ist alles so egal, ich fühle mich gut.

Der Regen macht mir nichts aus, meine Stiefel sind durchweicht, die Bahn kommt nicht. Neben mir hält ein Mercedes: „Engelchen, ich fahre dich nach Hause." 5

Ich hab keine Angst, setze mich einfach neben eine alte Frau, fühle mich sicher, mir kann nichts passieren! In der Bahn stehe ich eingequetscht zwischen nass stinkenden Persianermänteln und grauen Anzugmännern. Die Bahn bremst, eine dicke Frau fällt gegen mich, drückt mich an die Fensterscheibe. Die Leute fluchen, beschimpfen den Fahrer. Ich lache. 10

Beim Aussteigen drängt jeder den anderen, ich lasse mich treiben, bin glücklich, denke nur an dich!

An der Ampel merke ich, dass ich zu laut singe. Eine Mutter mit Kinderwagen lacht mich an, eine aufgetakelte Blondine mustert mich von oben bis unten. Ich weiß, ich bin klitschnass, meine weiße Hose ist nach 5 Tagen eher dunkel- 15 grau, doch ich weiß, dass sie dir gefällt. Meine Haare hängen nass und strähnig auf meiner Schulter. Du hast gesagt, du hast dich schon am ersten Tag in mich verliebt, und da hatte ich auch nasse Haare.

Ich laufe schnell über die Straße, leiste mir eine Packung Filterzigaretten, kaufe welche, die mir zu leicht sind, die du am liebsten magst. 20

Ein grelles Quietschen. Ein wütender Autofahrer brüllt, ob ich Tomaten auf den Augen hätte. Ich lache und beruhige ihn mit einem „Kommt nicht noch mal vor". An einem Schaufenster bleibe ich trotzdem stehen, zupfe an meinen Haaren herum, ziehe die Hose über meine Stiefel, will dir ja gefallen. Ich will dir ja sogar sehr gefallen! 25

Auf der Apothekenuhr ist es fünf. Ich laufe quer über die nasse Wiese. Schlittere mehr, als dass ich laufe. Aber ich will dich nicht warten lassen, ich kann das auch nicht. Ich werde dann von Minute zu Minute nervöser, also laufe ich. Bevor ich schelle, atme ich erst ein paar Mal tief durch, dann klingel ich, fünf Mal hast du gesagt. Und meine Freude, dich zu sehen, ist endgültig Sieger über mei- 30 ne Angst.

Erst dann bemerke ich den kleinen zusammengefalteten Zettel an der Wand. Ja, es tut dir Leid, wirklich Leid, dass du Vera wieder getroffen hast! Ich soll es mir gut gehen lassen. Richtig gut gehen lassen soll ich es mir! Die brennende Zigarette hinterlässt Wunden auf meiner Hand. Das Rattern der vorbeifahrenden 35 Laster, das Kindergeschrei, Hundegebell und das laut aufgedrehte Radio von gegenüber verschwimmen zu einem nervtötenden, Angst einjagenden Einheitsgeräusch, meine Augen nehmen nur noch die gröbsten Umrisse wahr. Wie eine alte Frau gehe ich den endlos langen Weg zur Haltestelle, meine Füße sind nass und kalt in den durchweichten Stiefeln. Ein glatzköpfiger Mann pfeift hinter mir 40 her.

Verschüchtert stehe ich in der Ecke neben dem Fahrplan, mein Gesicht spiegelt sich in der Scheibe. – Wann kommt endlich diese elende Straßenbahn?

Herbert Grönemeyer
Flugzeuge im Bauch

Du hast 'n Schatten im Blick, dein Lachen ist gemalt,
deine Gedanken sind nicht mehr bei mir.
Streichelst mich mechanisch, völlig steril,
eiskalte Hand, mir graut vor dir.
5 Fühl mich leer und verbraucht, alles tut weh,
hab Flugzeuge in meinem Bauch.
Kann nichts mehr essen, kann dich nicht vergessen,
aber auch das gelingt mir noch.

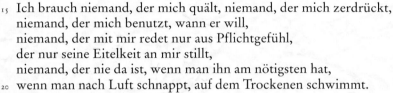

Gib mir mein Herz zurück,
10 du brauchst meine Liebe nicht!
Gib mir mein Herz zurück,
bevor es auseinander bricht!
Je eher du gehst,
um so leichter wird's für mich.

15 Ich brauch niemand, der mich quält, niemand, der mich zerdrückt,
niemand, der mich benutzt, wann er will,
niemand, der mit mir redet nur aus Pflichtgefühl,
der nur seine Eitelkeit an mir stillt,
niemand, der nie da ist, wenn man ihn am nötigsten hat,
20 wenn man nach Luft schnappt, auf dem Trockenen schwimmt.
Lass mich los, lass mich in Ruhe,
damit das ein Ende nimmt!

Gib mir mein Herz zurück,
du brauchst meine Liebe nicht!
25 Gib mir mein Herz zurück,
bevor es auseinander bricht!
Je eher du gehst,
umso leichter wird's für mich.

Bertolt Brecht

Morgens und abends zu lesen

(Texte in alter Rechtschreibung)

Der, den ich liebe
Hat mir gesagt
Daß er mich braucht.

Darum
Gebe ich auf mich acht
Sehe auf meinen Weg und
Fürchte von jedem Regentropfen
Daß er mich erschlagen könnte.

Bertolt Brecht

Die Liebenden

(Wechselgesang aus der Oper „Aufstieg und Fall der Stadt Mahagonny")

Jenny Sieh jene Kraniche in großem Bogen!
Paul   Die Wolken, welche ihnen beigegeben
Jenny Zogen mit ihnen schon, als sie entflogen
Paul   Aus einem Leben in ein andres Leben.
Jenny In gleicher Höhe und mit gleicher Eile   5
Beide Scheinen sie alle beide nur daneben.
Jenny Daß so der Kranich mit der Wolke teile
       Den schönen Himmel, den sie kurz beflogen
Paul   Daß also keines länger hier verweile
Jenny Und keines andres sehe als das Wiegen   10
       Des andern in dem Wind, den beide spüren
       Die jetzt im Fluge beieinander liegen.
Paul   So mag der Wind sie in das Nichts entführen
       Wenn sie nur nicht vergehen und sich bleiben
Jenny Solange kann sie beide nichts berühren   15
Paul   Solange kann man sie von jedem Ort vertreiben
       Wo Regen drohen oder Schüsse schallen.
Jenny So unter Sonn und Monds wenig verschiedenen Scheiben
       Fliegen sie hin, einander ganz verfallen.
Paul   Wohin ihr?   20
Jenny   Nirgendhin.
Paul   Von wem davon?
Jenny   Von allen.
Paul   Ihr fragt, wie lange sind sie schon zusammen?
Jenny Seit kurzem.   25
Paul   Und wann werden sie sich trennen?
Jenny   Bald.
Beide So scheint die Liebe Liebenden ein Halt.

Johann Peter Hebel

Unverhofftes Wiedersehen

In Falun in Schweden küsste um das Jahr 1750 ein junger Bergmann seine junge, hübsche Braut und sagte zu ihr: „Auf Sankt Luciä* wird unsere Liebe von des Priesters Hand gesegnet. Dann sind wir Mann und Weib und bauen uns ein eigenes Nestlein." – „Und Friede und Liebe soll darin wohnen", sagte die schöne Braut mit holdem Lächeln, „denn du bist mein Einziges und Alles und ohne dich möchte ich lieber im Grab sein als an einem andern Ort." Als sie aber vor Sankt Luciä der Pfarrer zum zweiten Male in der Kirche ausgerufen hatte: „So nun jemand Hindernis wüsste anzuzeigen, warum diese Personen nicht möchten ehelich zusammenkommen", da meldete sich der Tod. Denn als der Jüngling am andern Morgen in seiner schwarzen Bergmannskleidung an ihrem Haus vorbeiging, der Bergmann hat sein Totenkleid immer an, da klopfte er zwar noch einmal an ihr Fenster und sagte ihr Guten Morgen, aber keinen Guten Abend mehr. Er kam nimmer aus dem Bergwerk zurück und sie säumte vergeblich am selbigen Morgen ein schwarzes Halstuch mit rotem Rand für ihn zum Hochzeitstag, und als er nimmer kam, legte sie es weg und weinte um ihn und vergaß ihn nie. Unterdessen wurde die Stadt Lissabon in Portugal durch ein Erdbeben zerstört und der Siebenjährige Krieg ging vorüber und Kaiser Franz der Erste starb und der Jesuitenorden* wurde aufgehoben und Polen geteilt und die Kaiserin Maria Theresia starb und der Struensee* wurde hingerichtet, Amerika wurde frei und die vereinigte französische und spanische Macht konnte Gibraltar nicht erobern. Die Türken schlossen den General Stein in der Veteraner Höhle in Ungarn ein und der Kaiser Joseph starb auch. Der König Gustav von Schweden eroberte Russisch-Finnland und die Französische Revolution und der lange Krieg fingen an und der Kaiser Leopold der Zweite ging auch ins Grab. Napoleon eroberte Preußen und die Engländer bombardierten Kopenhagen und die Ackerleute säten und schnitten. Der Müller mahlte und die Schmiede hämmerten und die Bergleute gruben nach den Metalladern in ihrer unterirdischen Werkstatt. Als aber die Bergleute in Falun im Jahr 1809 etwas vor oder nach Johannis* zwischen zwei Schächten eine Öffnung durchgraben wollten, gute dreihundert Ellen tief unter dem Boden, gruben sie aus dem Schutt und Vitriolwasser* den Leichnam eines Jünglings heraus, der ganz mit Eisenvitriol durchdrungen, sonst aber unverwest und unverändert war, sodass man seine Gesichtszüge und sein Alter noch vollkommen erkennen konnte, als wenn er erst vor einer Stunde gestorben oder ein wenig eingeschlafen wäre an der Arbeit. Als man ihn

aber zu Tage ausgefördert hatte, Vater und Mutter, Freunde und Bekannte waren schon lange tot, kein Mensch wollte den schlafenden Jüngling kennen oder etwas von seinem Unglück wissen, bis die ehemalige Verlobte des Bergmanns kam, der eines Tages auf die Schicht gegangen war und nimmer zurückkehrte. Grau und zusammengeschrumpft kam sie an einer Krücke an den Platz und erkannte ihren Bräutigam; und mehr mit freudigem Entzücken als mit Schmerz sank sie auf die geliebte Leiche nieder, und erst als sie sich von einer langen heftigen Bewegung des Gemüts erholt hatte, sagte sie endlich: „Es ist mein Verlobter, um den ich fünfzig Jahre lang getrauert habe und den mich Gott noch einmal sehen lässt vor meinem Ende. Acht Tage vor der Hochzeit ist er auf die Grube gegangen und nimmer gekommen." Da wurden die Gemüter aller Umstehenden von Wehmut und Tränen ergriffen, als sie sahen die ehemalige Braut jetzt in der Gestalt des hingewelkten kraftlosen Alters und den Bräutigam noch in seiner jugendlichen Schöne und wie in ihrer Brust nach fünfzig Jahren die Flamme der jugendlichen Liebe noch einmal erwachte; aber er öffnete den Mund nimmer zum Lächeln oder die Augen zum Wiedererkennen; und wie sie ihn endlich von den Bergleuten in ihr Stübchen tragen ließ, als die Einzige, die ihm angehöre und ein Recht an ihm habe, bis sein Grab gerüstet sei auf dem Kirchhof. Den andern Tag, als das Grab gerüstet war auf dem Kirchhof und ihn die Bergleute holten, schloss sie ein Kästlein auf, legte ihm das schwarzseidene Halstuch mit roten Streifen um und begleitete ihn in ihrem Sonntagsgewand, als wenn es ihr Hochzeitstag und nicht der Tag seiner Beerdigung wäre. Denn als man ihn auf dem Kirchhof ins Grab legte, sagte sie: „Schlafe nun wohl, noch einen Tag oder zehn im kühlen Hochzeitsbett, und lass dir die Zeit nicht lang werden. Ich habe nur noch wenig zu tun und komme bald, und bald wird's wieder Tag. Was die Erde einmal wiedergegeben hat, wird sie so zum zweiten Male auch nicht behalten", sagte sie, als sie fortging und sich noch einmal umschaute.

Rainer Maria Rilke

Zum Einschlafen zu sagen

Ich möchte jemanden einsingen,
bei jemandem sitzen und sein.
Ich möchte dich wiegen und kleinsingen
und begleiten schlafaus und schlafein.
Ich möchte der Einzige sein im Haus,
der wüsste: die Nacht war kalt.
Und möchte horchen herein und hinaus
in dich, in die Welt, in den Wald.
Die Uhren rufen sich schlagend an,
und man sieht der Zeit auf den Grund.
Und unten geht noch ein fremder Mann
und stört einen fremden Hund.
Dahinter wird Stille. Ich habe groß
die Augen auf dich gelegt;
und sie halten dich sanft und lassen dich los,
wenn ein Ding sich im Dunkel bewegt.

Dazugehören, draußen sein

Willem van Toorn

Robs Haare

Der merkwürdigste Junge unserer Klasse war Rob. Ein bisschen merkwürdig waren wir sowieso alle, sonst wären wir nicht an dieser Schule, sondern ganz normal im Gymnasium oder in der Realschule gewesen.

Unsere Schule war ein Experiment. Sie hatte nur drei Klassen, und darin waren Jungen und Mädchen, die „noch nicht wissen, was sie wollen". Es scheint normal zu sein, mit dreizehn oder vierzehn schon genau zu wissen, was man mit seinem Leben anfangen möchte, also waren wir nicht normal. Diejenigen, die nach der Grundschule in die Realschule gingen, glaubten wahrscheinlich, wir seien geistig minderbemittelt, aber ich selber zum Beispiel bin überhaupt nicht dumm, und die anderen waren es genauso wenig.

Nur bei einem Typen unserer Klasse dachten wir eine Zeitlang, er habe nicht alle Tassen im Schrank, weil er immer Sachen erzählte, mit denen man nichts anfangen konnte – und das auch noch in einer Lautstärke, als wären wir alle taub. Er hieß Sjaak und hatte einen dicken Kopf mit Bürstenschnitt.

Eines Tages gingen wir mit ein paar Leuten zu ihm nach Hause, um seine Pferde anzuschauen, denn über die sprach er andauernd. Er wohnte etwas außerhalb, in einem komischen alten Haus mit einem großen Garten und einigen Schuppen, das auf einem Stückchen Land zwischen den Hochhäusern lag.

Als wir heranradelten und Sjaak brüllte: „Da wohne ich!", trabten drei Pferde über eine schlammige Wiese in unsere Richtung. Wir stiegen ab, und die Pferde streckten ihre Köpfe über den Zaun und versuchten alle diese Köpfe gleichzeitig auf Sjaaks Schultern zu legen. Er sprach mit ihnen in vielleicht einem Zehntel der Dezibel*, die er sonst auf uns losließ, und ich schwöre dir, die Pferde hörten zu, als ob sie alles, was er sagte, ihr Leben lang behalten wollten. Meiner Meinung nach ist jemand, der so etwas kann, nicht blöd.

Aber ich sprach von Rob. Der war schon gar nicht dumm, sondern gerade viel zu gescheit. Er wusste so viel, dass er dadurch unserer Ansicht nach leicht übergeschnappt war. Er war sehr lang und hatte eine Masse schwarzer Locken. Sein Vater war Fotograf, und Rob lief immer mit alten Fotoapparaten und Belichtungsmessern herum. Er fotografierte zu den unpassendsten Gelegenheiten alles und jeden. Außerdem hatte er Bücher über die absonderlichsten Sachen gelesen. Man konnte nie ein vernünftiges Gespräch führen, wenn er in der Nähe war, denn er kam immer dazwischen mit diesem komischen Lockenkopf und rief dann zum Beispiel: „Stimmt doch nicht! Ich habe gelesen, dass Eskimos schon lange nicht mehr in Iglus wohnen, sondern ganz normal in Häusern. Und man soll übrigens nicht ‚Eskimo' sagen, sondern ‚Inuit', denn ‚Eskimo' ist ein Schimpfwort." Also diese Art von Klugscheißereien. Eigentlich ließen wir ihn etwas links liegen, weil uns seine Wichtigtuerei auf die Nerven ging.

Annemieke, das einzige Mädchen unserer Gruppe, hielt ihn für einen Schleimer. „So einer, der versucht, dir heimlich in den Hintern zu kneifen, oder spannt, wenn man sich zum Turnen umzieht. Und immer dieses dumme Geknipse. Er hat bestimmt schon hundertfünfzig Fotos von mir gemacht."

Annemieke war genauso lang wie Rob und dünn wie eine Bohnenstange, al-

so mussten wir über diesen Hintern lachen. „Den hast du doch gar nicht!", rief
45 Sjaak. Aus sicherer Entfernung, denn Annemieke machte Judo und keiner von
uns konnte es mit ihr aufnehmen.

Mit Rob passierte dann etwas Schreckliches. Wir sollten alle zusammen einen
Ausflug mit den Rädern machen und dann irgendwo bei Sjaak in der Nähe Ru-
derboote mieten. Rob war zwei Wochen lang schon nicht in der Schule erschie-
50 nen, und wir hatten angenommen, er sei einfach krank oder er mache blau; doch
drei Tage vor unserer Tour sagte Maulwurf plötzlich, bevor er mit der Schule anfing: „Leute, ich muss euch etwas erzählen über Rob Versteeg."

Maulwurf unterrichtete Englisch; er war der Chef unserer Minischule und
außerdem unser Klassenlehrer, und wir hatten ihn gebeten mitzufahren. Er hieß
55 überhaupt nicht Maulwurf, sondern Van Akker oder so. Wir nannten ihn Maulwurf, weil er so aussah: klein und sehr breit, mit Händen wie Kohlenschau-
feln – man wunderte sich, dass sie einen Stift oder ein Stück Kreide festhalten
konnten. Wir waren vielleicht alle etwas ungewöhnlich, aber er war der Ver-
rückteste von uns allen. Es war ihm absolut egal, was genau man tat in der Schu-
60 le; man durfte seinetwegen ein ganz eigenes Programm zusammenstellen oder
auch gar nichts machen, doch er hatte zwei Regeln:

    1. Benimm dich höflich und belästige niemanden,
       denn deine Freiheit endet dort, wo die eines anderen anfängt.
    2. Wenn du dich entscheidest, etwas zu machen,
65   dann tue es so gut du kannst.

Wir fanden es komisch, denn in unseren früheren Schulen gab es immer ellen-
lange Schulordnungen. Aber wir bemerkten schon bald, wie genial diese Regeln
waren. Wenn man zum Beispiel sein Zeug in der Klasse herumliegen ließ oder
laut quatschte, während andere arbeiteten, wurde er wütend und sagte: „Für wen
70 hältst du dich, dass du meinst, jemand anderes wird dein Chaos aufräumen? Regel Nummer eins." Oder: „Dass du dich langweilst, ist dein Problem, aber du
störst uns, du verstößt also gegen Regel Nummer eins."

Annemieke wurde es irgendwann mal zu viel. „Diese beiden Regeln!", rief
sie. „Ich hätte lieber zwanzig, die man ab und zu abschreiben muss."
75 Maulwurf sagte huldvoll: „Auf diesen zwei Regeln beruht die Demokratie,
Mädchen. Wenn du lieber einen Polizeistaat hast, kannst du gehen. Die gibt es
genug, brauchst nur die Zeitung zu lesen."

Jetzt sagte er also: „… über Rob Versteeg."

„Ist er krank?", rief Sjaak.
80 „Das könnte man so sagen", sagte Maulwurf. „Er wachte eines Morgens auf,
vor ein paar Wochen, und da … war ein Teil seiner Haare ausgefallen."

„Mein Gott", sagte Annemieke.

„Zuerst war es nur wenig, aber am nächsten Morgen wieder, und schließlich
war er völlig kahl. Ich habe ihn gesehen. So kahl wie ein Baby. Er traute sich
85 nicht mehr in die Schule, doch jetzt möchte er wieder. Und er möchte auch die
Radtour mitmachen."

Es war totenstill. Annemieke befühlte ihre Haare. Sie hatte sehr dickes, dun-
kelbraunes Haar. Ich musste schlucken, wenn ich es ansah.

„Ich meine", sagte Maulwurf und strich sich übers Haar; er war sichtlich et-
90 was verlegen über das, was er sagen wollte. „Ich meine, ihr erschreckt vielleicht

sehr, wenn er in die Schule kommt; und das erwartet er natürlich auch, aber ich würde es doch ausgesprochen unerfreulich finden, wenn ihr …"

„Sie glauben doch nicht etwa, dass wir ihn damit ärgern!", rief Annemieke. „Doch nicht mit so was! Das fände ich blöd, wenn Sie das denken würden."

„Nein, eigentlich nicht", sagte Maulwurf. „Aber ich musste es trotzdem sagen." 95

Rob kam am nächsten Tag wieder zur Schule, und wir schauten uns den Kopf aufmerksam an. So etwas hast du wirklich noch nie gesehen. Es war absolut kein einziges Haar mehr drauf, und dadurch wirkten seine Augenbrauen viermal so dick. Man konnte quer über seinen Schädel die Nähte sehen, die Babyköpfe so unheimlich machen und die man auch auf dem eigenen Kopf noch fühlen kann. 100

„Du siehst gelehrt aus", sagte Herman. Herman war unser großer Sportsmann. Er spielte Fußball und hatte ein Segelboot. Sein Vater war reich.

Annemieke nahm Rob seine Kamera ab, um ein Foto von allen Jungs zu machen, den kahlen Rob in der Mitte. Rob grinste vorsichtig, deutlich erleichtert, dass niemand über ihn lachte. Dann heulte er los. Man konnte es fast nicht mit 105 ansehen, wie du dir vorstellen kannst.

„Ihr …", sagte er.

„Was ihr", sagte ich.

„Na ja", sagte Rob. „Ihr seid großartig."

„Red keinen Unsinn", sagte Sjaak, für seine Begriffe ungewöhnlich leise. 110

Es wurde nicht mehr weiter darüber geredet. Eigentlich gewöhnte man sich schnell an so einen kahlen Kopf. Und das Komische war: er schien Rob netter zu machen.

Am nächsten Tag sprachen wir über die Radtour.

„Ich weiß noch nicht, ob ich mitfahre", sagte Rob. „Alle, die uns sehen, werden sich totlachen. Ein Glatzkopf zwischen euren vollen Mähnen." 115

„Wir lassen sie uns alle abschneiden", schlug ich vor.

„Nur über meine Leiche", sagte Herman.

Maulwurf sagte zu Rob: „Meiner Meinung nach fällt es niemandem auf, Junge. Wie bei einem Verkehrsunfall. Die Zeugen haben einen gelben VW gesehen 120 mit einer Nonne drin, und schließlich stellt sich heraus, dass es ein alter Bauer in einem grünen Mercedes gewesen ist."

„Du musst dir eine Perücke aufsetzen", sagte Annemieke. „Das macht meine Schwester auch manchmal, wenn sie mit ihrem Freund ausgeht. Man schwitzt zwar etwas darunter, aber niemand merkt was." 125

„Eine Perücke", sagte Maulwurf nachdenklich.

„Eine Perücke", sagte Rob. „Mein Gott, das ist *die* Idee. Eine Perücke."

„Vielleicht gar nicht so dumm", meinte Maulwurf. „Denk mal darüber nach. Sollen wir denn jetzt mal ein bisschen arbeiten?"

„Geht es nie wieder weg?", rief Sjaak. „Ich meine, werden sie nie wieder wachsen, deine Haare?" 130

„Man weiß es nicht", sagte Rob. „Es wird alles noch untersucht. Vielleicht kommen sie wieder. Vielleicht auch nicht." Er sah wieder mutlos aus.

„Du gefällst mir auch so", sagte Annemieke. „Irgendwie apart."

„Schluss jetzt, an die Arbeit", befahl Maulwurf. „Liebeserklärungen kannst 135 du in deiner Freizeit machen."

„Blödmann", sagte Annemieke.

Karin Bolte
Ein Versager

Kurz vor dem Sportfest hatten wir jeden Tag Training. Jeden lieben langen Tag. Es fing echt an, uns anzuöden. Natürlich wollten wir gewinnen. Klar doch. Aber auch nicht wieder so gerne, dass wir uns nun zu Tode schinden wollten. Aber immer wieder: Stabübergabe üben für den Staffellauf. Immer wieder: Starts üben
5 für die Sprints. Immer wieder: Absprung vom Brett üben für den Weitsprung. „Los! Dalli! Bewegt euch!", brüllte Jacobsen.

Jacobsen ist der Trainer von unserem Verein. Er ist echt gut, aber er brüllt. Ich kann nun mal nicht leiden, angebrüllt zu werden. Und überhaupt: Der Jacobsen brüllt einfach zuviel. Echt. Da hört keiner mehr hin. Geht hier rein und da wie-
10 der raus, und das müsste ein guter Trainer eigentlich wissen.

Ich versuchte gerade mich in der Menge unsichtbar zu machen, aber da hatte er mich schon gesehen. „Renate, los, komm her!" Diese Stimme!

Widerwillig ging ich rüber zu ihm. Ich wusste schon, was jetzt kommen wür-de. Ich bin am Start nicht schnell genug. Bevor ich mitkriege, dass der Startschuss
15 losgegangen ist, sind die anderen schon halb angekommen. Und auf der kurzen Distanz ist das nicht wieder einzuholen.

Richtig: „Na, los, an den Start", sagte Jacobsen.

Ich hockte mich in die Startblöcke. Und prompt brüllte Jacobsen: „Hintern hoch! Oder willst du Eier legen?"
20 Ich hörte Doris kichern und hatte plötzlich eine irre Wut. Ich nahm den Kopf hoch und den Hintern auch, und als der Startschuss kam, rannte ich wie besessen die volle Distanz.

Als ich zu den anderen zurückkam, war Jacobsen echt erschlagen. Er stotter-te was von tadelloser Zeit und Raketenstart und wenn-ich-wollte-könnte-ich-ja
25 und so 'n Zeug. Ich fror wie ein Schneider und zitterte und irgendjemand legte mir eine Trainingsjacke über. „Danke", sagte ich leise und zog die Jacke enger. Hundertprozentig würde ich mir hier 'ne Lungenentzündung holen.

„Erkälte dich nicht", sagte eine Stimme neben mir.

Ich sah auf. Da stand ein Junge, den ich noch nie hier gesehen hatte, mager,
30 blond, groß. Er grinste mich an. Später fragte ich Doris. Doris weiß immer al-les, bevor es passiert, denn hinterher sagt sie meistens, sie hätte das schon vor-hergesehen. Also frag ich Doris, wer denn der Blonde ist, weil ich den noch nie hier gesehen hab und immer noch seine Jacke anhatte.

Natürlich weiß sie es, wie immer. Es ist ein Neuer, einer vom Gymnasium. Er
35 ist neu hierher gezogen und hat früher schon im Verein mitgemacht. Paul heißt er. Ausgerechnet. Ich frag Doris, was er denn macht, und sie sagt: Zehnkampf. Das haut mich nun glatt um. So ein mageres Hemd wie der. Aber manchmal sind das die Zähesten.

Ich hab Doris mit seiner Jacke zu ihm rübergeschickt. Ich hätte sie ihm ja auch
40 selbst bringen können, aber ich wusste nicht, was ich sagen sollte.

Und dann war das Sportfest.

Zehn Vereine waren insgesamt da, ein Riesentrubel! Und wir kamen ganz groß raus: Unser Verein holte den Ersten in der 4 x 100 m-Staffel und auch in der

4 x 400 m. Klaus-Dieter war Sieger beim Kugelstoßen und wir hatten auch noch
'ne Menge anderer Plätze. Ich übrigens auch: Ich war erste im Fünfkampf der   45
Mädchen geworden. In meiner Altersgruppe muss man sich da schon ziemlich
plagen. Jacobsen ließ es sich nicht nehmen, mich mitten auf dem Platz abzuküs-
sen, obwohl ich das nicht leiden kann. Und das Fernsehen war dabei und ich war
zu Hause auf dem Fernseher in Großaufnahme zu sehen. Kommentar: Das junge Talent, sehr vielversprechend, berechtigt zu größten Hoffnungen.   50

Mein Bruder hat später erzählt, dass meine Mutter geheult hat. Gerade sie.
Sonst meckert sie immer, wenn ich zum Training gehe, weil sie findet, dass Leistungssport Mädchen männlich macht. Was Quatsch ist. Na, wie gesagt, unser
Verein war Spitze, und alle waren halb tot vor Freude. Bloß Paul nicht. Er hatte keinen Platz gemacht. Nicht, dass er nicht gut war. Im Gegenteil, wenn er los-   55
legte, dann wackelte es. Aber er hat keine Nerven. Er bleibt nicht ruhig und ver-
patzt dann alles. Da kann man nichts machen. Solche Leute gibt es, haben Talent,
aber sind doch Versager. Er hat's ziemlich schwer genommen. Ganz weiß war er
im Gesicht und hat immer so beiseite gestanden, wenn die anderen brüllten und
sich auf die Schultern hauten. Zu mir ist er gekommen und hat gesagt: „Na, herz-   60
lichen Glückwunsch. Du bist wohl ein As, was? Im Gegensatz zu mir."

Ehrlich, was sollte man darauf sagen? Ich bin sowieso nicht so gut mit reden,
mir fällt nie was Passendes ein. Da hab ich dann genuschelt: „Mach dir nix draus.
Alles Training und viel Glück. Du schaffst es noch."

Von da an hatte ich ihn an den Hacken. Abends war nämlich noch ein Fest   65
für alle. Große Reden wurden geschwungen und Jacobsen über den grünen Klee
gelobt. Der ist mindestens zehn Zentimeter größer geworden an dem Abend.
Dann gab es Sekt. Einmal durften wir mit anstoßen, dann gab es für uns Limo.
Aber ein paar von den Jungens müssen das geahnt haben: Es gingen plötzlich
Colaflaschen rund, in denen ziemlich viel Rum war, und alle wurden wahnsin-   70
nig lustig. Ich hab auch ziemlich zugefasst bei dem Zeug. Und dann kam alles
zusammen: mein Sieg und die Loberei von den anderen und das Cola-Rum-
Zeug. Ich war richtig zehn Zentimeter über dem Fußboden und war überhaupt
die Größte.

Und dann war da Paul mit seiner Bitterleidensmiene. Sagte dauernd so idio-   75
tisches Zeug wie: dem Sieger Eichenlaub und dem Verlierer die Schmach und so.
Dauernd. Sogar ich kriegte mit, dass er getröstet werden wollte. Aber ich wollte feiern und hatte gute Laune. Da hab ich ihm eben gesagt, dass es Versager gibt
wie ihn. Und dass man dabei nichts machen kann, auch nicht viel mit Training.
Er sollte bloß aufhören darüber zu jammern, es wär doch nichts dran zu ändern.   80
Weg war er. Ehrlich. Ich war richtig verblüfft, so schnell war er weg. Erst wollte ich noch hinter ihm her und das ein bisschen abschwächen, aber dann hatte
ich doch keine Lust dazu. Ich finde, es muss jeder wissen, was er tut. Oder?

Na, wir haben noch ganz dufte gefeiert, bis frühmorgens.

Jetzt trainiere ich weiter. Wenn man nicht am Ball bleibt, wird es nichts, das   85
ist nun mal so beim Leistungssport. Ich träum mal von einer deutschen Meis-
terschaft. Vielleicht auch mal mehr.

Paul haben wir übrigens nie wieder gesehen. Er ist nicht mehr zum Training
gekommen, ist ganz aus dem Verein raus. Er hat eben keine Nerven, der Junge.
Eigentlich schade, denn sogar Jacobsen sagt, dass er Talent hat.   90

Jerry Spinelli
Die Behandlung

„Was ist denn mit deinem Arm passiert?" Palmers Mutter zog seinen Hemdärmel hoch und stellte eine Frage, die Palmer nicht beantworten wollte.

„Ich hab dich gefragt, was passiert ist."

„Die *Behandlung*", sagte sein Vater, der gerade das Zimmer betrat. Er zauste
5 Palmer durch die Haare. „Stimmt's, mein Großer?"

Palmer nickte. Selbst diese kleine Kopfbewegung jagte den Schmerz durch
seinen Arm. „Stimmt."

Sein Vater untersuchte die Stelle. Ein leiser Pfiff, ein ernstes Nicken.

„Stimmt." Palmer drückte den Rücken durch. Er fühlte sich, als hätte sein Va
10 ter ihm soeben eine Medaille an die Brust geheftet.

Doch die Stimme seiner Mutter klang angespannt. „Worüber redet ihr da?
Was für eine Behandlung?"

Sein Dad nahm ihm das Sprechen ab. „Das hat hier Tradition. An deinem Geburtstag bekommst du für jedes Lebensjahr einen Schlag mit dem Knöchel ver
15 passt. Hab ich mehr als einmal hinter mich gebracht."

Sie machte ein verächtliches Gesicht. „Was nicht heißt, dass er es auch hinter
sich bringen muss." Sie schob noch einmal den Ärmel hoch. „Sieh dir das an,
Sieh es dir an."

„Ein blauer Fleck", sagte sein Vater ruhig. „Der verschwindet auch wieder.
20 Es geht ihm gut. Stimmt's?"

Ging es ihm gut? Seinem Arm ging es überhaupt nicht gut. Der brachte ihn
fast um. Aber ansonsten …

„Gib ihm einen extra!", hatten Bohne und Töle geschrien. „Er heult!" Aber
Farquar hatte gesagt, nein, das wären bloß Tränen, die würden jedem in die Au
25 gen treten. Und vorsichtig hatte er Palmers Ärmel über der Wunde herabgerollt
und „Herzlichen Glückwunsch zum Geburtstag, Kleiner" gesagt und war davongegangen, und in diesem Augenblick hatte Palmer Farquar geliebt.

Ging es ihm gut?

„Klar", sagte er und gab ein kleines Kichern von sich, um es zu beweisen.

30 „Also", sagte seine Mutter in den Raum hinein, „*mir* geht es jedenfalls nicht
gut. Diese Krawallbrüder waren zu seiner Geburtstagsfeier eingeladen."

„Bohne?", sagte sein Vater.

Palmer war froh etwas sagen zu können. „Ja, Bohne war hier. Und Töle und
Henry."

35 Sein Vater nickte langsam. „Ist ein ganz schönes Früchtchen, dieser Bohne."

„Krawallbrüder", fuhr seine Mutter fort. „Dabei mögen sie Palmer nicht mal
richtig. Sie haben ihn immer links liegen lassen. Sie haben nie mit ihm gespielt."

„Aber jetzt tun sie es", protestierte Palmer.

Seine Mutter beachtete ihn nicht. „Die lädt er ein, aber an Dorothy Gruzik
40 denkt er überhaupt nicht." Jetzt nahm sie ihn ins Visier. „Warum hast du Dorothy nicht eingeladen?"

„Weil sie ein Mädchen ist."

„Sie wohnt direkt nebenan. Sie ist eine deiner besten Freundinnen."

Palmer lachte laut auf. Manchmal versuchte seine Mutter etwas als Wahrheit auszugeben, indem sie es einfach behauptete. „Ist sie nicht", sagte er. „ Wenn sie ₄₅ nicht nebenan wohnte, würde ich sie wahrscheinlich gar nicht kennen."

„Sie lädt dich immer zu ihrem Geburtstag ein."

Palmer hatte die Nase voll. Warum musste sie auf den Kriegspfad gehen, wo doch gerade sein ganzes Leben so wunderbar war?

„Sie hat ein Fischgesicht!", stieß er hervor. ₅₀

Sein Vater lachte. Die Augen seiner Mutter weiteten sich, dann wechselte sie das Thema. „Und dieser Spitzname", sagte sie zu seinem Vater. „Du hättest den Spitznamen hören sollen, den sie ihm zum Geburtstag geschenkt haben, diese Krawallbrüder." Sie schüttelte Palmer bei der Schulter. „Sag ihn deinem Dad."

„Rotzie", sagte Palmer. Der Name klang schon so vertraut wie sein eigener. ₅₅

„Rotzie?", echote sein Vater.

„Und das soll ein Spitzname sein!", sagte seine Mutter. „Wo kommt der her?"

Palmer zuckte die Achseln. Tatsächlich hatte er keine Ahnung. Bohne dachte sich die Namen aus. Dessen eigener Spitzname entstammte vermutlich seiner Vorliebe für gebackene kalte Bohnen aus der Büchse, mit denen er sich zu jeder Ta- ₆₀ ges- und Nachtzeit vollstopfte. Töle? Ein Rätsel. Soweit Palmer wusste, hatte Töle mit Hunden nichts zu tun. Und Henry, … das klang schon eher wie ein echter Name, aber Palmer konnte sich nicht vorstellen, dass Bohne irgendjemandem seinen richtigen Namen ließ, also musste auch Henry in Wirklichkeit anders heißen. […]

Manchmal fühlte sein Arm sich taub an, als wäre er eingeschlafen. Die meiste ₆₅ Zeit aber tat er nur weh. Er fand heraus, dass ihm die Schmerzen weniger ausmachten, wenn er seine Gedanken in eine andere Richtung lenkte. Er las ein Buch, sah fern, begutachtete seine Geschenke, ließ den Tag Revue passieren.

Was für ein Tag! Neuer Geburtstag. Neue Freunde. Neue Gefühle der Erregung, des Stolzes, des Dazugehörens. Seine Mutter hatte Unrecht. Er hatte eine ₇₀ Menge durchmachen müssen, das war alles. Der Kleinste und der Jüngste zu sein. Und sein ungewöhnlicher Vorname hatte mehr als nur einmal Anlass zu Spott gegeben. Doch all das war jetzt vorbei. Er ließ sich auf sein Bett zurückplumpsen und grinste die Zimmerdecke an. Das Leben meinte es gut mit ihm.

Als er sich an diesem Abend die Zähne putzte, betrachtete Palmer sein Ge- ₇₅ sicht im Spiegel und brach plötzlich in Tränen aus. Er weinte so heftig, dass er sich die Zähne nicht fertig putzen konnte. Erschreckt und aufgebracht darüber, dass dieser perfekte Tag ein so unerwartetes Ende nahm, stürmte er in sein Zimmer. Er warf sich auf sein Bett und verbarg das Gesicht in den Kissen.

Brief eines Vierzehnjährigen

Eben seid ihr endlich von meiner Tür weggegangen und habt hoffentlich kapiert, dass ich nicht aufmache, und wenn ihr noch dreimal so laut dagegenhämmert. Ich weiß, Mutti heult jetzt, und Vati hat wieder die dicke Ader an der Stirn. Aber stellt euch vor: Es ist mir egal. Es ist mir total egal. Morgen habt ihr euch so-
5 wieso beruhigt, und dann werdet ihr diesen Brief finden. Dann bin ich nämlich weg. Ihr braucht deswegen nicht gleich zu denken, dass mir was passiert. Ich weiß schon, wo ich hingehe.

Auf alle Fälle muss ich hier raus. Es kotzt mich einfach an, immer diese end-losen Streitereien, immer diese Fragereien: Hast du dies gemacht, hast du das ge-
10 macht, wo kommst du jetzt her, wo gehst du jetzt hin, warum hörst du nicht auf Vati, auf Mutti, auf Oma, auf Tante Irene? – Immer diese wunderschönen guten Ratschläge! Natürlich, ihr habt alles viel besser gemacht, als ihr so alt wart wie ich. Vati muss ja überhaupt der reinste Musterknabe gewesen sein, der hatte ja nie Krach mit seinen Eltern. Wisst ihr, was das Schlimmste war heute Abend?
15 Gar nicht, dass ihr mir nun zum hundertsten Mal eine Szene wegen der Unord-nung in meinem Zimmer gemacht habt und dass Mutti schon wieder mein Mi-kroskop weggeräumt und dabei alle Präparate durcheinandergeschmissen hat.

Aber, dass ihr nach all dem Geschrei und Getue jetzt auch noch mit der Ma-sche kommt: „Wir haben dich doch lieb, wir wollen doch nur helfen, sei doch
20 nicht so undankbar!" Das ist doch glatte Heuchelei! Wenn ihr mich wirklich „lieb habt" und mir „helfen" wollt, dann kapiert doch mal endlich, dass ich nichts weiter will, als in Ruhe gelassen zu werden! Mischt euch doch bloß nicht immer und ewig in alles ein! Ihr glaubt natürlich, dass ihr irrsinnig weise und erfahren seid und mir alles vormachen müsst, damit bloß nichts schief geht. Könnt ihr euch
25 denn nicht vorstellen, dass ich einmal was alleine machen möchte, ohne dass ihr mir mit eurem Kommentar die Ohren vollquatscht? Kann ich nicht endlich mal was haben, worüber ich allein bestimmen kann, zum Beispiel mein Mikroskop und die Gläser und den ganzen Kram?

Ich weiß ja, dass es manchmal stinkt, wenn ich Pflanzenaufgüsse im Zimmer
30 stehen lasse. Aber die brauche ich eben. Ich weiß ja, dass ich Unordnung mache. Aber ist denn Staubputzen so entsetzlich wichtig?

Manchmal glaube ich, dass ich immer ein Kind bleibe, an dem ihr herumnör-geln könnt. Im Frühjahr sollte ich keine Kaulquappen züchten, nur weil Mutter sich davor ekelt, im Sommer war der Zank ums Badezimmer, weil ich mit dem
35 Filmentwickeln doch nur Schweinerei machte, meine Plakate darf ich nicht auf-hängen, weil das zu viele Löcher in der Wand gibt, meine Platten darf ich nicht richtig hören, weil das zu viel Krach macht, und wenn ich raus will, dann ist das natürlich wieder zu gefährlich. Immer wenn ich mir was ausdenke, was meine Idee ist, findet ihr irgendeine Tour, es mir gründlich zu vermiesen. Und wenn
40 ihr wirklich mal mit etwas einverstanden seid, dann meint ihr, ihr müsstet mir auch gleich sagen, wie ich's am besten anfange.

Versteht ihr denn nicht, dass ihr mir damit alle Freude nehmt? Warum darf ich euch nicht beweisen, dass ich auch alleine was zustande bringe? Später muss ich doch auch alleine zurechtkommen! Ihr redet davon, dass ich im Beruf mal

auf eigenen Füßen stehen soll – aber wie soll ich denn Selbstständigkeit lernen, 45
wenn ihr mich überall festbindet?

Es tut mir Leid, dass ich nicht so bin, wie ihr euch das vorstellt. Aber schließlich habe ich keine Schuld daran, dass ihr mich in die Welt gesetzt habt. Jetzt, wo ich nun mal da bin, will ich eben auch mal tun, was mir gefällt. Egal, ob euch das nun passt oder nicht. Ihr müsst mich doch nehmen, so wie ich bin! Irgendwie 50
ist es doch auch mein Leben, oder?

Ich gehe jetzt also weg. Eigentlich müsstet ihr doch ganz froh sein, wenn ihr euch mal eine Weile nicht über mich ärgern müsst, nicht? Kommt bloß nicht auf die Idee, die Polizei anzurufen! Wo ich hingehe, tut mir keiner was. Ich will bloß mal alleine sein und meine Ruhe haben. Ich komme schon wieder. 55

John Marsden

Liebe Tracey, liebe Mandy

Liebe Tracey! 11. Februar

Ehrlich gesagt, ich weiß es auch nicht, warum ich auf deine Anzeige antworte. Brieffreundschaften sind eigentlich nicht mein Ding, aber es ist Sonntag, todlangweilig, es regnet, keiner zu Hause, und ich denke, das ist mal was anderes.

Äh – und was jetzt? Eins tue ich jedenfalls nicht, ich werde mich nicht über 5
mein Sternzeichen, meine Lieblingsgruppe, mein Lieblingsessen, über meine Schwester und meinen Bruder und den üblichen Mist auslassen. Wenn du das willst, dann mach dir nicht die Mühe, auf den Brief hier zu antworten. Okay? Denn so bin ich nicht.

Also, ich werde dir einfach schreiben, was mir so durch den Kopf schießt, 10
zum Beispiel … äh …

1. Das letzte Mal geweint habe ich bei einem alten Film, und zwar bei *Schlagende Wetter**. Der war in Schwarzweiß und lief am letzten Montag früh um halb drei auf Kanal Sieben. Ich war total verheult.

2. Im Moment habe ich 78,31 $ auf der Bank, 12,60 $ in bar, meine Schwester 15
schuldet mir 5,00 $ und eine aus meiner Schule, Rebecca Slater, schuldet mir 6,00 $. Macht zusammen: 101,91 $.

3. Ich hätte gerne ein Tattoo, aber da, wo's keiner sehen kann, und zwar eine Kröte, weil die so süß sind. Aber ich traue mich 20
nicht.

4. Ich habe einen Hund, oder sagen wir, bei uns im Haus lebt ein Hund. Ich glaube nicht, dass man ein Tier besitzen kann. Er hat keinen Namen, was alle verrückt macht. 25
Eigentlich habe ich nichts gegen Namen, aber auch nicht wirklich was dafür. Mir fällt einfach kein Name für ihn ein. Also schlagen mir alle dauernd irgendwas vor wie Toby (meine Schwester), Zwiebel??? (meine Freundin Cheryl), Mick (mein Vater) und Idiot (mein Bruder). 30

Der Hund ist erst ein Jahr alt oder so. Er wurde in der Nähe des Tierheims ausgesetzt und von dort haben wir ihn. Er ist fast ganz weiß, nur um den Kopf ein bisschen schwarz. Ich glaube, er ist eine Mischung aus Collie und zwanzig anderen Sorten. Erst wollte ich ihn Gilligan nennen, nach der Fernsehserie, weil
35 er mein kleiner Kumpel ist, aber irgendwie klingt das doof.

Leben bei dir Hunde oder andere Tiere?

Jetzt habe ich dir vier Dinge von mir erzählt, vier erstaunliche Tatsachen. Und noch eine Menge mehr. Und ich habe einen langen Brief geschrieben. Ich hoffe doch, du antwortest mir, nach der ganzen Arbeit!   Tschüs! *Mandy*

40 P. S. Wieso hast du ein Postfach? Ich dachte immer, das haben bloß Firmen.

Liebe Mandy!   18. Februar

Danke für den Brief. Du schreibst so toll, viel besser, als ich das kann. Ich hab die Anzeige zum Spaß aufgegeben, als so 'ne Art Test, und deine Antwort war die einzig gute. Drei kamen von Typen, ziemlich witzig, aber eklig. Und zwei
45 von kleinen Kindern. Trotzdem war's spannend, so viel Post zu kriegen.

Du hast gefragt, ob ich irgendwelche Tiere habe, ich meine, ob Haustiere bei uns leben. Ich hab ein Pferd, zwei Hunde und eine Katze. Das Pferd heißt Kizzy, die Hunde Dillon und Matt und die Katze Katie. Wie du siehst, haben alle Namen. Warum magst du Namen nicht?

50 Du hast auch gefragt, warum ich ein Postfach als Adresse angegeben habe. Es ist von der Firma von meinem Vater. Er hat eine Transportfirma mit einer Menge Sattelschleppern. Hauptsächlich Fernverkehr.

Und jetzt zu mir: Ich hasse die Schule. Das einzig brauchbare Fach ist Kunst. Ich mache aber 'ne Menge Sport, bin ziemlich gut in Basketball und Hochsprung.
55 (Ich bin ganz schön groß, wie du dir vorstellen kannst.)

Ich weiß nicht, was ich dir sonst schreiben soll. Ich hoffe aber, du bleibst dran. Ich stelle mir das witzig vor, jemandem zu schreiben, den man niemals trifft. Prescott ist ziemlich weit weg von Acacia Park. Ich war noch nie in Acacia Park oder irgendwo in der Gegend. Liest jemand deine Post oder kann ich schreiben,
60 was ich will?   Bitte antworte! *Tracey*

Liebe Tracey!   26. Februar

Was soll das heißen, ob jemand meine Post liest? Das war wohl ein Witz. Ich würde jeden an die Wand nageln, der so was versuchen würde.   *Mandy*

Dieter Schliwka

Ich heiße Sebastian

Ich stehe vor dem Telefon. Zweimal hatte ich den Hörer schon in der Hand. Jedes Mal hab ich wieder aufgelegt. Wieder hebe ich ab. Ich habe Angst. Immer noch. Doch jetzt wähle ich.

„Metzen!"

Seine Stimme klingt streng und scharf. Viel strenger und viel schärfer noch als 5 in der Schule. In der ersten Panik will ich auf die Gabel drücken, doch ich sage heiser: „Hier ist Sebastian Figurski."

Sofort wird seine Stimme weich. „Nanu, Sebastian!"

Das macht mir Mut. Ich sage: „Es geht um das Mädchen …" Ich lausche. Er schweigt. Und ich sage: „Ich … ich möchte, dass sie auf unsere Schule geht. In 10 meine Klasse." Er schweigt. Und ich sage: „Sie kann kein Deutsch. Und sie spricht nicht. Nur, wenn ich dabei bin … Sie ist stumm." Ich lausche. „Sie hat Schlimmes durchgemacht", sage ich. „Man hat ihre Eltern umgebracht. In Bosnien. Ich weiß nicht wer. Vielleicht leben sie auch …" Ich rede lauter wirres Zeug.

Wieder lausche ich. Und er sagt: „Ich werde mich drum kümmern." 15

Er sagt es warm und sicher. So warm, so sicher, dass ich heule. Ich lege auf. Quatsch, ich heule gar nicht. Ich lache. Und ich stecke Papier und Bleistift ein, schnappe meinen Anorak. Dann renne ich, renne los, laufe aber noch mal zurück, nehme den Taschencomputer und stopfe wahllos Spiele in die Tasche. Ich kann nicht immer „Das-ist-das-Haus-von-Bethlehem" mit ihr spielen! 20

Jela ist schon da. Ringsum steht alles in Blüte.

Ich sage: „Bald kommst du zu mir in die Schule. Da lernst du Deutsch. Und sie werden deine Eltern suchen, Jela! Hat die Schwester versprochen."

Sie lächelt. Sie spürt, dass ich ihr was Gutes sage.

Und ich lege eine Hand auf meine Brust und sage: „Sebastian. Ich heiße Se- 25 bastian."

Und sie nickt und sagt: „Sebastian."

Sie spricht es so ulkig aus, dass ich lachen muss. Auch sie lacht. Und ich sage rasch: „Sebastian … Figurski." Dabei klopfe ich mir auf die Brust.

„Sebastian Figurski!" 30

Und sie sagt: „Jela Silanovic."

Für Sekunden bin ich baff. Dann gebe ich ihr den Bleistift und den Fetzen Papier. „Schreib es auf: Jela Silanovic! Schreib!"

Und sie schreibt.

Den Zettel stecke ich schnell ein. Denn ich denke: Der Familienname muss 35 ihr wehtun. Und so zeige ich ihr den Taschencomputer und schiebe rasch eine Mini-Kassette rein. „Guck mal!"

Wir beugen uns über den winzigen Bildschirm, die Köpfe zusammen. Die quäkende Computer-Musik findet sie lustig. Auch das kleine Männchen. Als ich es laufen und hochspringen lasse, kichert sie. Ich erkläre ihr die Knöpfe. „So läuft 40 er vorwärts. So zurück. Hier springt er … Siehst du? Tu's mal! Das ist babyleicht!"

Jela macht das ganz prima. Sie ist eifrig dabei.

„Da kommt was, Jela. Aufgepasst! Das sind Feinde. Wenn sie dich berühren,
ist's aus mit dir. Dann musst du von vorn anfangen. Du kannst drüber weg-
springen – so, siehst du! Ja, mach's mal! Super! Du kannst aber auch schießen
und Bomben werfen. Dann ist der andere kaputt. Und das bringt Punkte. Drück
da … Und da!"

Sie drückt – und wird ganz starr. Das Gerät fällt runter.

Und sie springt auf und guckt mich an. Ihr Gesicht ist weiß und starr. Ich will
zu ihr. Sie weicht zurück. Dann rennt sie davon. Ich ihr nach, hole sie ein. Und
sie wehrt sich nicht, als ich sie in ihre Wohnung zurückbringe.

Was jetzt? Ich bin ratlos, mache mir Vorwürfe.

Da kommt Leben in Jelas Züge. Und sie guckt zu mir rüber.

Ich gucke rasch zu Boden. Aber dann – egal! – gucke ich sie wieder an – ziemlich verlegen. Sie lächelt.

Manchmal glaube ich: Sie versteht alles, was ich denke. Nur ich, ich verstehe
sie nicht. Und ich frage mich jetzt: Wie willst du für Jela den Mund auftun? Wie
willst du ihr helfen, wenn du so saublöd und dumm bist, so bescheuert?

Tormod Haugen

Die Nachtvögel

In der Küche türmte sich das schmutzige Geschirr. Der Berg wuchs von Tag zu
Tag. Die untersten Teller standen seit vier Tagen da.

„Jetzt haben wir nichts mehr, wovon wir essen können", hatte Mama heute
Morgen gesagt.

„Na ja", hatte Papa geantwortet, „dann muss ich heute den Abwasch übernehmen!"

„Das hast du gestern schon gesagt", hatte Mama erwidert.

„Heute tu ich's bestimmt!", versprach Papa.

Im Schlafzimmer waren die Gardinen noch zugezogen. Es roch säuerlich nach
Nacht, und auf den Betten lagen unordentlich Decken und Kissen. Auch in Joachims Zimmer war alles dunkel.

Kein Papa da, er hatte nichts getan, den ganzen Tag!

Joachim wurde traurig. Er wünschte sich, Papa wäre daheim. Er hatte es doch
versprochen!

Heute früh, beim Frühstück, hatte Papa noch Späßchen gemacht und gelacht.
Es musste also im Laufe des Tages etwas Unangenehmes geschehen sein, sonst
hätte er doch etwas getan.

Wieder stand Joachim in der Diele. Papas Stiefel waren da, auch die guten
Schuhe. Die Holzschuhe fehlten. Er konnte nicht weit sein. Der Mantel und die
Lederjacke hingen da, die Windjacke nicht. Die trug Papa, wenn er vorhatte, be-
sonders weit zu gehen.

Holzschuhe und Windjacke! Kurz und lang! Das passte nicht zusammen!

Joachim runzelte die Stirn. Papa musste es heute scheußlich gehen.

Joachim seufzte. Es war schwierig, einen Papa zu haben, der Probleme hatte.

Joachims gute Laune war dahin. Er hatte so fest damit gerechnet, dass Papa

daheim war. Nun hatte er keinen Spaß mehr daran, allein in der Wohnung zu sein. Er wollte hinaus und Papa suchen. Er wusste bloß nicht, wo!

Holzschuhe und Windjacke! Total blöd!

Joachim zog seine Stiefel wieder an und warf die Tür hinter sich zu.

Vielleicht war Papa im Park. Vielleicht auch nicht. 30

Wenn er Holzschuhe und Windjacke trug, konnte man es nicht wissen. Vor allem dies mit der Windjacke! Es war ja noch nicht mal richtig Herbst!

Ein schwacher Wind wehte. Ab und zu fiel Joachim ein Tropfen ins Gesicht. Die Bäume foppten ihn.

Die Pfade verliefen kreuz und quer. Joachim wusste nicht, wie viele es waren. 35 Jedenfalls waren es zu viele. Er wusste nicht, wohin er gehen sollte. Papa konnte ja wer weiß wo sein! Dass er nicht mal einen Zettel hinterlassen konnte, wo er war!

„Vergiss nicht, mir einen Zettel zu schreiben, wo du bist, falls du mal nicht zu Hause sein solltest, wenn ich von der Arbeit komme!", sagte Mama immer zu 40 Joachim.

Das musste er tun, sonst hatten sie Angst um ihn. Aber Papa brauchte das nicht. Der war ja erwachsen! Dachte Papa denn, Joachim mache sich keine Sorgen um ihn?

Zu dumm, dass Papa so war! 45

Er war nicht so gewesen, als er noch ins Lehrerseminar ging. Aber am dritten Tag, nachdem er angefangen hatte zu unterrichten, war er heimgekommen und hatte gesagt: „Das schaff ich nicht!"

Damals saß er am Küchentisch und weinte fast.

„Zwischen mir und den Schülern war eine gläserne Wand", sagte er. „Und mir 50 wurde Angst. Das haben die Schüler gemerkt. Und da bin ich noch ängstlicher geworden. Es geht einfach nicht."

Papa wurde krankgeschrieben. Seine Nerven machten nicht mehr mit. Fritz, der Doktor, den Mama und Papa kannten, sagte, dass Papa eine Zeit lang daheim

55 bleiben und die Ruhe bewahren sollte. Vielleicht würde es ab Mitte Oktober wieder gehen.

„Ja", sagte Papa, „dann fang ich wieder an."

Aber Papas Nerven wurden nicht besser. Wenn es ihm schlecht ging, verschwand er einfach und blieb bis spät in der Nacht fort.

60 Joachim ballte die Fäuste und biss die Zähne zusammen. Am liebsten hätte er losgeheult, wenn er an die Nerven seines Papas dachte. Sie hatten ihn so verändert. Er war ganz anders als früher.

Da sah er Julie und Tora auf sich zukommen. Joachim steckte die Hände in die Taschen und fing an zu pfeifen. Bloß, es kam kein Ton heraus!

65 Als Mama heimkam, saß Joachim im Wohnzimmer.

„Hallo!", rief sie aus der Diele. „Ist jemand daheim?"

Sie wirkte immer fröhlich, wenn sie von der Arbeit kam, auch wenn sie sich noch so erschöpft und müde fühlte. Joachim ging zu ihr hinaus.

„Hei!", sagte Mama. „Wie schön, dass du da bist!"

70 Sie sagte das so lieb, dass er sie gleich umarmen musste.

Mit einem Seufzer hängte sie ihren Mantel auf. „Heute gab's so viel zu tun!", sagte sie. Sie sagte es fast jeden Tag. Aber an ihren Seufzern konnte man erkennen, ob es etwas zu viel oder viel zu viel gewesen war.

„Die Leute sind nie zufrieden! Sie wissen nicht, was sie kaufen wollen. ,Ist das
75 Weiße mit den Streifen schöner als das Gelbe mit den Blumen?', fragen sie, und dann gehen sie wieder, ohne was gekauft zu haben, weil sie sich nicht entscheiden können, welches Kleid sie möchten. Und ich muss dann alles wieder an seinen Platz zurückhängen. Einfach scheußlich ist das, sag ich dir!"

Sie gingen ins Wohnzimmer.

80 Als Mama den Staubsauger mitten im Raum stehen sah, schwand ihr das Lächeln aus dem Gesicht. Sie kreuzte die Arme, als sie den Berg Geschirr entdeckte, der seit dem Morgen nicht kleiner geworden war.

Sie seufzte, als sie ins Schlafzimmer schaute und merkte, wie muffig es roch und wie dunkel es war. „Wo ist er?", fragte sie Joachim, und ihre Stimme klang
85 traurig. Er zuckte mit den Schultern. Er hätte so gerne einen anderen Tonfall gehört. Er wäre gern vergnügt gewesen. Aber das war unmöglich, wenn Papa fort war und Mama so redete.

„War er daheim, als du aus der Schule kamst?"

Joachim schüttelte den Kopf. Seine Stimme versagte. […]

90 „Stell dir vor", begann er. Aber wieder versagte ihm die Stimme.

„Was soll ich mir vorstellen?", fragte Mama. Sie hatte den Staubsauger angestellt.

„Stell dir vor, er ist so weit weg, dass er nicht mehr zurückkommen kann!"

Mama schaltete den Staubsauger ab und kniete vor Joachim nieder. Nun war sie kleiner als er, ein kleines Mädchen, doch ihre Augen waren ganz ernst. Ma-
95 ma war schön. Besonders, wenn sie ernst oder traurig war.

Sie griff nach seinen Händen, die in ihren großen verschwanden. „Joachim", sagte sie. „Es tut mir Leid, dass es bei uns so ist."

Er verstand nicht ganz, was sie meinte.

Sie erhob sich wieder und stellte den Staubsauger wieder an.

100 „Ich räume das Schlafzimmer auf", sagte er.

„Fein!", sagte Mama und lächelte. Dieses Mal lächelte sie richtig.

Mit 13 blau, mit 17 süchtig
Besuch in einer Suchtklinik für Jugendliche

Ahlhorn – Genau so sollte es sich an- fühlen. Keine Sorgen, kein Stress. Al- les ganz weit weg. Nur manchmal, zwi- schen zwei tiefen Schlucken, mischte sich dieser Gedanke dazwischen: Komm ich noch klar? Dann klirrte die Bier- flasche ihrer besten Freundin wieder an ihre, und Jenny (Name geändert) nahm den nächsten Schluck. Der lästige Ge- danke war weg. Sie konnte in Ruhe wei- tersaufen.

Mit 13 hatte sich Jenny das erste Mal betrunken. Mit 15 war sie regelmäßig voll. Mit 17 Alkoholikerin. Das wuss- te sie damals natürlich noch nicht. Rum- probieren, Erfahrungen sammeln, fei- ern gehen – das gehörte zum Jungsein schließlich dazu. Mit 23 als Patientin in einer Entwöhnungsklinik zu sitzen – das irgendwie nicht.

Die Dietrich-Bonhoeffer-Klinik liegt in Ahlhorn, ländliche Provinz zwi- schen Oldenburg und Osnabrück. Ein flacher roter Klinkerbau mit langen Gängen, die zu Zweibettzimmern und Aufenthaltsräumen führen, an den Wän- den hängen selbst gemachte Fotocol- lagen. Neben dem Hauptgebäude gibt es eine Sporthalle, auf dem Hof stehen Tischtennisplatten. Wie in einer Jugend- herberge.

Und irgendwie trifft es das auch. Die Patienten sind höchstens Anfang zwanzig, die jüngsten gerade 15. Die Klinik gehört zu den wenigen Einrich- tungen, die sich speziell um Jugendli- che mit Suchtproblemen kümmern. Die 48 Betten sind immer voll belegt. Als Jenny sich schließlich zu einer The- rapie entschloss, musste sie drei Mona- te auf ihren Platz warten.

Vielleicht wird es demnächst noch länger dauern, hier unterzukommen, meint Jürgen Schlieckau, pädagogi- scher Leiter der Klinik. Denn seit letz- tem Jahr nimmt die Zahl derjenigen, die primär mit Alkoholproblemen kom- men, erstmals wieder zu.

Die Drogenbeauftragte der Bundes- regierung, Marion Caspers-Merk, nennt die Entwicklung „erschreckend". Die Jugendlichen lassen sich vor allem frü- her volllaufen und häufiger gleich bis zum Umfallen. Die Zahl der mit Alko- holvergiftung eingelieferten Jugend- lichen nahm innerhalb von drei Jahren um ein Viertel zu, und: War früher nur ein Fünftel davon Mädchen, sind Sie heute beim Trinken vollkommen gleich- berechtigt. […]

„Wenn du jung bist und dein ganzes Leben noch vor dir hast, dann denkst du nicht daran, dass du es dir gerade versauen könntest", meint Jenny. Ir- gendwann merkte sie, dass sie in ihrer Ausbildung als Hotelfachfrau nicht mehr zurechtkam. Sie schlief kaum, die Hände zitterten. Ohne trinken ging es nicht mehr. Ohne arbeiten schon. Kurz vor dem Abschluss schmiss sie alles hin.

Vier bis sechs Monate wird sie in der Bonhoeffer-Klinik bleiben. Jeden Mor- gen um sieben Uhr aufstehen, in der Gärtnerei oder Schreinerei arbeiten, Gesprächstherapie machen. Lernen, ihr Leben im Griff zu haben, ohne sich an einer Flasche festzuhalten.

„Dass das Gehirn viel stärker ange- griffen wird als bei Erwachsenen, wis- sen die meisten nicht", sagt Schlieckau. „Ebenso wenig, dass bei Jugendlichen schon ein paar Monate reichen, um nicht mehr von dem Zeug loszukommen."

Jenny sagt, sie sei jetzt trocken. Mit 23. Und sie sagt, sie wolle nach ihrer Therapie die Schule beenden, sie denkt sogar an ein Studium. Aber ihr ganzes Leben lang, mit Freunden, in der Dis- co, nie wieder Alkohol trinken zu dür- fen, das kann sie sich noch nicht vor- stellen. „Ich bin doch noch so jung."

Silke Wichert

Widerstehen

Renate Anders

Was ich fühle

Manchmal ist da so ein Gefühl, ein Gefühl, das mir so fremd und doch so bekannt ist. Dann muss ich ganz viel Luft holen und ich fühle mich plötzlich so stark, dass ich glaube, nichts wäre mir mehr zu schwer. Und ich möchte etwas ganz Besonderes tun, die ganze Welt befreien oder mich gegen die Ungerechtigkeit auflehnen. Aber dann, dann werde ich plötzlich ganz müde und traurig und ich möchte alles hinter mir lassen. Und ich merke, dass ich allein bin, dass ich niemanden befreien kann und auch nicht den Mut habe, mich gegen die Ungerechtigkeit aufzulehnen. Und ich weine, warte auf jemanden, der mich versteht, der tröstend seinen Arm um mich legt, und habe gleichzeitig Angst, jemand könnte erkennen, dass ich in Wirklichkeit gar nicht stark bin.

Kirsten Boie

Schließlich ist letztes Mal auch nichts passiert

Zum Beispiel könnte er das Fahrrad nehmen.

Man kann auch im Regen Rad fahren, zwölf Kilometer sind schließlich nicht die Welt. Oder wenn er das Geld für ein Taxi hätte.

„Manu?", ruft Hilde aus dem Wohnzimmer. „Musst du nicht los?"

Und außerdem ist es unwahrscheinlich, dass etwas passiert. Beim letzten Mal ist ja auch nichts passiert. Und all die tausend Male davor. Beim letzten Mal nur beinahe. Oder eigentlich nur: vielleicht beinahe.

„Manu?", ruft Hilde. „Gleich ist es vier!"

Auf der Hinfahrt hat er sowieso keine Angst. Solange es hell ist. Obwohl das natürlich überhaupt nichts damit zu tun hat, aber trotzdem. Auf der Hinfahrt hat er keine Angst.

Eher dann schon auf der Rückfahrt. Das weiß man doch, wie die Leute sind. Bis da einer aufsteht. Bis da einer was sagt. Bis da einer, das schon überhaupt nicht, dazwischengeht.

„Manu?", ruft Hilde. „Um zwölf nach geht die Bahn!"

Aber es muss ja auch keiner gleich zuschlagen. Natürlich, reden, das tun sie. Aber das haben sie schließlich schon immer getan.

„Manu?", sagt Hilde. Sie steht in der Zimmertür, die Lesebrille verrutscht. „Ich dachte, es ist so wichtig heute? Ich dachte, weil es das letzte Training ist ..."

„Wir hatten Mathe auf", sagt Manu. Er schlägt den Ordner zu und steckt ihn in den Rucksack. Langsam.

„Wenn du dich beeilst, kriegst du die U-Bahn noch", sagt Hilde.

Sie sieht ihn misstrauisch an. „Oder ist irgendwas los?"

Manu schiebt den Stuhl unter den Schreibtisch. „Nee, nee, alles okay", sagt er. Wenn Hilde sich nicht immer so einmischen würde. Fragen und kontrollieren und aufpassen, dass er nicht zu spät kommt.

„Ja, dann beeil dich aber auch mal!", sagt Hilde, und allmählich klingt ihre Stimme ungeduldig. „Manchmal versteh ich dich wirklich nicht!"

Musst du ja auch nicht, denkt Manu. Verlangt kein Mensch von dir. Könntest du auch gar nicht. Meine Güte, was weißt denn du!

„Ich nehm sowieso das Rad", sagt Manu und schnürt sich die Stiefel zu. „Nur keine Hektik."

Hilde zuckt die Achseln und geht zurück ins Wohnzimmer. „Viel Spaß jedenfalls", sagt sie und guckt noch einmal über die Schultern zurück. „Aber irgendwas ist los, ich bin doch nicht blöd."

Nee, bist du vielleicht nicht, denkt Manu. Blöd seid ihr ja alle nicht. Aber Ahnung habt ihr trotzdem keine.

Der Regen schlägt vor der Haustür auf die Steine. Wenn er läuft, kriegt er die U-Bahn noch leicht. Er müsste ja verrückt sein, jetzt mit dem Rad zu fahren. Bei diesem Wetter ausgerechnet.

Manu zieht den Kopf zwischen die Schultern und läuft. Er ist gut im Training, die Strecke schafft er in drei Minuten. Höchstens.

Und schließlich, denkt Manu, was ist schon gewesen. Ihre Bierdosen haben sie aufgerissen, ihre Mäuler auch. Noch nicht mal Glatzen haben sie gehabt, noch nicht mal Springerstiefel, irgendwie völlig normal. Müsste einem fast peinlich sein, dass man sich da gleich so aufregt. Schließlich haben sie früher auch schon geredet. Solange er denken kann schon. Aber früher haben sie eben noch keine Menschen angezündet, das macht einen Unterschied. Jetzt kann man ihnen glauben, was sie sagen.

„Ey, guck mal, die Dachpappe", hat einer gesagt. Offene Jacke, Pickel rechts am Kinn. Da saßen sie schon lange mit ihm im Abteil, zu dritt, hatten längst ihre Bierdosen geöffnet. Hatten gerülpst und die Beine von sich gespreizt, hatten sich über die missbilligenden Blicke der Alten gefreut und über die Jungen, die taten, als sähen sie nichts. Angestrengt.

Und plötzlich war Rülpsen nicht mehr genug.

„Ey, guck mal, die Dachpappe! Darf der seinen schwarzen Arsch auf deutsche Bänke setzen?"

„Genau!", sagte ein anderer: klein, ein bißchen dick, ein deutscher Mann. Sah in die Richtung, in der Manu saß und tat, als läse er Stephen King. „Und später setzen sich da wieder deutsche Frauen hin, was? Wo der mit seinem Kaffernarsch ..."

Zwei Männer mit Aktenkoffern und den Gesichtern von Taubblinden drängten sich an den dreien vorbei und stiegen aus der Bahn. Noch zwei Haltestellen bis zu Hause.

„He, Dachpappe! Arsch hoch, aber bisschen ruckizucki!"

Manu sah erstaunt, wie weiß seine Fingerknöchel waren, so fest hielt er jetzt das Buch. Bisher war noch alles ganz harmlos. Bei Stephen King kam das Grauen immer erst langsam.

„Du nix deutsch, oder was? Du nur Uga-Uga, bum-bu?"

Wenn sie lachten, war es erst mal gut. Wenn sie sich auf die Schenkel schlugen, war es gut. So lange waren sie zufrieden. So lange mussten sie nicht zu ihm kommen und tun, was sie nun tun wollten und wovon sie vielleicht noch nicht einmal wussten, was es sein würde. Das würde sich dann schon ergeben.

„Nächste Haltestelle. ..", sagte der Lautsprecher.

Wenn er hier ausstieg, war er in Sicherheit. Er konnte die nächste Bahn abwar-
ten und das letzte Stück zwanzig Minuten später fahren.

Aber wenn er hier ausstieg, war er auf dem dunklen Bahnsteig allein. Wenn
er hier ausstieg, war er vielleicht mit den dreien auf dem dunklen Bahnsteig allein. Eine alte Frau ging langsam zur Tür. Stieg über die weit in den Gang ge-
streckten Beine, sah niemanden an, hielt krampfhaft ihre Tasche. In der offenen
Tür drehte sie sich noch einmal um.

„Schämen solltet ihr euch, schämen!", rief sie. Ihre Stimme war klein und
dünn, und die drei schlugen sich auf die Schenkel.

„Tun wir ja, Oma, tun wir ja!", schrie der mit der offenen Jacke.

Um sie herum starrten die Leute aus dem Fenster. Manche hatten das Glück,
in ihre Zeitung sehen zu können.

„Ich hab gehört, Dachpappe brennt gut", sagte der mit der Jacke und rülpste
wieder. „Was? Brennt tierisch gut, der Scheiß!"

Manu stand langsam auf. Der Lautsprecher sagte die Station an, gleich war er
angekommen.

„Guck mal, kann doch deutsch, der Kaffer", sagte der Kleine. „Und jetzt putz die
Bank mal schön sauber, Zuluhäuptling! Bevor sich da der nächste Weiße hinsetzt!"

Drei Meter nur bis zur Tür, er war gut im Training.

„Hast du nicht gehört, Kanake?", brüllte der Kleine. „Abputzen sollst du!"

Da war der Bahnsteig, und die Tür war offen, und Manu rannte, rannte am
Kiosk vorbei und die Treppe nach oben, horchte nicht, ob Schritte hinter ihm
waren. Erst zu Hause merkte er, dass er das Buch in der Bahn gelassen hatte. Es
war aus der Bücherei gewesen, bestimmt musste er es bezahlen.

Idioten, denkt Manu. Die Bahn fährt noch nicht einmal ein, als er auf den Bahnsteig kommt. Er hat doch gewusst, dass er es schaffen kann. – Bestimmt hatten die
nur geredet. Die hätten mir nie was getan. Aber ich bin ja immer gleich in Panik.

Er geht ein paar Schritte zu einer Frau, die einen kleinen Jungen an der Hand
hält. Und wenn sie was versucht hätten, wäre auch bestimmt jemand gekommen,
bestimmt. Man darf nicht danach gehen, wie die Leute sich verhalten, solange
nichts passiert. Es ist doch schließlich nichts passiert. Vielleicht haben sie alle nur
gewartet. Vielleicht haben sie dagesessen mit ihren starren Gesichtern, die Fäuste in den Taschen. Vielleicht wären sie aufgesprungen, alle zusammen. Es ist nicht
nötig, Angst zu haben.

Die Bahn fährt ein, die Türen öffnen sich. Wenn er ganz nahe bei der Frau
bleibt, was soll schon passieren. Schließlich ist letztes Mal auch nichts passiert.

Thomas Brussig
Die Verdonnerten

Sie trafen sich immer auf einem verwaisten Spielplatz – die Kinder die auf diesem Spielplatz spielen sollten, waren sie selbst gewesen, aber nach ihnen kamen keine Kinder mehr. Weil kein Fünfzehnjähriger der Welt sagen kann, dass er auf den Spielplatz geht, nannten sie es „am Platz rumhängen", was viel *subversiver**
5 klang. Dann hörten sie Musik, am liebsten das, was verboten war. Meistens war es Micha, der neue Songs mitbrachte – kaum hatte er sie im *SFBeat** aufgenommen, spielte er sie am Platz. Allerdings waren sie da noch zu neu, um schon verboten zu sein. Ein Song wurde ungeheuer aufgewertet, wenn es hieß, dass er verboten war. *Hiroshima* war verboten, ebenso wie *Je t'aime* oder die Rolling
10 Stones, die von vorne bis hinten verboten waren. Am verbotensten von allem war *Moscow, Moscow* von der Band „Wonderland". Keiner wusste, wer die Songs verbietet, und erst recht nicht, aus welchem Grund.

Moscow, Moscow wurde immer in einer Art autistischer Blues-Ekstase* gehört – also in wiegenden Bewegungen und mit zusammengekniffenen Augen die
15 Zähne in die Unterlippe gekrallt. Es ging darum, das ultimative Bluesfeeling zu ergründen und auch nicht zu verbergen, wie weit man es darin schon gebracht hat. Außer der Musik und den eigenen Bewegungen gab es nichts, und so bemerkten die vom Platz es erst viel zu spät, dass der *ABV** pötzlich neben ihnen stand, und zwar in dem Moment, als Michas Freund Mario inbrünstig ausrief
20 „O, Mann, ist das verboten! Total verboten!" und der ABV den Rekorder ausschaltete, um triumphierend zu fragen: „Was ist verboten?"

Mario tat ganz unschuldig. „Verboten? Wieso verboten? Hat hier jemand verboten gesagt?" Er merkte schnell, dass er damit nicht durchkommen würde.

„Ach, *verboten* meinten Sie", sagte Micha erleichtert. „Das ist doch Jugend-
25 sprache."

„Der Ausdruck *verboten* findet in der Jugendsprache Anwendung, wenn die noch nicht volljährigen Sprecher ihrer Begeisterung Ausdruck verleihen wollen", sagte Brille, der schon so viel gelesen hatte, dass er sich nicht nur die Augen verdorben hatte, sondern auch mühelos arrogant lange Sätze sprechen konn-
30 te. „*Verboten* ist demnach ein Wort, das Zustimmung ausdrückt."

„So wie *dufte* oder *prima*", meinte Wuschel, der so genannt wurde, weil er aussah wie Jimi Hendrix.

„Sehr beliebt in der Jugendsprache sind auch die Ausdrücke *urst* oder *fetzig*", sagte Brille.
35 „Die aber auch nur dasselbe meinen wie *stark*, *geil*, *irre* oder eben – *verboten*", erklärte der Dicke. Alle nickten eifrig und warteten ab, was der ABV dazu sagen würde.

„Jungs, ihr wollt mich wohl für dumm verkaufen", sagte der. „Ich glaube eher, dass ihr euch darüber unterhalten habt, dass es total verboten ist, einen Reisepass,
40 den eine Bürgerin der *BRD** verloren hat, nicht abzugeben, wenn man ihn findet."

„Nein", sagte Micha. „Das heißt ja, – also wir wissen natürlich, dass es total verboten ist, einen Reisepass, den man findet, nicht abzugeben. Aber darüber haben wir uns nicht unterhalten, Herr Wachtmeister."

„*Obermeister*", belehrte der ABV streng. „Ich bin kein Wachtmeister, sondern Obermeister. Das ist ein Unterführerdienstgrad. Erst ist man Oberwacht-
meister, dann Hauptwachtmeister, Meister und Obermeister. Aber nächste Woche werde ich Unterleutnant. Das ist ein Offiziersdienstgrad."

„Das ist ja interessant, herzlichen Glückwunsch!", sagte Micha, der erleichtert war, dass der ABV vergessen hatte, weshalb er eigentlich auf dem Platz war.
Anstatt dem *Verbotenen* nachzugehen, deklamierte er Dienstgrade herunter.

„Ihr habt natürlich jeden Reisepass, den ihr findet, bei mir abzugeben. Aber
der Pass, der verloren wurde, gehört einer Helene Rumpel. – Wie heißt die BRD-
Bürgerin?"

„Helene Rumpel", antwortete Mario. Mario hatte die längsten Haare und galt
deshalb als der Aufsässigste. Wenn Mario dem ABV brave Antworten gab, dann
konnte der ABV das Gefühl haben, dass er sich auf dem Platz durchgesetzt hatte.

„Genau, Rumpel, Helene", wiederholte der ABV, und die Jungs nickten.
Dann wollte der ABV gehen, aber nach drei Schritten fiel ihm noch was ein und
er kam zurück.

„Und was war das vorhin für ein Lied?", fragte er lauernd, suchte die Start-
Taste des Rekorders und *Moscow, Moscow* begann von neuem. Micha rutschte
das Herz in die Hose. Der verbotenste der verbotenen Songs! Der ABV hörte
zu und nickte schließlich mit Kennermiene.

„Wessen Tonträger?", fragte der ABV. „Na? Wem seine Kassette ist das?"
„Eigentlich ist das meine", sagte Micha.

„Aha! Die nehm ich mal mit. Ich leg nämlich selbst auch ganz gerne auf, im
Kreise der Kollegen." Micha schloß vor Entsetzen die Augen, als er sich das vor-
stellte. Er hörte nur noch, wie der ABV im Gehen munter rief: „Na, Jungs, so
ein Hobby hättet ihr mir bestimmt nicht zugetraut, oder?"

Nach einer Woche war der ABV nicht vom Obermeister zum Unterleutnant
befördert, sondern zum Meister degradiert worden. Und er begann Micha zu
schikanieren, indem er sich von ihm immer den Personalausweis zeigen ließ.
Wann immer Micha ihm über den Weg lief, hieß es: „Guten Tag, Meister Hor-
kefeld, Fahndungskontrolle. Ihren Personalausweis bitte."

Wolfdietrich Schnurre
Und Richard lebt auch nicht mehr

Wir haben selten so viel Taschengeld verdient wie in der Woche vor den Wahlen. Die waren froh, wenn ihnen jemand die Flugblätter verteilte. Wir lungerten dann immer vor der großen Druckerei in der Karl-Liebknecht-Straße herum; da druckten sie alle*: die Roten und die Sozis, die vom Düsterberg und die Nazis.
5 Manchmal fingen die Prügeleien bereits auf dem Hof an; eine Menge Flugblätter sind auf die Art schon versaut worden. Uns war es egal, für wen wir sie austrugen; der Preis: ein Groschen pro hundert, war bei allen der gleiche.

Mit der Zeit wurden wir dann allerdings auch gewitzter. Hatten wir zum Beispiel einen Stoß von den Sozis gekriegt, holten wir uns jetzt auch noch einen von
10 den Roten oder den Nazis dazu und steckten den Leuten so jedes Mal gleich zwei Blätter in den Kasten. Heini sagte, das wäre reeller, dann hätte man doch eine Vergleichsmöglichkeit. Am besten wäre ja, sagte Heini, man steckte den Leuten von allen Sorten eins in den Briefschlitz. Aber das ging nicht, mehr als hundert unter jedem Arm waren nicht zu schaffen auf einen Schwung.
15 Heinis Gegenspieler war Richard. Richard hatte abstehende Ohren und einen sehr dicken Kopf; doch das täuschte. Richard sagte, das ginge nicht; man könnte nicht für alle arbeiten, so was wäre stuppig. Richard arbeitete nur für die Roten. Natürlich hatte er dann hinterher oft nicht mal halb so viel kassiert wie wir. Aber das machte ihm nichts aus. „Ich kann wenigstens ruhig schlafen", sagte er.
20 Aber wir schliefen auch ruhig und Heini sagte, Richard redete bloß so, weil er zu unbegabt wäre, um unter jedem Arm hundert zu tragen.

Richards Vater war auch ein Roter. Sie wohnten Wörth-, Ecke Straßburgstraße, gegenüber dem Haus, wo oben die Büste vom Kaiser drauf war mit dem Loch in der Brust, aus dem die Strohhalme von dem Spatzennest raushingen. Die Woh-
25 nung ging halb auf die Wörth- und halb auf die Straßburgstraße raus, und am Montag der Wahlwoche ließ Richards Vater aus jedem der beiden Fenster eine Schnur auf die Straße runter, und unten stand Richard und knotete die Schnurenden zusammen und band eine Kartoffel dran fest. Dann zog sein Vater von der Wohnküche aus erst die Wörthstraßenschnur und dann vom Schlafzimmer
30 aus die Straßburgstraßenschnur rauf, und unten, einen großen Kreis von Kindern um sich herum, stand Richard und winkte und schrie so lange zu seinem Vater hinauf, bis die Kartoffel im zweiten Stock in der Mitte unter den beiden Fenstern hing. Jetzt machte Richards Vater in jedes Schnurende oben einen Knoten, zog die Kartoffel herauf und band das Bild von Teddy Thälmann* fest an
35 der Schnur. Das ließ er dann wieder runter; und es hing jedes Mal genau in der Mitte.

Vater hat meistens vergessen, dass Wahlsonntag war. Weil er unter Ebert* manchmal Arbeit gehabt hatte, wollte er immer die Sozis wählen. „Die sind noch am anständigsten", sagte er.
40 Aber sonntags war er oft müde und hat sich hingelegt und ist abends erst aufgewacht und dann war er zu kaputt, um sich noch anzuziehen. Richards Vater sagte, ich sollte ihn früher wecken; ihm wäre es egal, Vater könnte ruhig die Sozis wählen, aber wenn er gar nicht wählte, dann kriegten die Nazis die Stimme.

Vater sagte, das wäre Unsinn. „Die Nazis sind Sauigel", sagte er, „die wählt sowieso keiner. Im Übrigen sollen die ihre blöden Wahlen doch werktags ma- 45 chen und einem nicht auch noch den einzigen Tag vermasseln, an dem man richtig ausspannen kann."

Richard sagte, er hätte nichts gegen Vater, aber wenn alle so dächten, das wäre schlimm.

„Wieso", sagte ich, „er ist doch prima." 50

„Prima", sagte Richard, „nützt gar nischt, auf'm Kien* muss er sein."

Richard war genauso alt wie ich, doch er wusste in so was besser Bescheid. Aber bald wusste ich auch Bescheid; und abends gingen wir jetzt immer auf Tour und kratzten die Naziplakate ab von den Zäunen. Wir haben oft die Hucke voll gekriegt damals, allerdings sehr häufig auch von der Polente. 55

Vater sagte, die Polizei wäre gut. „Das sind noch die Einzigen", sagte er, „die ein bisschen für Ordnung sorgen." Aber Richards Vater sagte, die Polizisten wären gekauft. „Worauf", sagte er, „sollen die bei uns denn schon aufpassen? Beklaut werden können doch bloß die, die was haben."

Trotzdem haben sie immer sehr Acht gegeben auf uns, und als damals der 60 große Straßenbahnerstreik war und wir die Berliner Allee runter hinter unseren Steinhaufen standen und auf die Streikbrecher warteten, da mussten wir die beste Munition oft schon lange vorher vergeuden; alles nur wegen der blöden Polente. Und wenn die Bahnen dann endlich kamen, dann konnten die Schubiacks* mit ihnen oft die ganze Berliner Allee runterjagen, ohne dass auch nur eine ein- 65 zige Scheibe kaputtging.

Vater sagte, ich sollte mich raushalten aus so was. Aber Richards Vater hatte ein Sprichwort und das hieß: „Brot wird auf der Straße gebacken."

Ich sagte es Vater; aber Vater fand, das wäre ein albernes Sprichwort.

Mit der Zeit kriegten wir immer häufiger die Hucke voll. Wir hatten jetzt 70 Schlagringe, mit denen konnte man auch allerhand machen. Richard war besser dran als ich; ich hatte immer Angst was abzukriegen. Richard hatte nie Angst, allerdings war er auch breiter als ich.

Unsere Schule in Weißensee war damals ganz neu; die Kommunisten und die Sozis hatten sie zusammen gebaut und unsere Eltern hatten alle was dazugege- 75 ben. Wir hatten Lebenskunde statt Religion und ein Schülerparlament, das Lehrer absetzen konnte. Jede Klasse hatte ihren Abgeordneten. Unserer ist Richard gewesen. Viele wollten, dass Heini Abgeordneter würde. Aber Heini war zu klug, er redete zu viel. Richard redete längst nicht so viel. Das kam daher, weil sein Vater auch nicht viel redete. Aber er hatte eine gute Nase, er wusste genau, 80 wenn ein Lehrer nicht koscher* war; und dass unser Turnlehrer in der SA* war, das roch er schon, als alle noch geschworen hätten, Herr Franke wäre ein Sozi.

Richard holte mich früh immer ab; und eines Morgens standen alle Kinder aufgeregt vor der Schule und niemand ging rein; und als wir rankamen, da war auf dem Dach eine Nazifahne gehisst. 85

Die Lehrer sagten, wir sollten nach Hause gehen, und sie gingen auch selber nach Hause. Aber wir gingen nicht, wir standen alle vorm Tor und Richard ballte die Fäuste, und auf einmal fing er an ganz laut und hoch die Internationale* zu singen; und wir sangen auch alle mit. Es klang wunderbar, wir waren über vierhundert Kinder, viele hatten Tränen in den Augen, weil es so schön klang, 90

und die Leute, die dazukamen und mitsangen, hatten auch Tränen in den Augen; aber vor Wut.

    Dann kam unser Rektor. Er stellte sein Fahrrad an die Mauer und fragte, wer mit raufkäme, die Fahne vom Dach runterholen. Wir wollten alle mit rauf; aber
95 er nahm nur die Klassenvertreter. Wir anderen blieben draußen vorm Tor und sahen zu, wie sie reingingen, und durch das große Fenster im Flur konnte man sehen, wie sie die Treppe raufstiegen.

    Auf einmal sah man eine Menge Schaftstiefel die Treppe runtergerannt kommen und ein paar von Unseren fielen die Stufen runter. Aber dann fielen auch
100 ein paar von den SA-Leuten die Stufen runter und auf einmal ging die Dachluke auf und Richard kam raus; man konnte seinen dicken Kopf mit den abstehenden Ohren deutlich erkennen.

    Wir fingen jetzt wieder an die Internationale zu singen, und während wir sangen, balancierte Richard zum Fahnenmast hin.

105   Gerade als er ihn erreicht hatte und die Schnur aufknoten wollte, tauchte der Kopf eines SA-Mannes in der Dachluke auf.

    Wir hörten gleich auf zu singen und schrien so laut, wie wir konnten.

    Aber Richard dachte, wir wollten ihn anfeuern; er winkte uns zu und dann priemte er weiter an dem Fahnenmast rum.

110   Da war der SA-Mann aus der Luke heraus. Wir erkannten ihn alle, es war Herr Franke, der Turnlehrer. Er balancierte jetzt auch zu dem Fahnenmast hin.

    Aber nun hatte Richard die Schnur endlich los und der Lappen kam runter. Richard riss ihn ab und drehte sich um; da sah er Herrn Franke.

    Herr Franke ging langsam und mit hochgezogenen Schultern auf Richard zu.

115   Richard konnte nicht an Herrn Franke vorbei, aber er hatte keine Angst, man

sah es. Er hielt mit beiden Händen den Lappen fest und plötzlich duckte er sich und rammte Herrn Franke den Kopf in den Bauch. Sie fielen beide hin und hielten sich an der Planke fest, die zum Fahnenmast führte. Herr Franke kam zuerst wieder hoch. Richard hielt noch immer den Lappen fest, mit der anderen Hand versuchte er jetzt Herrn Franke an die Beine zu kommen. [120]

Da trat Herr Franke ihm auf die Hand, Richard schrie auf, er rutschte ab, er verwickelte sich in der Fahne, jetzt blähte auch noch ein Wind diesen Fetzen auf, Richard griff um sich, er überschlug sich, jetzt noch mal, jetzt kullerte er die Dachschräge runter, jetzt kam die Kante und dann schoss Richard, in die Fahne gewickelt, wie eine knatternde rote Fackel runter und in den Hof. [125]

Wir schrien wie die Wahnsinnigen; wir rannten hin und wickelten ihn aus; wir bespuckten die Fahne und heulten und traten auf ihr herum: Aber Richard war tot. Da wollten wir reinrennen und Herrn Franke und die anderen SA-Männer auch totmachen. Aber gerade da fuhren draußen die Polizeiautos vor; die Schupos sprangen ab, sie hatten die Sturmriemen runter und kamen alle zu uns in den [130] Hof reingerannt.

Zum Glück lagen von der Baustelle her noch Steine herum. Die schnappten wir uns; wir warfen eine Bresche in die Schutzleute rein und rannten weg.

Viele haben sie dann aber doch noch gekriegt. Den Rektor und unsere Oberleute haben die SA-Männer gleich mitgenommen. Wir anderen blieben noch eine Weile weg von der Schule; aber dann kam eine Karte, auf der stand, Schulstreik wäre ungesetzlich, und da mussten wir doch gehen. [135]

Richards Vater haben sie dann auch abgeholt.

„Ich wusste, dass es kein gutes Ende mit ihm nehmen würde", sagte Vater; „so radikal darf man nicht sein." [140]

Ich schwieg.

Heinrich Böll

Die Waage der Baleks

In der Heimat meines Großvaters lebten die meisten Menschen von der Arbeit in den Flachsbrechen. Seit fünf Generationen atmeten sie den Staub ein, der den zerbrochenen Stängeln entsteigt, ließen sich langsam dahinmorden, geduldige und fröhliche Geschlechter, die Ziegenkäse aßen, Kartoffeln, manchmal ein Kaninchen schlachteten. Abends spannen und strickten sie in ihren Stuben, sangen, [5] tranken Pfefferminztee und waren glücklich. Tagsüber brachen sie den Flachs in altertümlichen Maschinen, schutzlos dem Staub preisgegeben und der Hitze, die den Trockenöfen entströmte. In ihren Stuben stand ein einziges, schrankartiges Bett, das den Eltern vorbehalten war, und die Kinder schliefen ringsum auf Bänken. Morgens waren ihre Stuben vom Geruch der Brennsuppen erfüllt; an den [10] Sonntagen gab es Sterz* und die Gesichter der Kinder röteten sich vor Freude, wenn an besonders festlichen Tagen sich der schwarze Eichelkaffee hell färbte von der Milch, die die Mutter lächelnd in ihre Kaffeetöpfe goss.

Die Eltern gingen früh zur Arbeit, den Kindern war der Haushalt überlassen: Sie fegten die Stube, räumten auf, wuschen das Geschirr und schälten Kartof- [15]

feln, kostbare gelbliche Früchte, deren dünne Schale sie vorweisen mussten, um den Verdacht möglicher Verschwendung oder Leichtfertigkeit zu zerstreuen.

Kamen die Kinder aus der Schule, mussten sie in die Wälder gehen und – je nach der Jahreszeit – Pilze sammeln und Kräuter: Waldmeister und Thymian, Kümmel und Pfefferminz, auch Fingerhut, und im Sommer, wenn sie das Heu von ihren mageren Wiesen geerntet hatten, sammelten sie die Heublumen. Einen Pfennig gab es fürs Kilo Heublumen, die in der Stadt in den Apotheken für zwanzig Pfennig das Kilo an nervöse Damen verkauft wurden. Kostbar waren die Pilze: Sie brachten zwanzig Pfennig das Kilo und wurden in der Stadt in den Geschäften für eine Mark zwanzig gehandelt. Weit in die grüne Dunkelheit der Wälder krochen die Kinder im Herbst, wenn die Feuchtigkeit die Pilze aus dem Boden treibt, und fast jede Familie hatte ihre Plätze, an denen sie Pilze pflückte, Plätze, die von Geschlecht zu Geschlecht weitergeflüstert wurden.

Die Wälder gehörten den Baleks, auch die Flachsbrechen, und die Baleks hatten im Heimatdorf meines Großvaters ein Schloss, und die Frau des Familienvorstandes jeweils hatte neben der Milchküche ein kleines Stübchen, in dem Pilze, Kräuter, Heublumen gewogen und bezahlt wurden. Dort stand auf dem Tisch die große Waage der Baleks, ein altertümliches, verschnörkeltes, mit Goldbronze bemaltes Ding, vor dem die Großeltern meines Großvaters schon gestanden hatten, die Körbchen mit Pilzen, die Papiersäcke mit Heublumen in ihren schmutzigen Kinderhänden, gespannt zusehend, wie viel Gewichte Frau Balek auf die Waage werfen musste, bis der pendelnde Zeiger genau auf dem schwarzen Strich stand, dieser dünnen Linie der Gerechtigkeit, die jedes Jahr neu gezogen werden musste. Dann nahm Frau Balek das große Buch mit dem braunen Lederrücken, trug das Gewicht ein und zahlte das Geld aus, Pfennige oder Groschen und sehr, sehr selten einmal eine Mark. Und als mein Großvater ein Kind war, stand dort ein großes Glas mit sauren Bonbons, von denen, die das Kilo eine Mark kosteten, und wenn die Frau Balek, die damals über das Stübchen herrschte, gut gelaunt war, griff sie in dieses Glas und gab jedem der Kinder einen Bonbon, und die Gesichter der Kinder röteten sich vor Freude, so wie sie sich röteten, wenn die Mutter an besonders festlichen Tagen Milch in ihre Kaffeetöpfe goss, Milch, die den Kaffee hell färbte, bis er so blond war wie die Zöpfe der Mädchen.

Eines der Gesetze, die die Baleks dem Dorf gegeben hatten, hieß: Keiner darf eine Waage im Hause haben. Das Gesetz war schon so alt, dass keiner mehr darüber nachdachte, wann und warum es entstanden war, und es musste geachtet werden, denn wer es brach, wurde aus den Flachsbrechen entlassen, dem wurden keine Pilze, kein Thymian, keine Heublumen mehr abgenommen, und die Macht der Baleks reichte so weit, dass auch in den Nachbardörfern niemand ihm Arbeit gab, niemand ihm die Kräuter des Waldes abkaufte. Aber seitdem die Großeltern meines Großvaters als Kinder Pilze gesammelt und sie abgeliefert hatten, damit sie in den Küchen der reichen Prager Leute den Braten würzten oder in Pasteten verbacken werden konnten, seitdem hatte niemand daran gedacht, dieses Gesetz zu brechen: Fürs Mehl gab es Hohlmaße, die Eier konnte man zählen, das Gesponnene wurde nach Ellen gemessen, und im Übrigen machte die altertümliche, mit Goldbronze verzierte Waage der Baleks nicht den Eindruck, als könne sie nicht stimmen, und fünf Geschlechter hatten dem auspen-

delnden schwarzen Zeiger anvertraut, was sie mit kindlichem Eifer im Walde gesammelt hatten.

Zwar gab es zwischen diesen stillen Menschen auch welche, die das Gesetz 65
missachteten, Wilderer, die begehrten in einer Nacht mehr zu verdienen, als sie
in einem ganzen Monat in der Flachsfabrik verdienen konnten; aber auch von
diesen schien noch jemals niemand den Gedanken gehabt zu haben, sich eine
Waage zu kaufen oder eine zu basteln. Mein Großvater war der Erste, der kühn
genug war die Gerechtigkeit der Baleks zu prüfen, die im Schloss wohnten, zwei 70
Kutschen fuhren, die immer einem Jungen des Dorfes das Studium der Theolo-
gie im Prager Seminar bezahlten, bei denen der Pfarrer jeden Mittwoch zum Ta-
rock* war, denen der Bezirkshauptmann, das kaiserliche Wappen auf der Kut-
sche, zu Neujahr seinen Besuch abstattete und denen der Kaiser zu Neujahr des
Jahres 1900 den Adel verlieh. 75

Mein Großvater war fleißig und klug: Er kroch weiter in die Wälder hinein,
als vor ihm die Kinder seiner Sippe gekrochen waren, er drang bis in das Dickicht
vor, in dem der Sage nach Bilgan, der Riese, hausen sollte, der dort den Hort der
Balderer bewacht. Aber mein Großvater hatte keine Furcht vor Bilgan : Er drang
weit in das Dickicht vor, schon als Knabe, brachte große Beute an Pilzen mit, 80
fand sogar Trüffeln, die Frau Balek mit dreißig Pfennig das Pfund berechnete.
Mein Großvater trug alles, was er den Baleks brachte, auf die Rückseite eines
Kalenderblattes ein: jedes Pfund Pilze, jedes Gramm Thymian, und mit seiner
Kinderschrift schrieb er rechts daneben, was er dafür bekommen hatte; jeden
Pfennig kritzelte er hin, von seinem siebten bis zu seinem zwölften Jahr, und als 85
er zwölf war, kam das Jahr 1900 und die Baleks schenkten jeder Familie im Dorf,
weil der Kaiser sie geadelt hatte, ein Viertelpfund echten Kaffee, von dem, der
aus Brasilien kommt; es gab auch Freibier und Tabak für die Männer und im
Schloss fand ein großes Fest statt; viele Kutschen standen in der Pappelallee, die
vom Tor zum Schloss führt. Aber am Tage vor dem Fest schon wurde der Kaf- 90
fee ausgegeben in der kleinen Stube, in der seit fast hundert Jahren die Waage der
Baleks stand, die jetzt Balek von Bilgan hießen, weil der Sage nach Bilgan, der
Riese, dort ein großes Schloss gehabt haben soll, wo die Gebäude der Baleks stehen.

Mein Großvater hat mir oft erzählt, wie er nach der Schule dort hinging, um 95
den Kaffee für vier Familien abzuholen: für die Cechs, die Weidlers, die Vohlas
und für seine eigene, die Brüchers.

Es war der Nachmittag vor Silvester: Die Stuben mussten geschmückt, es musste gebacken werden und man wollte nicht vier Jungen entbehren, jeden einzeln
den Weg ins Schloss machen zu lassen, um ein Viertelpfund Kaffee zu holen. 100

Und so saß mein Großvater auf der kleinen, schmalen Holzbank im Stübchen, ließ sich von Gertrud, der Magd, die fertigen Achtelkilopakete Kaffee vor-
zählen, vier Stück, und blickte auf die Waage, auf deren linker Schale der
Halbkilostein liegen geblieben war; Frau Balek von Bilgan war mit den Vorbereitungen fürs Fest beschäftigt. Und als Gertrud nun in das Glas mit den sauren 105
Bonbons greifen wollte, um meinem Großvater eines zu geben, stellte sie fest,
dass es leer war: Es wurde jährlich einmal neu gefüllt, fasste ein Kilo von denen
zu einer Mark. Gertrud lachte, sagte: „Warte, ich hole die neuen", und mein
Großvater blieb mit den vier Achtelkilopaketen, die in der Fabrik verpackt und

110 verklebt waren, vor der Waage stehen, auf der jemand den Halbkilostein liegen
gelassen hatte, und mein Großvater nahm die vier Kaffeepaketchen, legte sie auf
die leere Waagschale und sein Herz klopfte heftig, als er sah, wie der schwarze
Zeiger der Gerechtigkeit links neben dem Strich hängen blieb, die Schale mit dem
Halbkilostein unten blieb und das halbe Kilo Kaffee ziemlich hoch in der Luft
115 schwebte; sein Herz klopfte heftiger, als wenn er im Walde hinter einem Strauch
gelegen, auf Bilgan, den Riesen, gewartet hätte, und er suchte aus seiner Tasche
Kieselsteine, wie er sie immer bei sich trug, um mit der Schleuder nach den Spat-
zen zu schießen, die an den Kohlpflanzen seiner Mutter herumpickten. Drei,
vier, fünf Kieselsteine musste er neben die vier Kaffeepakete legen, bis die Scha-
120 le mit dem Halbkilostein sich hob und der Zeiger endlich scharf über dem
schwarzen Strich lag. Mein Großvater nahm den Kaffee von der Waage, wickel-
te die fünf Kieselsteine in sein Sacktuch und als Gertrud mit der großen Kilotü-
te voll saurer Bonbons kam, die wieder für ein Jahr reichen mussten, um die Rö-
te der Freude in die Gesichter der Kinder zu treiben, als Gertrud die Bonbons
125 rasselnd ins Glas schüttete, stand der kleine blasse Bursche da und nichts schien
sich verändert zu haben. Mein Großvater nahm nur drei von den Paketen und
Gertrud blickte erstaunt und erschreckt auf den blassen Jungen, der den sauren
Bonbon auf die Erde warf, ihn zertrat und sagte: „Ich will Frau Balek sprechen.“
„Balek von Bilgan, bitte“, sagte Gertrud.
130 „Gut, Frau Balek von Bilgan.“ Aber Gertrud lachte ihn aus und er ging im
Dunkeln ins Dorf zurück, brachte den Cechs, den Weidlers, den Vohlas ihren
Kaffee und gab vor, er müsse noch zum Pfarrer. Aber er ging mit seinen fünf Kie-
selsteinen im Sacktuch in die dunkle Nacht. Er musste weit gehen, bis er jemand

fand, der eine Waage hatte, eine haben durfte; in den Dörfern Blaugau und Bernau hatte niemand eine, das wusste er und er schritt durch sie hindurch, bis er nach zweistündigem Marsch in das kleine Städtchen Dielheim kam, wo der Apotheker Honig wohnte. Aus Honigs Haus kam der Geruch frisch gebackener Pfannekuchen und Honigs Atem, als er dem verfrorenen Jungen öffnete, roch schon nach Punsch und er hatte die nasse Zigarre zwischen seinen schmalen Lippen, hielt die kalten Hände des Jungen einen Augenblick fest und sagte: „Na, ist es schlimmer geworden mit der Lunge deines Vaters?"

„Nein, ich komme nicht um Medizin, ich wollte …" Mein Großvater nestelte sein Sacktuch auf, nahm die fünf Kieselsteine heraus, hielt sie Honig hin und sagte: „Ich wollte das gewogen haben." Er blickte ängstlich in Honigs Gesicht, aber als Honig nichts sagte, nicht zornig wurde, auch nicht fragte, sagte mein Großvater: „Es ist das, was an der Gerechtigkeit fehlt", und mein Großvater spürte jetzt, als er in die warme Stube kam, wie nass seine Füße waren. Der Schnee war durch die schlechten Schuhe gedrungen und im Wald hatten die Zweige den Schnee über ihn geschüttelt, der jetzt schmolz, und er war müde und hungrig und fing plötzlich an zu weinen, weil ihm die vielen Pilze einfielen, die Kräuter, die Blumen, die auf der Waage gewogen worden waren, an der das Gewicht von fünf Kieselsteinen an der Gerechtigkeit fehlte. Und als Honig, den Kopf schüttelnd, die fünf Kieselsteine in der Hand, seine Frau rief, fielen meinem Großvater die Geschlechter seiner Eltern, seiner Großeltern ein, die alle ihre Pilze, ihre Blumen auf der Waage hatten wiegen lassen müssen, und es kam über ihn wie eine große Woge von Ungerechtigkeit und er fing noch heftiger an zu weinen, setzte sich ohne dazu aufgefordert zu sein auf einen der Stühle in Honigs Stube, übersah den Pfannkuchen, die heiße Tasse Kaffee, die die gute und dicke Frau Honig ihm vorsetzte, und hörte erst auf zu weinen, als Honig selbst aus dem Laden vorne zurückkam und, die Kieselsteine in der Hand schüttelnd, leise zu seiner Frau sagte: „Fünfeinhalb Deka*, genau."

Mein Großvater ging die zwei Stunden durch den Wald zurück, ließ sich prügeln zu Hause, schwieg, als er nach dem Kaffee gefragt wurde, sagte kein Wort, rechnete den ganzen Abend an seinem Zettel herum, auf dem er alles notiert hatte, was er der Frau Balek geliefert hatte, und als es Mitternacht schlug, vom Schloss die Böller zu hören waren, im ganzen Dorf das Geschrei, das Klappern der Rasseln erklang, als die Familie sich geküsst, sich umarmt hatte, sagte er in das folgende Schweigen des neuen Jahres hinein: „Baleks schulden mir achtzehn Mark und zweiunddreißig Pfennig." Und wieder dachte er an die vielen Kinder, die es im Dorf gab, dachte an seinen Bruder Fritz, der viele Pilze gesammelt hatte, an seine Schwester Ludmilla, dachte an die vielen hundert Kinder, die alle für die Baleks Pilze gesammelt hatten, Kräuter und Blumen, und er weinte diesmal nicht, sondern erzählte seinen Eltern, seinen Geschwistern von seiner Entdeckung.

Als die Baleks von Bilgan am Neujahrstage zum Hochamt in die Kirche kamen, das neue Wappen – einen Riesen, der unter einer Fichte kauert – schon in Blau und Gold auf ihrem Wagen, blickten sie in die harten und blassen Gesichter der Leute, die alle auf sie starrten. Sie hatten im Dorf Girlanden erwartet, am Morgen ein Ständchen, Hochrufe und Heilrufe, aber das Dorf war wie ausgestorben gewesen, als sie hindurchfuhren, und in der Kirche wandten sich die Ge-

sichter der blassen Leute ihnen zu, stumm und feindlich, und als der Pfarrer auf
die Kanzel stieg, um die Festpredigt zu halten, spürte er die Kälte der sonst so
stillen und friedlichen Gesichter und er stoppelte mühsam seine Predigt herunter und ging schweißtriefend zum Altar zurück. Und als die Baleks von Bilgan
nach der Messe die Kirche wieder verließen, gingen sie durch ein Spalier stum-
mer, blasser Gesichter. Die junge Frau Balek von Bilgan aber blieb vorne bei den
Kinderbänken stehen, suchte das Gesicht meines Großvaters, des kleinen blassen Franz Brücher, und fragte ihn in der Kirche: „Warum hast du den Kaffee für
deine Mutter nicht mitgenommen?" Und mein Großvater stand auf und sagte:
„Weil Sie mir noch so viel Geld schulden, wie fünf Kilo Kaffee kosten." Und er
zog die fünf Kieselsteine aus seiner Tasche, hielt sie der jungen Frau hin und sagte: „So viel, fünfeinhalb Deka, fehlen auf ein halbes Kilo an Ihrer Gerechtigkeit";
und noch ehe die Frau etwas sagen konnte, stimmten die Männer und Frauen in
der Kirche das Lied an: „Gerechtigkeit der Erden, o Herr, hat dich getötet …"
  Während die Baleks in der Kirche waren, war Wilhelm Vohla, der Wilderer,
in das kleine Stübchen eingedrungen, hatte die Waage gestohlen und das große,
dicke, in Leder eingebundene Buch, in dem jedes Kilo Pilze, jedes Kilo Heublumen, alles eingetragen war, was von den Baleks im Dorf gekauft worden war,
und den ganzen Nachmittag des Neujahrtages saßen die Männer des Dorfes in
der Stube meiner Urgroßeltern und rechneten, rechneten elf Zehntel von allem,
was gekauft worden – aber als sie schon viele tausend Taler errechnet hatten und
noch immer nicht zu Ende waren, kamen die Gendarmen des Bezirkshaupt-
manns, drangen schießend und stechend in die Stube meines Urgroßvaters ein
und holten mit Gewalt die Waage und das Buch heraus. Die Schwester meines
Großvaters wurde getötet dabei, die kleine Ludmilla, ein paar Männer verletzt
und einer der Gendarmen wurde von Wilhelm Vohla, dem Wilderer, erstochen.
  Es gab Aufruhr nicht nur in unserem Dorf, auch in Blaugau und Bernau, und
fast eine Woche lang ruhte die Arbeit in den Flachsfabriken. Aber es kamen sehr
viele Gendarmen und die Männer und Frauen wurden mit Gefängnis bedroht,
und die Baleks zwangen den Pfarrer öffentlich in der Schule die Waage vorzu-
führen und zu beweisen, dass der Zeiger der Gerechtigkeit richtig auspendelte.
Und die Männer und Frauen gingen wieder in die Flachsbrechen – aber niemand
ging in die Schule, um dem Pfarrer zuzusehen: Er stand ganz allein da, hilflos
und traurig mit seinen Gewichtssteinen, der Waage und den Kaffeetüten.
  Und die Kinder sammelten wieder Pilze, Thymian, Blumen und Fingerhut,
aber jeden Sonntag wurde in der Kirche, sobald die Baleks sie betraten, das Lied
angestimmt: „Gerechtigkeit der Erden, o Herr, hat dich getötet", bis der Bezirkshauptmann austrommeln ließ, das Singen dieses Liedes sei verboten.
  Die Eltern meines Großvaters mussten das Dorf verlassen und das frische
Grab ihrer kleinen Tochter; sie wurden Korbflechter, blieben an keinem Ort lange, weil es sie schmerzte zuzusehen, wie in allen Orten das Pendel der Gerechtigkeit falsch ausschlug. Sie zogen hinter dem Wagen, der langsam über die Land-
straße kroch, ihre magere Ziege mit, und wer an dem Wagen vorbeikam, konnte
manchmal hören, wie drinnen gesungen wurde: „Gerechtigkeit der Erden, o
Herr, hat dich getötet." Und wer ihnen zuhören wollte, konnte die Geschichte
hören von den Baleks, an deren Gerechtigkeit ein Zehntel fehlte. Aber es hörte
ihnen fast niemand zu.

Wolf Biermann

Ballade vom Briefträger William L. Moore,

der im Jahre 1963 allein in die Südstaaten wanderte.
Er protestierte gegen die Verfolgung der Schwarzen.
Er wurde erschossen nach einer Woche.
Drei Kugeln trafen ihn in die Stirn.

5   **Sonntag,** da ruhte William L. Moore
Von seiner Arbeit aus
Er war ein armer Briefträger nur
In Baltimore stand sein Haus

  Montag, ein Tag in Baltimore
10 Sprach er zu seiner Frau
Ich will nicht länger Briefträger sein
Ich geh nach Südn auf Tour, that's sure!
    Black And White, Unite! Unite!
    schrieb er auf ein Schild
15   White und Black – die Schranken weg!
    und er ging ganz allein

  Dienstag, ein Tag im Eisenbahnzug
Fragte William L. Moore
Manch einer nach dem Schild, das er trug
20 Und wünschte ihm Glück auf die Tour
    Black And White, Unite! Unite!
    stand auf seinem Schild …

  Mittwoch, in Alabama ein Tag
Ging er auf der Chaussee
25 Weit war der Weg nach Birmingham
Taten die Füße ihm weh
    Black And White, Unite! Unite!
    stand auf seinem Schild …

  Donnerstag hielt der Sheriff ihn an
30 Sagte: *Du bist doch weiß!*
Sagte: *Was gehn die Nigger dich an*
Junge, bedenke den Preis
    Black And White, Unite! Unite!
    stand auf seinem Schild …

35   **Freitag** lief ihm ein Hund hinterher
Wurde sein guter Freund
Abends schon trafen Steine sie schwer
Sie gingen weiter zu zweit …
    Black And White, Unite! Unite!
40   stand auf seinem Schild …

Sonnabend, ein Tag, war furchtbar heiß
Kam eine weiße Frau
Gab ihm ein' Drink und heimlich sprach sie:
Ich denk wie Sie ganz genau
45   **Black And White, Unite! Unite!**
stand auf seinem Schild …

Last day
Sonntag, ein blauer Sommertag
Lag er im grünen Gras
50   Blühten drei rote Nelken blutrot
Auf seiner Stirn so blass
Black And White, Unite! Unite!
stand auf seinem Schild
White and Black – die Schranken weg!
55   und er starb ganz allein
und er bleibt nicht allein

Conrad Ferdinand Meyer

Die Füße im Feuer

Wild zuckt der Blitz. In fahlem Lichte steht ein Turm.
Der Donner rollt. Ein Reiter kämpft mit seinem Ross,
springt ab und pocht ans Tor und lärmt. Sein Mantel saust
im Wind. Er hält den scheuen Fuchs am Zügel fest.
5   Ein schmales Gitterfenster schimmert goldenhell
und knarrend öffnet jetzt das Tor der Edelmann …

„Ich bin ein Knecht des Königs, als Kurier geschickt
nach Nîmes*. Herbergt mich! Ihr kennt des Königs Rock!"
„Es stürmt. Mein Gast bist du. Dein Kleid, was kümmert's mich?
10   Tritt ein und wärme dich! Ich sorge für dein Tier!"
Der Reiter tritt in einen dunklen Ahnensaal,
von eines weiten Herdes Feuer schwach erhellt,
und je nach seines Flackerns launenhaftem Licht
droht hier ein Hugenott* im Harnisch, dort ein Weib,
15   ein stolzes Edelweib aus braunem Ahnenbild …
Der Reiter wirft sich in den Sessel vor dem Herd
und starrt in den lebendigen Brand. Er brütet, gafft …
Leis sträubt sich ihm das Haar. Er kennt den Herd, den Saal …
Die Flamme zischt. Zwei Füße zucken in der Glut.

20   Den Abendtisch bestellt die greise Schaffnerin*
mit Linnen blendend weiß. Das Edelmägdlein hilft.
Ein Knabe trug den Krug mit Wein. Der Kinder Blick
hangt schreckensstarr am Gast und hangt am Herd entsetzt …
Die Flamme zischt. Zwei Füße zucken in der Glut.

25 „Verdammt! Dasselbe Wappen! Dieser selbe Saal!
Drei Jahre sind's ... Auf einer Hugenottenjagd ...
Ein fein, halsstarrig Weib ... ‚Wo steckt der Junker? Sprich!'
Sie schweigt. ‚Bekenn!' Sie schweigt. ‚Gib ihn heraus!' Sie schweigt.
Ich werde wild. Der Stolz! Ich zerre das Geschöpf ...

30 Die nackten Füße pack ich ihr und strecke
sie tief mitten in die Glut ... ‚Gib ihn heraus!' ... Sie schweigt.
Sie windet sich ... Sahst du das Wappen nicht am Tor?
Wer hieß dich hier zu Gaste gehen, dummer Narr?
Hat er nur einen Tropfen Bluts, erwürgt er dich."

35 Ein tritt der Edelmann. „Du träumst! Zu Tische, Gast ..."

Da sitzen sie. Die drei in ihrer schwarzen Tracht
und er. Doch keins der Kinder spricht ein Tischgebet.
Ihn starren sie mit aufgerissnen Augen an –
Den Becher füllt und übergießt er, stürzt den Trunk,

40 springt auf: „Herr, gebet jetzt mir meine Lagerstatt!
Müd bin ich wie ein Hund!" Ein Diener leuchtet ihm,
doch auf der Schwelle wirft er einen Blick zurück
und sieht den Knaben flüstern in des Vaters Ohr ...
Dem Diener folgt er taumelnd in das Turmgemach.

45 Fest riegelt er die Tür. Er prüft Pistol und Schwert.
Gell pfeift der Sturm. Die Diele bebt. Die Decke stöhnt.
Die Treppe kracht ... Dröhnt hier ein Tritt? ... Schleicht dort ein Schritt? ...
Ihn täuscht das Ohr. Vorüber wandelt Mitternacht.
Auf seinen Lidern lastet Blei und schlummernd sinkt

50 er auf das Lager. Draußen plätschert Regenflut.

Er träumt. „Gesteh!" Sie schweigt. „Gib ihn heraus!" Sie schweigt.
Er zerrt das Weib. Zwei Füße zucken in der Glut.
Auf sprüht und zischt ein Feuermeer, das ihn verschlingt ...
„Erwach! Du solltest längst von hinnen sein! Es tagt!"

55 Durch die Tapetentür in das Gemach gelangt,
vor seinem Lager steht des Schlosses Herr – ergraut,
dem gestern dunkelbraun sich noch gekraust das Haar.

Sie reiten durch den Wald. Kein Lüftchen regt sich heut.
Zersplittert liegen Ästetrümmer quer im Pfad.

60 Die frühsten Vöglein zwitschern, halb im Traume noch.
Friedselige Wolken schimmern durch die klare Luft,
als kehrten Engel heim von einer nächtgen Wacht.
Die dunkeln Schollen atmen kräftigen Erdgeruch.
Die Ebne öffnet sich. Im Felde geht ein Pflug.

65 Der Reiter lauert aus den Augenwinkeln: „Herr,
Ihr seid ein kluger Mann und voll Besonnenheit
und wisst, dass ich dem größten König eigen bin.
Lebt wohl! Auf Nimmerwiedersehn!" Der andre spricht:
„Du sagst's! Dem größten König eigen! Heute ward

70 sein Dienst mir schwer ... Gemordet hast du teuflisch mir
mein Weib! Und lebst ... Mein ist die Rache, redet Gott."

Mensch
und Technik

Maxim Gorki

Der Simplon-Tunnel

Zwischen 1898 und 1906 wurde für die Bahnstrecke Paris–Bern–Mailand der 19,8 km lange Eisenbahntunnel unter dem Simplon-Pass hindurchgebohrt. Der russische Schriftsteller Maxim Gorki, der ab 1906 für einige Zeit in Italien lebte, hat die Baustelle damals besucht und ein Gespräch mit einem Tunnelarbeiter aufgeschrieben.

Es ist ganz früh am Morgen. Neben einem Kieshaufen sitzt ein Arbeiter. Seine Brust ist mit einer Medaille geschmückt, sein Gesicht ist ernst, sanft und kühn. Die bronzefarbenen Hände ruhen auf den Knien, und hoch aufgerichteten Hauptes blickt er dem Wanderer ins Gesicht: „Diese Medaille habe ich für die Arbeit am Simplon-Tunnel erhalten, Herr." Er senkt den Kopf und streift das hübsche 5 Metallstück auf seiner Brust mit einem liebevollen Blick. „Ah, jede Arbeit ist schwer, bis man sie lieb gewinnt, dann aber wirkt sie anregend und dadurch leichter. Immerhin – es war doch schwer!"

Er nickt leicht mit dem Kopfe, zur Sonne emporblinzelnd. Plötzlich wird er lebhafter, fährt mit der Hand durch die Luft, und seine schwarzen Augen glän- 10 zen: „Zuweilen war es sogar fürchterlich. Die Erde fühlt ja mitunter auch etwas – nicht wahr? Wir machten einen tiefen Einschnitt in den Berg, und als wir dann tief in sein Inneres eingedrungen waren, bereitete uns die Erde dort einen sehr bösen, unfreundlichen Empfang. Sie ließ uns ihren heißen Atem fühlen, bei dem uns das Herz stockte, der Kopf schwer wurde und die Knochen schmerzten. Vie- 15 le von uns haben es zu spüren bekommen. Dann schleuderte sie Steine auf die Menschen herab und begoss sie mit heißem Wasser. Ja … es war furchtbar! Zuweilen, wenn das Feuer brannte, erschien das Wasser ganz rot, und mein Vater sagte zu mir: ‚Wir haben die Erde verwundet. Sie wird uns alle verbrennen und in unserem Blute ertränken. Warte nur!' – Das war natürlich nur so ein Gerede, 20 aber wenn man tief unten in der Erde, in dieser feuchten, dumpfen Finsternis, solche Worte hört, wenn das Wasser laut aufklatscht und das Eisen am Steindamm aufkreischt, vergisst man leicht, dass so etwas nur eine Ausgeburt der Fantasie ist. Denn dort war alles fantastisch, lieber Herr: wir Menschen, die wir so klein waren, und dieser Berg, der bis in den Himmel hineinragte und doch in sei- 25 nem Innern von uns aufgewühlt wurde. Man muss dies alles gesehen haben, um es zu begreifen. Man muss den schwarzen Schlund gesehen haben, den wir kleinen Menschlein in den Berg gegraben haben. Am Morgen, wenn die Sonne aufging, versanken wir in diesem Schlunde, und die Sonne blickte den Menschen, die sie verließen und in die Tiefe der Erde hinabstiegen, traurig nach. Man muss 30 auch unsere Maschinen und das dumpfe Rollen im Inneren gehört haben, dieses Getöse beim Sprengen, das wie das Lachen eines Wahnsinnigen klang!"

Er warf einen Blick auf seine Hände, rückte die Medaille auf der blauen Arbeitsbluse zurecht und seufzte leise.

„Ja, der Mensch versteht es zu arbeiten", fuhr er mit unverkennbarem Stolze 35 fort. „Ja, lieber Herr, der kleine Mensch ist eine unbesiegbare Macht, wenn er's sich vornimmt zu arbeiten. Glauben Sie es mir: Dieser kleine Menschenwicht wird schließlich alles vollbringen, was er will. Mein Vater wollte es zuerst nicht

*Arbeiter beim
Tunnelbau 1906*

glauben: ,Einen Berg durchbohren und sich durch ihn hindurch einen Weg von
40 einem Land ins andere bahnen', sagte er, ,das widerspricht dem Willen Gottes,
der die Länder durch Bergmauern voneinander getrennt hat. Ihr werdet schon
sehen, die Madonna wird uns ihren Beistand versagen.' [...]

Aber nicht nur er allein dachte so; es war wirklich so: Je weiter wir vordran-
gen, desto heißer wurde es im Tunnel, desto mehr Leute erkrankten und stürz-
45 ten zu Boden. Immer heftiger schlugen die heißen Quellen empor, das Gestein
bröckelte ab, und zwei von unseren Leuten, zwei Männer aus Lugano, wurden
wahnsinnig. In der Nacht aber wälzten sich viele von uns in Fieberträumen in
der Baracke, stöhnten und sprangen, von einer unbestimmten Angst gepeinigt,
aus den Betten.

50 [...] Es war ein toller Tag, lieber Herr, als wir dort, unter der Erde, in der Finsternis das Lärmen der anderen Arbeiter vernahmen, das Klopfen der Männer,
die uns tief unter der Erde entgegenkamen – trotz der schweren Gebirgsmassen,
die uns winzige Menschlein allesamt unter sich begraben konnten! Viele Tage
hindurch hörten wir diese Laute, die mit jedem Tag deutlicher und vernehmba-
55 rer wurden. Da wurden wir von einem freudigen Siegestaumel ergriffen und arbeiteten wie böse Geister, als hätten wir keinen Körper, ohne zu ermüden, ohne erst auf Anweisungen zu warten. Oh, es war so herrlich wie ein Tanz im
Sonnenschein! Wir wurden alle so sanft und gut wie die Kinder. Ach, wenn Sie
wüssten, wie stark, wie unerträglich das Bedürfnis ist, dort in der Finsternis, dort
60 unter der Erde, wo man lange Monate hindurch gegraben hat wie ein Maulwurf,
einem Menschen zu begegnen."

Er war durch seine Erzählung ganz in Feuer gekommen. Nach einer Pause
fuhr er fort: „Als endlich die letzte Gesteinsschicht durchbrochen war, da flamm-
te in der Öffnung der rote Schein einer Fackel auf; ein schwarzes, von Freuden-
65 tränen und Schweiß durchfurchtes Gesicht tauchte auf, dann folgten noch an-

dere Gesichter und Fackeln, ein Siegesschrei und laute Freudenrufe ertönten –
oh, das war der schönste Tag meines Lebens! Wenn ich mich daran erinnere, füh-
le ich, dass ich nicht umsonst gelebt habe. Es war ein Stück Arbeit, eine heilige
Arbeit, das sage ich Ihnen, Herr! Als wir dann aus dem Tunnel ins Freie, in die
Sonne traten, da legten sich viele von uns auf die Erde, küssten sie und weinten. 70
Es war wie im Märchen. Ja, Herr, sie küssten den besiegten Berg und küssten die
Erde. Wir Menschen hatten gesiegt."

Jost auf der Maur
Durch die Schweiz in 57 Minuten

Gerhard Dill ist Bauernsohn ohne Bauernhof. Mit seiner Frau Maria wohnt er
in Tecknau im etwas verloren wirkenden Bahnhofsgebäude an der internationalen Strecke Basel-Olten. Kaum ein Zug hat noch die Gnade, hier zu halten. Elf
von zwölf fegen vorüber. Die Züge, die nach Süden fahren, haben von hier acht
schnelle Kilometer vor sich.   5
   Tunnelkilometer.
   Dill ist Streckenwärter. Im Hauenstein-Basistunnel kennt er sich aus wie in
seiner Wohnstube. Sogar den seltsamen Gang hat er angenommen, den ihm die
Abstände der Schwellen im Lauf der Jahre diktierten. Dill hält sich rechts im
Tunnel, „da kommen einem die Züge entgegen. Linksverkehr!" Zweimal in der   10

In einen Alpen-
tunnel fahrender
Schnellzug.

Woche prüft er die acht dunklen Kilometer. Allein, denn die Schweizerischen Bundesbahnen (SBB) sparen.

In einem Eisenbahntunnel riecht es streng. Nach Stahlstaub und Schotter, Zuglatrinen und Speisewagenküchen, nach Öl und Benzin, Fischmehl und den Aromastoffen der chemischen Industrie. Jeder Zug hinterlässt seine eigene flüchtige Spur.

Wer sich nicht auskennt, ist in Gefahr. Die Sinne trügen; hier gelten eigene Gesetze. Asylsuchende, die durch Tessiner Bahntunnel „schwarz" in die Schweiz marschieren wollten, haben den Versuch nicht überlebt. Die Stirnlampen der Lokomotiven sind zwar kilometerweit zu sehen, aber für 1000 Meter braucht ein Intercity kaum 30 Sekunden. Und von einer schützenden Tunnelnische zur nächsten sind es 50 Meter.

Dill sucht die Schienen ab. Sie könnten Risse haben. Er kontrolliert die Weichen, späht nach Drähten, die sich manchmal über ein Schienenpaar legen und dem Stellwerk ein blockiertes Gleis vorgaukeln. Dill leuchtet die Tunneldecke ab, sucht Mörtelschäden und Wasserspuren. Zwergsignale auf Schienenhöhe zeigen ihm an, ob „einer drin ist". Alle paar Minuten geht sein Blick zurück. Es könnte ja doch einmal sein ...

Züge sind zu spüren: Sie schieben die Luft vor sich her. Ist nur einer in der Röhre, weht ein Sausewind. Dann hält Dill sein Bähnlerkäppi mit der Rechten fest. Doch auf den Luftzug ist kein Verlass, sagt er. „Zwei Züge in entgegengesetzter Richtung, und die Luft steht still." Kein Geräusch verrät dann ihr Nahen. „Wir sollten jetzt", sagt Dill. Die Luft stöhnt schon in den Fahrdrähten. Dann kommt der Zug, wie Ravels Bolero*. Stahl auf Stahl. Nahe der Schmerzgrenze, 90 Dezibel, ein Erdbeben. Wie eine große Faust fährt der Luftstoß in die Nische.

Der Hauenstein-Basistunnel ist jetzt 80 Jahre alt, und er ist rasch gealtert. Der Bergdruck hat die Tunnelsohle nach oben gequetscht, den Tunnelquerschnitt verkleinert. Der Berg würde das Loch gern wieder schließen. Die Nachbesserungen vor 15 Jahren waren langwierig, auch teuer. Nun aber können die Schweizerischen Bundesbahnen mit Kosmetik nichts mehr ausrichten. Die Trassen sind überaltert, die Kurvenradien zu eng. Die SBB haben deshalb neue Linien geplant. Auf schnurgeradem Strang sollen 200 Stundenkilometer schnelle Züge durchs Land fahren. Das Projekt heißt „Bahn 2000". Und sein Herz- und Glanzstück sind die beiden „Neuen Eisenbahn-Alpen-Transversalen" (NEAT).

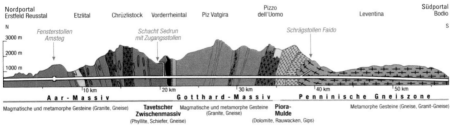

Längsprofil des in Arbeit befindlichen 57 Kilometer langen Tunnels durch das Gotthard-Massiv, der zentraler Teil der „Neuen Eisenbahn-Alpen-Traversale" (NEAT) von Basel und Zürich nach Lugano werden wird und bereits vor 2010 eröffnet werden soll.

„Die NEAT", wie das gigantische Projekt kurz genannt wird, füllt seit Jahren die Schweizer Leserbriefspalten. Denn zum Vorhaben, die Alpen zu durchstoßen, hat jeder und jede etwas zu sagen – wie einst beim Bau der Gotthardbahn. 30 Milliarden Franken werden die beiden Transversalen kosten, ihre Finanzierung ist noch ungeklärt. Doch Europa steht vor der Tür und pocht auf Erfüllung des Transitvertrags. Und ein Ausweichen auf die Straße hat das Schweizer Volk durch Annahme der so genannten „Alpeninitiative gegen den Straßenverkehr" verbaut. 50

Die alpine Topographie bietet für einen Nord-Süd-Durchstich drei Möglichkeiten: Ostalpen, Lötschberg und Gotthard; doch es dürfte einmal mehr der zentrale Gotthard sein, der zuerst durchbrochen wird. 57 Kilometer Tunnel am Stück, zwischen Erstfeld nahe des Vierwaldstätter Sees und Bodio im Tessin, freizugeben schon vor dem Jahr 2010. 55

Doch wird die Rechnung ohne den Berg gemacht? Der Bau eines Tunnels mit 57 Kilometer Länge birgt unzählige Gefahren: Bergdruck, Temperaturen bis 45 Grad Celsius, Wassereinbrüche. Die gefürchtete Pioramulde könnte die Bergingenieure vollends überfordern. Dort nämlich, wo das Gotthardmassiv mit der penninischen Gneiszone zusammenstößt, hat sich eine Mulde aus zermahlenem, 60 zuckerkörnigem Dolomitgestein gebildet. Auf den Fels ist da kein Verlass mehr.

„50 Kilometer Tunnel zu Fuß sind körperlich und seelisch nicht mehr zu verkraften." Tunnelwärter Dill weiß, dass es seinen Beruf nicht mehr lange geben wird. Sonden werden ihn ersetzen. Denn in einem NEAT-Tunnel gibt es keine Nischen für einen wie ihn, sie wären auch zu teuer. 65

Der Tunnel als schnellste Verbindung zwischen zwei Punkten könnte in der Schweiz bald seine aberwitzigste Übertreibung erfahren, sollte die Idee des Genfer Ingenieurs Rodolphe Nieth umgesetzt werden. Nieth entwarf den Plan eines unterirdischen Röhrensystems, in dem unter Bedingungen eines Teilvakuums Züge mit fast halber Schallgeschwindigkeit verkehren könnten. 70

Unterstützt vom Westschweizer Arbeitgeberverband sorgte Nieth für helle Aufregung, als er seine „Swissmetro"-Idee 1993 im Verkehrsmuseum Luzern dem Publikum präsentierte. Was für eine Provokation! Eine Reise durch die Schweiz, das klassische Postkartenland, ohne jeden Blick nach draußen?

*Vision:
Mit 410 km/h
sollen ab 2020
Magnetschwebe-
bahnen unter
der Schweiz
hindurchflitzen.*

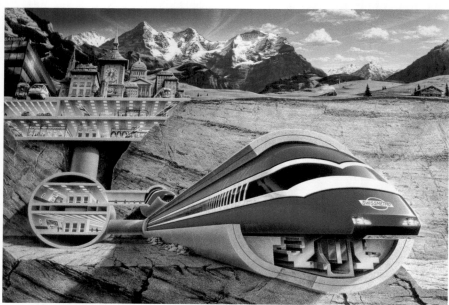

*Moderner Tunnel-
bohrkopf, wie er
z. B. beim Bau
des 1994 eröffneten
50 km langen Eisen-
bahntunnels unter
dem Ärmelkanal
zwischen Frankreich
und England zum
Einsatz kam.*

75 „Das Fahrzeug gleicht einem Flugzeug ohne Flügel und ohne Triebwerk. Im Fahrzeuginnern herrscht Druckausgleich", heißt es in der Werbebroschüre. Linear arbeitende Elektromotoren, die fest im Fahrweg installiert sind, sollen die 200 Meter langen Swissmetro-Züge nach dem Prinzip der Magnetschwebebahn verschleißfrei unter der Schweiz hindurchtreiben. 680 Kilometer Tunnel von
80 fünf Meter Durchmesser müssten gebohrt werden. Die Strecke von Zürich nach Genf, mit Halt in Bern und Lausanne, wäre dank der hohen Geschwindigkeit (410 km/h) in weniger als einer Stunde zu bewältigen.

Umweltverträglich, vergleichsweise kostengünstig zu bauen, Gewinn bringend im Betrieb und überaus sicher: Nieth und seine Mitstreiter sehen keinen
85 Grund, die Swissmetro nicht zu verwirklichen. Bereits im Jahr 2020 könnte die Rohrpost abgehen. [...]

Eigentlich müsste Streckenwärter Dill eine Sammlung aufbauen. Denn im Strandgut, das die 280 Züge im Hauenstein-Basistunnel täglich zurücklassen, wäre genug Material für ein Museum: Reisepässe, Perlenketten, Koffer, Schuhe,
90 Tagebücher. Nur sieht das Strandgut nicht so aus wie im Fundbüro. Die wahnsinnige Eile der Züge hat die Dinge beim Aufprall verformt, gleichsam unter Zeitdruck komprimiert.

Viel Zeit für seine Sammlung bliebe Dill nicht. Denn selbst wenn das Projekt Swissmetro nie realisiert wird, werden bald nur noch hermetisch geschlossene
95 Züge verkehren.

„Da!", flüstert Dill, „der Schneeweiße!" Und es tönt, als hätte er eine Praline im Mund zergehen lassen. Der Schneeweiße ist der deutsche ICE. Schnell ist er da, leise, ein wenig unwirklich, und schon wieder fort. Dill tritt aus der Nische und schaut den Lichtern nach. „Das ist die Zukunft." Dann geht er weiter.

Colum McCann

Wo der Stahl den Himmel trifft

Clarence Nathans neue braune Bauarbeiterstiefel sind schon so viel getragen, dass ein Kreis von Haaren weggescheuert wurde, dort, wo das Oberleder seine Waden berührt. Eine Art Talisman. Ein Glücksbringer. Sein blaues T-Shirt spannt sich über seinen Brustkorb. [...]

Wenn er hochblickt, reckt sich über seinem Kopf ein von ihm erschaffenes 5
Skelett einem wolkenlosen Manhattan-Himmel entgegen. Einige seiner Kollegen werden unten am Fuß des Gebäudes bleiben und die Lasten anschlagen; andere werden an Sicherheitsgurten hängen und sich gefährlich weit über den Mittel-teil des Stahls hinauslehnen; wieder andere werden den ganzen Tag die Gänge belagern, Aufzugschächte montieren, Stromkabel installieren, Fugen aussprit- 10
zen, hämmern, streichen, verkleiden. Aber Clarence Nathan wird höher hinauf-steigen als irgendein anderer Mensch in Manhattan.

Nach einem Kaffee in der Baubude gesellt er sich zu den Stahlbauern am Auf-zug, und sie steigen auf, erhaben, in die Luft. Vierzehn Männer, zwei Teams á sieben Arbeiter. Der Fahrkorb schaukelt im Wind. Es gibt keine Scheiben, bloß 15
Stangen über Knie, Hüfte, Brust. Unter ihm verschwimmt Manhattan zu einer Miniatur aus kriechenden gelben Taxis und dunklen Silhouetten. Dieser Auf-stieg hat etwas Lustvolles, das sanfte Schaukeln, die kühlende Brise, das Bewusst-sein, dass er derjenige ist, der die Jungfräulichkeit des Luftraumes durchstoßen wird, dort, wo der Stahl den Himmel trifft. 20

Clarence Nathans Kollegen sind alles drahtige Männer. Einige sind Indianer vom Stamm der Mohawks; ihr Blut ist so verteilt, dass es überall in ihrem Kör-per gleichmäßig fließt: Es ist ihre Geschichte, eine Gabe, sie verfügen über ab-solutes Gleichgewicht. Fallen ist für sie gar kein Thema. Andere stammen aus der Karibik und aus Grenada, und es gibt einen Engländer, Cricket, der seine 25
Vokale austeilt, als würde er sie mit der Zange servieren. Er ist dünn, blond und pockennarbig und trägt einen Ohrring in Form eines Blitzes. Cricket hat sich seinen Spitznamen eingehandelt, als er versuchte, den anderen Arbeitern das Spiel seines Heimatlandes beizubringen, während er oben auf einem Querträger stand. Nachdem er einen imaginären Ball zwischen den Beinen poliert hatte, 30
drückte er das Kinn auf die Brust, rannte den schmalen Träger entlang, um die Technik des Werfens zu demonstrieren, wobei er seinen Arm in einem großen Bogen kreisen ließ. Seine Zuschauer sahen gebannt zu, als Cricket um ein Haar hinunterstürzte – zehn Meter lagen zwischen ihm und der Hilfsdecke –, aber er fing sich mit der Kraft seiner Arme, baumelte, grinste, zog sich hoch und sagte: 35
„Auf die Beinstellung achten, Gentlemen!"

Der Aufzug klappert und hält an. Clarence Nathan trinkt seinen Kaffee aus, schmeißt den Becher weg und geht auf zwei Leitern zu, die nach oben führen. Kein normaler Mensch geht hier weiter.

Die wendigsten – Clarence Nathan und Cricket – nehmen auf der Leiter zwei 40
Sprossen auf einmal. Ihre Ledergürtel sind mit Werkzeug bestückt, und die lan-gen Schraubenschlüssel prallen gegen ihre Schenkel. Sie klettern drei Leitern bis zur obersten Spitze des Gebäudes hoch, wo Stahlstützen in die Luft ragen. Der

Vorarbeiter Lafayette, mit einer dick umrandeten Brille, streckt oben auf der Leiter den Kopf in die Luft und sagt: „Ein neuer Tag, ein neuer Dollar." Mit vorsichtigen Schritten geht Lafayette über die unbefestigte Plattform.

Clarence Nathan ruft seinen inneren Lageplan vom Vortag ab: wo bestimmte
Geräte zurückgelassen wurden, wo die Löcher in der Arbeitsbühne sein könnten,
wo auf dem Dach er aus Versehen einen Eimer mit Schrauben umstoßen könnte,
wo jemand am Ende der letzten Schicht eine Dose Bier abgestellt haben könnte.
Funkgeräte knistern und Stimmen quaken auf den Frequenzen. Die Männer sehen zu, wie die riesigen gelben Kräne losschwenken, Stahlträger und Stützen
hochziehen. Das Metall wird Zentimeter für Zentimeter durch die Luft gehoben.
Wenn der Stahl die Plattform erreicht hat, entscheidet Lafayette, in welcher Rei-
henfolge die Männer bauen werden. Die Arbeiter warten und plaudern. Der Stills-
te unter ihnen ist Clarence Nathan. Er sagt kaum ein Wort, aber manchmal, wenn
der Vorarbeiter gerade nicht in der Nähe ist, fordern er und Cricket sich gegenseitig heraus, blind über die Träger zu gehen. Sie bewegen sich wie auf festem Boden. Wenn sie abrutschen, werden sie nicht weit fallen, aber zehn Meter sind genauso tödlich wie dreißig. Die Augen sind geschlossen, und sie treten nie daneben.

Auf der Plattform dreht Clarence Nathan seinen Bauhelm nach hinten und
steckt die Haare darunter. Der Einweiser unterhält sich mit dem Kranführer in
einer Sprache kodierter Funksignale. Eine riesige Stahlstütze wird hochgezogen,
die Männer passen die Stütze ein und dann wird sie unten verschraubt. Die Stütze schneidet in den Himmel. Der Kran schwenkt ein Hubseil herüber, an dessen Ende sich eine Halbkugel befindet – die Männer nennen sie die Kopfschmerzkugel. Lafayette pfeift nach einem Freiwilligen, und Clarence Nathan
gibt ihm ein Zeichen mit dem Daumen. Das Seil kommt zu ihm. Er streckt die
Hand nach dem Seil aus, bringt es zum Stillstand, und mit meisterhafter Un-
bekümmertheit besteigt er die kleine Stahlkugel.

Plötzlich bewegt sich das Hubseil, und Clarence Nathan baumelt in der Luft, im Nichts. Er liebt dieses Gefühl: allein, auf Stahl, über der Stadt, seine Kollegen unter ihm, nichts im Kopf außer diesem Schaukeln durch die Luft. Er hält sich mit nur einer Hand fest. Der Kranführer ist vorsichtig und befördert ihn langsam zur Spitze der Stütze. Die Kopfschmerzkugel schwenkt leicht aus, bleibt 75 dann stehen. Clarence Nathan verlagert das Gewicht und wechselt leichtfüßig auf die dicken Stahlflanschen der Stütze über – für eine einzige Sekunde ist er absolut frei von allem; es ist der reinste Augenblick, nur er und die Luft. Er schlingt die Beine um die Stütze. Auf der Stütze gegenüber wartet Cricket. Dann schwenkt der Kran einen riesigen Stahlträger zu ihnen hinüber, er schleicht durch den 80 Himmel, langsam, systematisch, und beide Männer greifen danach, packen ihn und ziehen ihn zu sich heran. „In Ordnung?", brüllt Cricket. „Okay!" Sie zerren den Träger mit Gewalt in die richtige Lage, bearbeiteten ihn manchmal mit großen Gummihämmern oder ihren Schraubenschlüsseln, um ihn exakt einzupassen. Der Schweiß rinnt ihnen in Strömen über die Brust. Sie stecken die Schrau- 85 ben hinein und drehen die Muttern locker an; ein anderer Trupp wird sie später endgültig anziehen. Und dann machen die Männer das Gehänge los – der Träger sitzt jetzt zwischen den beiden Stützen, und das Skelett des Gebäudes wächst. Clarence Nathan und Cricket gehen den Träger entlang und treffen sich in der Mitte. Sie steigen ins Leere und auf die Kopfschmerzkugel, die Arme umeinan- 90 der, und lassen sich zur Plattform hinunterbringen, wo die anderen warten.

Max Frisch

Vorkommnis

Kein Grund zur Panik. Eigentlich kann gar nichts passieren. Der Lift hängt zwischen dem 37. und 38. Stockwerk. Alles schon vorgekommen. Kein Zweifel, dass der elektrische Strom jeden Augenblick wiederkommen wird. Humor der ersten Minute, später Beschwerden über die Hausverwaltung allgemein. Jemand macht
5 kurz Licht mit seinem Feuerzeug, vielleicht um zu sehen, wer in der finsteren Kabine steht. Eine Dame mit Lebensmitteltaschen auf beiden Armen hat Mühe zu verstehen, dass es nichts nützt, wenn man auf den Alarm-Knopf drückt. Man rät ihr vergeblich, ihre Lebensmitteltaschen auf den Boden der Kabine zu stellen; es wäre Platz genug. Kein Grund zur Hysterie; man wird in der Kabine nicht
10 ersticken, und die Vorstellung, dass die Kabine plötzlich in den Schacht hinuntersaust, bleibt unausgesprochen; das ist technisch wohl nicht möglich. Einer sagt überhaupt nichts. Vielleicht hat das ganze Viertel keinen elektrischen Strom, was ein Trost wäre; dann kümmern sich jetzt viele, nicht bloß der Hauswart unten in der Halle, der vielleicht noch gar nichts bemerkt hat. Draußen ist Tag, so-
15 gar sonnig. Nach einer Viertelstunde ist es mehr als ärgerlich, es ist zum Verzagen langweilig. Zwei Meter nach oben oder zwei Meter nach unten, und man wäre bei einer Türe, die sich allerdings ohne Strom auch nicht öffnen ließe; eigentlich eine verrückte Konstruktion. Rufen hilft auch nichts, im Gegenteil, nachher kommt man sich verlassen vor. Sicher wird irgendwo alles unternom-
20 men, um die Panne zu beheben; dazu verpflichtet ist der Hauswart, die Hausverwaltung, die Behörde, die Zivilisation. Der Scherz, schließlich werde man nicht verhungern mit den Lebensmitteltaschen der Dame, kommt zu spät; es lacht niemand. Nach einer halben Stunde versucht ein jüngeres Paar sich zu unterhalten, soweit das unter fremden Zuhörern möglich ist, halblaut über Alltäg-
25 liches.

Dann wieder Stille; manchmal seufzt jemand, die Art von betontem Seufzer, der Vorwurf und Unwillen bekundet, nichts weiter. Der Strom, wie gesagt, muss jeden Augenblick wiederkommen. Was sich zu dem Vorkommnis sagen lässt, ist schon mehrmals gesagt. Dass der Strom-Ausfall zwei Stunden dauert, sei schon
30 vorgekommen, sagt jemand. Zum Glück ist der Jüngling mit Hund vorher ausgestiegen; ein winselnder Hund in der finsteren Kabine hätte noch gefehlt. Der Eine, der überhaupt nichts sagt, ist vielleicht ein Fremder, der nicht genug Englisch versteht. Die Dame hat ihre Lebensmitteltaschen inzwischen auf den Boden gestellt. Ihre Sorge, dass Tiefkühlwaren tauen, findet wenig Teilnahme. Je-
35 mand anders vielleicht müsste auf die Toilette. Später, nach zwei Stunden, gibt es keine Empörung mehr, auch keine Gespräche, da der elektrische Strom jeden Augenblick kommen muss; man weiß: So hört die Welt nicht auf. Nach drei Stunden und elf Minuten (laut späteren Berichten in Presse und Fernsehen) ist der Strom wieder da: Licht im ganzen Viertel, wo es inzwischen Abend geworden
40 ist, Licht in der Kabine, und schon genügt ein Druck auf die Taste, damit der Lift steigt wie üblich, wie üblich auch das langsame Aufgehen der Türe. Gott sei Dank! Es ist nicht einmal so, dass jetzt alle beim ersten Halt sofort hinausstürzen; jedermann wählt wie üblich sein Stockwerk –

Jürgen Kurth

Der unmenschliche Kollege

Drei Jahre lang wuchtete Ernst Balentin im Wolfsburger Volkswagenwerk Hinterachsen für den Typ „Golf" vom Fließband, drehte sich um 90 Grad, machte einen Schritt zur Seite und legte das 17,8 Kilo schwere Autoteil vorsichtig in eine Kiste – 140 mal am Tag. „Das ging ganz schön auf die Bandscheiben", erinnert sich Balentin. Zwischen Arbeitsbeginn und Feierabend bewegte er mit seiner Muskelkraft jeweils 13,2 Tonnen. 5

Schließlich wurde er abgelöst. Sein 1,68 Meter großer Nachfolger packt jetzt zehnmal mehr Hinterachsen vom Band in die Kiste: 1480 Stück pro Schicht. Der neue Kollege macht nur Pause, wenn der Nachschub an Achsen stockt. Er redet kein Wort, geht nicht aufs Klo oder in die Kantine und hat noch nie gefehlt. Diskussionen über Lohnforderungen, Urlaubsgeld und Altersversorgung lassen ihn 10 kalt. Der Neue bei VW hat eine eiserne Wirbelsäule, und in seinen Adern fließt elektrischer Strom.

Sein Name: K 15/5. Seine Gattung: Industrieroboter.

Günter Kunert
Die Maschine

Erhaben und in einsamer Größe reckte sie sich bis unters Werkhallendach; schuf sogleich die Vorstellung, Monument des Zeitalters zu sein und diesem gleich: stampfend, gefahrvoll, monoton und reichlich übertrieben. Und vor allem: Auch sie produzierte einzig und allein durch gegensätzliche Bewegung unterschiedlicher Kräfte, durch einen gezähmten Antagonismus* all ihrer Teile.

Aber in diesem wundervollen System blitzender Räder, blinkender Kolben, sich hebender und sich senkender Wellen war ein unansehnliches Teil, das wie von Schimmel überzogen schien und das sich plump und arhythmisch regte. Ein hässlicher Zusatz an der schönen Kraft. Ein Rest von Mattigkeit inmitten der Dynamik.

Als um die Mittagszeit ein Pfiff ertönte, löste sich dieses Teil von der Maschine und verließ die Halle, während die Maschine hilflos stehen blieb, zwiefach: in sich und am Ort. Plötzlich erwies sich: Das billigste Teil und das am schlimmsten vernachlässigte war das teuerste und nur scheinbar ersetzlich. Wo es kaputtgeht, wird es nicht lange dauern, bis über den Beton Gras gewachsen ist.

Karl Steinbuch
Mensch und Technik

Die längste Zeit ihrer Geschichte lebten die Menschen mit dem Mangel an Nahrung, Kleidung, Energie, Kommunikation. Erst im 19. Jahrhundert und nur in wenigen Ländern wurde diese Mangelsituation für die meisten überwunden. Diese Vorzugssituation ergab sich dort, wo sich technische Fortschritte durch die Erfinderkraft Einzelner, das Geschick Vieler und ein liberales Wirtschaftssystem einstellten.

In den Industrieländern kennen jetzt viele Menschen überhaupt nicht mehr das, was noch vor einem Jahrhundert tägliche Erfahrung der Mehrzahl war: schwere körperliche Arbeit, Hunger, Mangel an Bekleidung, Angst vor Naturgewalten und Mangel an Kommunikation und Bewegungsmöglichkeit.

Die Bewertung dieser Leistungen des technischen Fortschritts veränderte sich aber im Laufe des 20. Jahrhunderts drastisch. Bis dahin dominierte das stolze Gefühl, „wie herrlich weit wir es doch gebracht haben", danach wuchs die Sorge, ob wir nicht in eine sehr gefährliche Situation geraten seien. Man sieht sich jetzt vielfach in der Rolle des Zauberlehrlings*, der ohne Einsicht in die Folgen ein Werkzeug in Bewegung gesetzt hat und es nun nicht mehr kontrollieren kann.

Einst gab es rein technische Probleme, die auch öffentlich stark interessierten, so z.B.: Ist es möglich, dass Menschen „fliegen", kann man „fernsehen", kann man zum Mond reisen? Neuerdings treten derartige rein technische Probleme immer mehr in den Hintergrund: Man hält die Technik für allmächtig und für fähig zur Lösung schlechterdings aller Probleme. Dafür interessiert sich die

Öffentlichkeit immer mehr für die Probleme der Beziehung zwischen Mensch und Technik.

Vor hundertfünfzig Jahren klagte Goethe pauschal darüber, dass ihn „das überhand nehmende Maschinenwesen quält und ängstigt", heute stehen wir vor konkreten, existenzbedrohenden Problemen; so z. B. der Zerstörung der menschlichen Umwelt, der Zerstörung gewachsener Sozialstrukturen, der „Entfremdung" des arbeitenden Menschen von seinem Produkt und dem Bewusstseinsverlust durch die Wirkung der Massenmedien. Es gibt keinen Zweifel daran, dass diese technischen Herausforderungen in Zukunft noch zunehmen werden.

Veränderungen der Technik erzwingen auch Veränderungen im gesellschaftlichen, wirtschaftlichen und staatlichen Bereich. Solange die technischen Veränderungen noch relativ langsam verliefen, war die Spannung zwischen den „eigentlich" geforderten Konsequenzen und der verspäteten Realität noch einigermaßen erträglich. Durch die gegenwärtige Beschleunigung der technischen Entwicklung nimmt diese Spannung aber vielfach unerträgliche Ausmaße an, deren Folgen weder durchschaut noch kontrolliert sind. Beim Wettlauf zwischen der technischen Entwicklung und ihrer Kontrolle, z. B. juristischen Kontrolle, unterliegt meist die Kontrolle. [...]

Menschliche Technik im Grenzbereich: Kernspaltung

Im 20. Jahrhundert beginnt die Menschheit erstmals Techniken zu entwickeln, die ein Risikopotential in sich tragen, das unter Umständen zur Gefährdung des gesamten Lebens auf der Erde führen kann. In den 1920er- und 30er-Jahren erforschten Physiker und Chemiker die Grundlagen für die Atomkernspaltung, aus welcher der Menschheit eine ganz neue Quelle zur Gewinnung großer Energiemengen erwuchs, die zugleich aber auch große Risiken mit sich brachte und zu einer noch gefährlicheren Entwicklung führte: der Atombombe.

An der Grundlagenforschung für die Kernspaltung war maßgeblich eine Frau beteiligt: Lise Meitner. Dies ist ebenso bemerkenswert, wie es auch ihre konsequente Weigerung war, an der Nutzung der Atomenergie für Kriegswaffen mitzuarbeiten.

Lise Meitner wurde 1878 in Wien geboren. Sie besuchte als eine der wenigen Frauen der damaligen Zeit die höhere Schule und absolvierte danach – was noch ungewöhnlicher war – ein Studium der Physik. Als Physikerin machte sie sich bald einen Namen. 1907 ging sie nach Berlin und kam in Kontakt mit dem Forscher Otto Hahn, der 1944 den Nobelpreis für die Entwicklung eines Verfahrens zur Spaltung des Atomkerns erhalten wird. Ein großer Anteil an dieser Forschungsarbeit ist seiner langjährigen engen Mitarbeiterin Lise Meitner zuzuschreiben, die zu diesem Zeitpunkt freilich bereits als Jüdin von den Nazis aus Deutschland vertrieben war und in Stockholm lebte. Von den USA bekam sie in den Jahren des Zweiten Weltkrieges das Angebot, an der Entwicklung der Atombombe mitzuarbeiten. Sie lehnte jedoch ab und trat bis zu ihrem Tod 1968 für die ausschließlich friedliche Nutzung der Atomenergie ein.

Charlotte Kerner

„Ich fürchte,
die Atombombe gelingt doch"

Lise Meitner und die Entwicklung der Atombombe

Im Jahr 1939 ist es kein Geheimnis mehr: Die Entdeckung der Kernspaltung hat eine Atombombe möglich gemacht. Nachdem Lise Meitner und ihr Neffe Otto Robert Frisch den Vorgang physikalisch erklärt hatten, fanden andere Wissenschaftler heraus, dass bei der Uranspaltung eine „Kettenreaktion" entstehen kann: Wird ein Uran-Kern geteilt, entsteht auch Energie in Form von freigesetzten Neutronen. Diese ungeladenen Atombausteine dringen in neue Kerne ein und spalten diese, weitere Neutronen fliegen heraus und so weiter … Am Ende steht der große Knall. […]

Am 6. August 1945, dem Tag, an dem die Amerikaner die erste Atombombe auf die japanische Stadt Hiroshima werfen, hört Lise Meitner kein Radio. Erst ein Telefonat macht sie auf dieses weltverändernde Ereignis aufmerksam:

„An diesem Tag rief mich ein Reporter an und fragte mich, was ich zur Bombe zu sagen hätte. Ich fragte, über was in aller Welt er denn rede, und sagte ihm, dass ich wohl die falsche Gesprächspartnerin sei. Aber als er ‚Atombombe' sagte, kamen meine Befürchtungen, die ich in all den vergangenen Jahren halb ver-

Foto vom zerstörten Hiroshima 1945

drängt hatte, wieder zurück. Ich wusste und ich hätte es eigentlich die ganze Zeit wissen müssen: Die Energie, bei deren Freilassung wir geholfen hatten, wird zum Bau einer zerstörerischen Bombe eingesetzt werden."

Die Presse stürzt sich auf Lise Meitner, weil alle anderen Experten verschwunden sind. Otto Hahn wird zusammen mit anderen deutschen Atomwissenschaftlern in England von den Siegermächten festgehalten. Die Wissenschaftler, die in den USA den geheimen Bombenbau vorangetrieben haben, sind nicht erreichbar.

Am 8. August 1945 meldet die amerikanische Zeitung „New York Herald Tribune", dass die mathematischen Berechnungen von Dr. Lise Meitner eine bedeutende Rolle bei der Entwicklung der Atombombe gespielt haben. Eine deutsche Zeitung schreibt:

„Dr. Lise Meitner, die österreichische Physikerin, die 1938 aus Berlin vertrieben wurde, hatte einen entscheidenden Anteil an der Erfindung der Atombombe." Schnell erhält sie den Titel „Mutter der Atombombe". Eine amerikanische Nachrichtenagentur meldet, dass sie deswegen in Schweden Todesdrohungen erhalten haben soll. In diesem Wirrwarr, in dem Gerüchte und Spekulationen gedeihen, betont Lise Meitner immer nur eines: „Weder Professor Hahn noch ich selbst haben den leisesten Anteil an der Entwicklung der Atombombe gehabt."

Am 9. August 1945 zerstört eine zweite amerikanische Atombombe die japanische Stadt Nagasaki. Wahrscheinlich weiß Lise Meitner davon noch nichts, als sie am gleichen Tag um 18 Uhr 30 im Radio ein Live-Gespräch mit der Frau des ein Jahr zuvor verstorbenen amerikanischen Präsidenten Franklin D. Roosevelt führt:

Eleanor Roosevelt: „Als ich die dramatische Geschichte las, wie diese neue Entdeckung eigentlich angefangen hat, und erfuhr, dass eine Frau dabei eine solch bedeutende Rolle gespielt hat, fühlte ich eine große Verantwortung. Diese Entdeckung ist eine riesige Kraft, und wenn eine Frau die Möglichkeit hatte, an ihr teilzuhaben, so haben die Frauen auf der ganzen Welt um so mehr Sorge dafür zu tragen, dass sie in Zukunft zum Wohle der Menschheit genutzt wird und nicht zerstörerischen Zwecken dient. Ich möchte Sie, Frau Dr. Meitner, fragen, was Sie fühlten, als Sie zum ersten Mal von dem Atombomben-Abwurf hörten und Ihnen klar wurde, dass das den zerstörerischen Krieg beenden könnte."

Lise Meitner: „Ich bin ganz Ihrer Meinung, Frauen haben eine Verantwortung – und wir sollten versuchen, einen weiteren Krieg, soweit wir können, zu verhindern. Und ich hoffe, dass die Atombombe nicht nur diesen furchtbaren Krieg beendet, sondern ich wünsche mir auch, dass wir diese riesige Energiequelle künftig für friedliche Zwecke nutzen werden."

Eleanor Roosevelt: „Sie als Wissenschaftlerin werden sich sicher über jeden wissenschaftlichen Fortschritt freuen, aber als Frau müssen Sie doch den großen Wunsch haben, dass dieser Fortschritt genutzt wird, um das Leben auf der Welt zu bewahren und zu verbessern. Haben Sie irgendwelche Vorstellungen, wie die Atomenergie kontrolliert werden sollte?"

Lise Meitner: „Ich hoffe, dass es durch die Zusammenarbeit aller Nationen und großer Anstrengungen möglich sein wird, bessere Beziehungen zwischen allen Ländern zu erreichen, um solche schrecklichen Dinge zu verhindern, wie wir sie in den letzten Jahren erlebt haben."

Marie Luise Kaschnitz

Hiroshima

Der den Tod auf Hiroshima warf
Ging ins Kloster, läutet dort die Glocken.
Der den Tod auf Hiroshima warf
Sprang vom Stuhl in die Schlinge, erwürgte sich.
5 Der den Tod auf Hiroshima warf
Fiel in Wahnsinn, wehrt Gespenster ab
Hunderttausend, die ihn angehen nächtlich
Auferstandene aus Staub für ihn.

Nichts von alledem ist wahr.
10 Erst vor kurzem sah ich ihn
Im Garten seines Hauses vor der Stadt.
Die Hecken waren noch jung und die Rosenbüsche zierlich,
Das wächst nicht so schnell, dass sich einer verbergen könnte
Im Wald des Vergessens. Gut zu sehen war
15 Das nackte Vorstadthaus, die junge Frau
Die neben ihm stand im Blumenkleid
Das kleine Mädchen an ihrer Hand
Der Knabe, der auf seinem Rücken saß
Und über seinem Kopf die Peitsche schwang.
20 Sehr gut erkennbar war er selbst
Vierbeinig auf dem Grasplatz, das Gesicht
Verzerrt von Lachen, weil der Fotograf
Hinter der Hecke stand, das Auge der Welt.

Dass auch die zivile, friedliche Nutzung von Atomenergie Tod und Verderben mit sich bringen kann, zeigte 1986 das bislang schwerste Reaktorunglück:

Im Kernkraftwerk Tschernobyl in der Ukraine traten beim Brand eines Reaktors große Mengen Radioaktivität aus. Viele bei den Lösch- und Sicherungsarbeiten beschäftigte Menschen starben den Strahlentod; Hunderttausende mussten ihre verstrahlte Heimat verlassen; in der Region treten seither vermehrt Krebs und genetische Missbildungen bei Neugeborenen auf. Doch nicht nur die nähere Umgebung ist betroffen: Regenwolken verteilten die gefährliche Radioaktivität damals über weite Teile Europas.

Tschernobyl: Mahnmal für die Welt

Was geht uns Tschernobyl heute noch an? Es beweise nicht die Gefahren der Atomkraft, sondern des Sowjetsystems, hieß es in der „Frankfurter Allgemeinen Zeitung" zum zehnjährigen Gedenken an die weltgrößte zivile Nuklearkatastrophe. Einem solchen Fazit dürften die Betreiber von Atomanlagen in Ost und West auch heute begeistert zustimmen. Doch genau ein solches Weltbild macht die Kernenergie so gefährlich. Natürlich gibt es systembedingte Gründe für den Katastrophenverlauf. Aber Selbstüberschätzung, Schlamperei und Inkompetenz, die den GAU* im jüngsten Block des Atomkraftwerks Tschernobyl am 26. April 1986 in der ukrainischen Sowjetrepublik verursachten, sind in allen Sozialsystemen verbreitete menschliche Eigenschaften. Im Zusammenhang mit der Kernenergie wurde das in jüngster Zeit in so unterschiedlichen Kulturkreisen wie Japan und Großbritannien deutlich. Es ist nicht das Verdienst der japanischen Energiewirtschaft oder staatlichen Atomaufsicht, dass die Folgen der jüngsten Unfälle* dort nicht schwerwiegender sind.

Das Sprichwort „Glück hat auf die Dauer nur der Tüchtige" ist nicht auf den Betrieb hochkomplizierter technischer Anlagen anzuwenden. Hier gilt viel eher Murphys Gesetz: „Was immer schief gehen kann, geht irgendwann einmal schief."

Machbarkeitswahn

Die Propagandisten der Atomenergie erklären das Ereignis von Tschernobyl für einmalig und verharmlosen gleichzeitig seine Auswirkungen. Dabei arbeiten sie weltweit effektiv zusammen, unterstützt von Institutionen wie der Internationalen Atomenergie-Agentur IAEA. Denn die Einstellung: „Dem Ingenieur ist nichts zu schwer" ist trotz gegenteiliger Erfahrungen nicht aus den Hirnen der Techniker zu treiben, ob sie nun Staudämme planen, Raketenabwehrsysteme oder den neuen Menschen. Der Machbarkeitswahn ist universell verbreitet. [...]

Martin Urban,
Berner Zeitung vom 17. April 2000

Carl Friedrich von Weizsäcker
Technik und Verantwortung

Es gibt eine eigentümliche Faszination der Technik, eine Verzauberung der Gemüter, die uns dazu bringt zu meinen, es sei ein fortschrittliches und ein technisches Verhalten, dass man alles, was technisch möglich ist, auch ausführt. Mir scheint das nicht fortschrittlich, sondern kindisch. Es ist das typische Verhalten einer ersten Generation, die alle Möglichkeiten ausprobiert, nur weil sie neu sind, wie ein spielendes Kind oder ein junger Affe. Wahrscheinlich ist diese Haltung vorübergehend notwendig, damit Technik überhaupt entsteht. Reifes technisches Handeln aber ist anders. Es benützt technische Geräte und Verfahren als Mittel zum Zweck. Den Raum der Freiheit planen kann nur der Mensch, der Herr der Technik bleibt. Wir müssen ein Bewusstsein für den richtigen, den technischen Gebrauch der Technik gewinnen, wenn wir in der technischen Welt menschenwürdig überleben wollen.

Begegnung mit fremden Welten

Christian Jungblut (Text und Fotos)

Ein Junge wird Jäger

An der Baffin Bay im Norden Grön-
lands leben die Inuit vom Fang und
von der Jagd, wie ihre Ahnen, die einst
aus Asien einwanderten. Dies ist die
Geschichte des Eskimojungen Rasmus,
der mit seinem Vater auf die Jagd fuhr.

Der Tag war grau, wie so oft während der Sommerzeit im Polargebiet. Der Berg, an dessen Fuß das Dorf liegt, war verhüllt. Und zur anderen
5 Seite, nicht weit von der Uferböschung entfernt, gingen Himmel und Eis ineinander über. Dies war ein besonderer Tag, doch davon wusste noch niemand im Dorf, am wenigsten der Junge,
10 den es anging.

Der Junge drückte die Nase seines runden Gesichts an der Fensterscheibe platt und sah auf das Dorf mit den kleinen roten, grünen, gelben und blauen
15 Holzhäusern. Die Häuser waren auf Stelzen gebaut, damit sie während des Winters nicht im Schnee versinken. Doch für den Jungen standen die Häuser nicht einfach fest auf dem Boden,
20 wie Erwachsene sie sahen. Manchmal ließ er sie auf ihren Stelzen umhergehen und zuweilen sogar tanzen, wie die Eltern, wenn es im Schulhaus ein Fest gab. Das war lustig. [...]
25 Der Junge verließ seinen Platz am Fenster und ging aus dem Haus. Heute wollte sein Vater, Kalli der Jäger, mit dem Schlitten hinaus aufs Eis, und er würde ihn begleiten. Bis dahin war
30 noch etwas Zeit, durch das Dorf zu streifen, wie er es mindestens einmal am Tag machte, wenn er daheim war. Er beachtete nicht die Hunde, die unten bei der Treppe im aufgeweichten Schnee
35 herumtollten. Sie waren noch zu jung, um einen Schlitten zu ziehen und mit auf die Jagd zu gehen. Zum Glück war

er selbst alt genug dafür. Er war immerhin schon zwölf. Doch bis er zum richtigen selbstständigen Jäger würde,
40 müssten noch an die zehn Jahre vergehen. Das jedenfalls hatte sein Vater gesagt. So lange sollte er gemeinsam mit ihm aufs Eis fahren und von ihm lernen. Zum Beispiel, wie man im Winter
45 Robben an den Luftlöchern im Eis mit einem Netz fängt oder ein Kajak baut und steuert oder Narwale harpuniert. Zehn Jahre, die Zeit kam ihm unendlich lang vor. Dann würden die Hunde
50 schon alt sein. Wahrscheinlich hatte der Vater sie dann auch schon getötet, weil sie nicht mehr den Schlitten ziehen konnten und auch zu sonst nichts mehr nütze waren, sondern nur noch den an-
55 deren das Fleisch wegfraßen.

Der Junge ging weiter. [...]

Der alte Angudtliek lächelte dem Jungen zu und winkte ihn heran. Der Junge näherte sich zögernd.
60

„Du fährst heute mit deinem Vater auf die Jagd", stellte Angudtliek fest. Der Junge nickte. Woher wusste der Alte das? Niemand hatte darüber gesprochen. Auf eine Frage des Jungen hätte
65 Angudtliek sicher geantwortet: Ich sah doch deinen Vater mit großen Tüten vom Laden kommen, mit Munition, Tee, Kaffee, Margarine, Haferflocken, Schwarzbrot und Keksen, ja Keksen
70 für dich und Tabak für deinen Vater. Und immer wenn er mit großen Tüten vom Laden kommt, geht er bald auf die Jagd. Aber der Junge fragte nicht, sondern blickte ihn verwundert an.
75

„Du wirst einmal ein großer Jäger", sagte der Alte lächelnd. Das hatte der Junge schon von vielen Menschen gehört. Sie wollten ihm etwas Freundliches sagen. Aber wenn Angudtliek so
80 etwas sagte, war das ganz etwas ande-

*Das grönländische
Dorf Saviksivik,
in welchem
Rasmus lebt*

res. Die Worte des Alten machten ihn
stolz. Leichtfüßig trabte er nach Hause.

Wenn er auf die Jagd gehen wollte,
85 verlor Kalli kein Wort darüber. Nie sagte der Vater „In fünf Stunden fahren
wir", oder „Jetzt geht es los". Es hatte
keinen Sinn, so etwas anzukündigen,
denn so weit im Norden konnte sich
90 das Wetter jederzeit verändern, manchmal von Minute zu Minute. Es kam vor,
dass die Sonne plötzlich von dicken
schwarzen Wolken verdeckt wurde
und ein Schneesturm hereinbrach. Ge-
95 wiss, wenn die Lebensmittel der Familie zur Neige gingen, war klar, dass Kalli bald wieder losfahren würde.

Auch diesmal hatte Kalli seinem Sohn
nicht gesagt, dass sie fahren wollten.
100 Aber der Junge hatte gesehen, wie der
Vater den Beutel mit der Munition über-
prüfte und ein Robbenfell als Sitzpol-
ster für den Kajak heraussuchte. Und als
der Vater jetzt auch noch die Eisbärhose
105 vom Boden holte und die Handschuhe
aus einem anderen Winkel des Hauses
herantrug, wusste der Junge, dass sie

gleich abfahren würden. Ohne Hast zog
er sich auch seine Eisbärhose, seinen Anorak und die Fellstiefel an.   110

Nein, zu viele Worte über eine Reise
konnten das Ungemach, das überall
lauerte, herausfordern. Deshalb verab-
schiedete sich der Junge von seiner
Mutter nur mit einem einfachen „Bai".   115
So als würde er mal eben durch das Dorf
streifen wollen und nicht zu einer Jagdfahrt aufbrechen, von der schon viele
nicht zurückgekehrt waren. Seine Mutter tat ebenso, als würde er nur kurz das 120
Haus verlassen, und sagte mit ruhiger
Stimme: „Bai."

Zwei Jahre war es nun her, als er das
erste Mal mit seinem Vater aufgebro-
chen war. Aber zuweilen tat sie immer   125
noch so, als sei er ein Kind. Dabei war
er jetzt groß.

Vater und Sohn stapften die schneebedeckte Uferböschung hinunter zum
Eis, wo die Schlitten standen und die   130
angepflockten Hunde lagerten. Der Ältere ging leicht wiegend. Der Jüngere
versuchte es ihm gleichzutun, war je-

doch etwas staksiger. So sah die Mutter am Fenster die beiden fortgehen.

Unten auf dem Eis entwirrten sie die
Leinen der Hunde, schirrten sie vor die
Schlitten und verständigten sich mit einem kurzen Blick. Da knallten sie auch
schon mit ihren Peitschen. Während
sich die Hunde ins Geschirr legten und
vorwärtsstürmten, liefen beide noch ein
paar Schritte neben den Schlitten her
und sprangen seitlich auf. So begann die
Fahrt unter dem milden Schein der Mitternachtssonne, die hinter dem Nebel
hervortrat.

Die Schneedecke auf dem Eis war
fest. Die Hunde konnten tüchtig aus-
greifen. Das Dorf hinter ihrem Rücken
wurde schnell kleiner. Die Gefühle und
Gedanken des Jungen flogen dem Schlitten voraus. Das taten sie immer, wenn
das Eis gut war. Er hörte nicht das leise Knirschen der Kufen im Schnee. Ihm
war, als hätten die Hunde Flügel, und
der Schlitten glitt auf den weichen
Strahlen direkt in die Sonne hinein.
„Girri, girri, girri, juk, juk, juk!“, rief
er hell jubelnd, um seine Hunde zu
noch schnellerem Lauf anzutreiben.

Ja, seine Gedanken eilten sehr weit
voraus. Er sah sich bereits am Reiseziel
Ivnanganek angelangt, wo er einen Eisbären erlegte, ganz allein, nur mit seinen Hunden. Sein Vater sah ihm stolz
dabei zu. Aber da fiel dem Jungen ein,
dass sich zu dieser Zeit keine Eisbären
in der Umgebung aufhielten. Nun gut,
dann würde er eben eine Robbe schießen, eine große bärtige Robbe mit viel
Fleisch für die Familie. Die Blicke des
Jungen schweiften umher, vielleicht
würden sie schon auf dem Weg nach
Ivnanganek auf Robben stoßen. Er
strengte seine Augen an, sah seitlich
über seinem Kopf eine Möwe fliegen
und ahmte laut ihren Schrei nach, sodass die Hunde kurz verwirrt stockten.

Dann wurde das Eis schlechter. Die
Hunde verfielen in eine ruhigere Gang-
art. Das Gespann musste flachen Was-
serrinnen und kleinen Schneewehen
ausweichen. Der Junge schwang eifrig
die Peitsche, ließ sie über die Köpfe der
Hunde sausen. Legte sich ein Hund
nicht richtig ins Geschirr, traf ihn ein
leichter Schlag an den Hinterläufen.
„Hako, hako!“, rief der Junge aus Lei-
beskräften, nach links! Die Peitsche
flog den Hunden der rechten Seite dicht
über die Ohren hinweg, wodurch die
sich mehr nach innen drängten und den
Schlitten nach links zogen. Im nächsten
Moment rief der Junge: „Atock, atock,
atock!“ Diesmal flog die Schnur den
Hunden der linken Seite über die Köpfe, damit sie nach rechts liefen.

Fünf Hunde zogen seinen Schlitten,
der kleiner war als der des Vaters, vor
dem acht Hunde liefen. Sie hatten schöne Hunde, ausdauernde Tiere, die den
ganzen Tag ziehen konnten, ohne müde zu werden. Sie liefen im Fächer, wie
das in Grönland üblich ist, von vier Meter langen Kunststoffleinen gehalten.
„Hok, hok, hok, hok!“, rief der Junge.
Zieht! Legt euch ins Zeug!

Für einen Jäger hing sehr viel davon
ab, dass er kluge und ausdauernde Hunde hatte. Doch selbst die besten Hunde würden niemals richtig im Gespann
arbeiten, wenn sich der Jäger keinen
Respekt bei ihnen verschaffen konnte.
Schlittenhunde sind halbe Wölfe und
brauchen eine starke Hand. Das hatte
der Vater dem Sohn beigebracht, als er
ihm den Schlitten baute.

Der Junge schrak aus seinen Gedanken auf. Vor den beiden war ein Hindernis aufgetaucht. Ein Eisbruch, eine
tiefe Wasserrinne, gut einen Meter
breit, versperrte ihnen den Weg. Kalli
prüfte mit dem Peitschenstock das Eis
am Rande des Spalts, führte die Hunde heran und ließ sie auf seinen Befehl
über die Rinne springen. Rumpelnd
flog der Schlitten hinterher und landete wohlbehalten auf der anderen Seite.

Rasmus und sein Vater unterwegs mit den Schlittenhunden

230 Der Junge wollte es ihm gleichtun. Aber kurz vor dem Spalt drehten die Hunde ab, weil sie sich vor Wasser noch mehr fürchteten als vor der Peitsche. Verärgert ließ der Junge die Schnur 235 über ihre Köpfe sausen und schrie sie an. Er wendete das Gespann und nahm einen neuen Anlauf. Wieder drehten die Hunde kurz vor der Rinne ab. Zornig schlug der Junge auf die Hunde ein, die 240 sich unter seinen Hieben flach auf das Eis duckten.

Der Vater wartete auf der anderen Seite der Rinne und schüttelte unmerklich den Kopf. Der Junge bemerkte die ta- 245 delnden Blicke und zog den Kopf ein wie seine Hunde. Er wusste, dass er einen Fehler gemacht hatte. Hatte sein Vater ihm nicht oft gesagt: „Bleib ruhig. Ein kleiner Mensch hat mehr Schwierigkei- 250 ten mit den Hunden als ein großer. Gerade deshalb ist es wichtig, dass du ru-

hig bist und sie keine Schwäche spüren."

Der Junge kämpfte mit den Tränen. Traurigkeit und Wut mischten sich. In einem weiten Bogen führte er endlich 255 das Gespann an die Rinne. Und diesmal sprangen die Hunde.

Der Kummer war schnell verflogen. Es gab so vieles zu sehen, und außerdem hielt er eifrig Ausschau nach Robben. 260 Und wirklich, nach einer Weile wölbte sich weit entfernt etwas Schwarzes auf dem Eis – eine Robbe. Kalli hatte sie auch schon entdeckt. Die beiden riefen leise „oiii, oiii, oiii" und pfiffen. Die 265 Hunde spitzten die Ohren, liefen langsamer und blieben schließlich stehen.

Die beiden beobachteten die Robbe. Lang ausgestreckt lag sie auf dem Eis in der Nähe ihres Luftlochs. Die klei- 270 nen Ohren des Jungen wurden richtig warm vor Spannung. Er nahm das Fernglas. Wie schön das Fell der Robbe in

der Sonne glänzte. „Schönes Tier bleib
liegen", flüsterte er. Er wusste, was er
jetzt zu tun hatte. Er musste auf die
Hunde achten, während der Vater an
die Robbe heranschlich. Denn die erste Robbe auf ihrem Weg schoss immer
der Vater. Er war der erfahrenere Jäger,
und sie brauchten das Fleisch für sich
und die Hunde.

Kalli nahm das Gewehr vom Schlitten und band es auf dem Holzgestell
fest, hinter dessen aufgespanntem Tuch
er beim Anpirschen Sichtschutz finden
würde. Während sich der Junge vor die
Hunde stellte und sie ermahnte, ruhig
liegen zu bleiben, schlich sich sein Vater – erst aufrecht, dann bäuchlings auf
dem Eis kriechend – näher an die Robbe heran, wobei er den Qamutaarruk
mit dem Gewehr vor sich herschob.

Da fiel der Schuss. Die Hunde sprangen hoch und stürmten los. Der Junge
schwang sich auf seinen Schlitten. Kalli hatte die Robbe getroffen. Die Nächste würde der Junge schießen.

Doch als sie das geschossene Tier auf
Kallis Schlitten verzurrt hatten und
schon eine ganze Weile wieder unterwegs waren, ließ sich keine weitere
Robbe blicken, so angestrengt der Junge auch Ausschau hielt. Er versuchte es
mit einem Spiel, sah einfach nicht nach
vorn, und wenn er sich dann nach einer Weile umdrehte, würde er eine
Robbe erblicken. Aber nichts. Der Junge erinnerte sich daran, wie viele Robben sie während der letzten Jagdfahrt
allein auf dem Hinweg gefangen hatten. Drei waren es gewesen und sechs
während der ganzen Reise. Er dachte
an die Fahrten davor. Wie viel Robben
hatte er schon mit seinem Vater gefangen? Viele. So viele, dass er sie nicht
mehr zusammenzählen konnte. Aber
er stellte sich einen großen Berg von er-
legten Robben vor. Und alle Robben
haben wir und die Hunde aufgegessen,
dachte er.

Der Junge war so vertieft in seine Gedanken, dass er fast nicht bemerkt hätte, wie Kalli vorsichtig sein Gespann
stoppte. Erst als er mit seinem Schlitten dicht an den Schlitten seines Vaters
herangeglitten war, entdeckte er die
Robbe vor ihnen auf dem Eis.

Diesmal sollte der Junge schießen.
Das Tier lag weit voraus. Es döste wohlig in der Sonne und hatte die Jäger noch
nicht bemerkt.

Bleib liegen, Robbe!

Der Junge ging nicht direkt auf das
Tier zu, sondern er schlug einen kleinen Bogen und gelangte zu einer une-
benen Eisfläche, wo er mehr Sichtschutz
fand. Mal ging er ein paar Schritte, mal
blieb er regungslos stehen und beobachtete das Tier.

Bleib liegen. Robbe, bleib liegen!

Rechts von ihm befand sich eine kleine Senke im Eis und davor eine niedrige Schneewehe. Dorthin bewegte sich
der Junge vorsichtig. Nur noch ein paar
Schritte und er war in Schussweite.

Robbe, Robbe, bleib liegen!

Hinter den Qamutaarruk geduckt,
schlich der Junge vorsichtig weiter. Da
berührte sein Fuß ein kleines Eisstück.
Er glitt mit der Spitze seines Fellstie-
fels ein wenig zur Seite, begann zu
schaukeln und riss, um sein Gleichgewicht zu halten und nicht hinzufallen,
den Arm mit dem Gewehr hoch. Die
Robbe hob den Kopf, sah den Jungen,
und schon war sie durch ihr Luftloch
unterm Eis verschwunden. Enttäuscht
kehrte er zu den Schlitten zurück. Heute wollte ihm überhaupt nichts gelingen. Missmutig verzurrte er das Gewehr wieder auf dem Schlitten.

Sie fuhren weiter und passierten die
Insel Qeqertapaluk, deren Felsen sich
in der Ferne düster gegen den hellen
Himmel der Polarnacht abhoben. Bei
ihrem Anblick heiterte sich das Gemüt
des Jungen auf. Jedes Jahr schlugen sie
dort mit anderen Familien aus dem

370 Dorf ihr Sommerlager auf. Schon in einer Woche wollten sie wieder dorthin fahren. Ihre Schlitten waren jedesmal hochbepackt mit Zelten, Planen, Töpfen und Kleidung, und obendrauf saß

375 die ganze Familie. Wenn der Vater und die Mutter noch das Zelt am Fuße der Felsen im Moos aufbauten, kletterten der Junge und seine Brüder schon in den steinigen Hängen herum, um Ag-

380 paliarssuk* zu fangen und deren grüne Eier zu suchen. Viele Agpaliarssuk gab es dort. Die Beute nähten sie in Robbenfelle ein und bedeckten sie mit Steinen, damit sie dort sicher vor Füchsen

385 und Eisbären bis in den nächsten Frühling als Vorrat lagern konnte. Und wenn er nicht Agpaliarssuk fing, rollte er mit anderen Kindern die moosigen Hänge hinunter oder trank das Wasser,

390 das in Rinnsalen vom Berg floss.

Danach würden sie ein anderes großes Sommerlager in Agguti aufschlagen. Fast alle Familien aus Saviksivik hatten dort ihre Zelte. Das Dorf war

395 dann ganz leer, nur ein paar Hunde und einige alte Menschen blieben zurück. Dann ließ Kalli auch seinen kleinen Fischkutter zu Wasser, mit dem er Narwale, Robben und Walrosse jagte. Bei

400 dem Gedanken an den Kutter lachte der Junge vergnügt. Der Kutter war nämlich das größte Boot des Dorfes. Und er konnte dieses große Schiff steuern.

So dachte der Junge immer weniger

405 an sein Missgeschick. Doch so angestrengt er Ausschau hielt, weitere Robben zeigten sich nicht. Sie mochten mittlerweile sechs Stunden gefahren sein. Die Mitternachtssonne war be-

410 reits auf ihren tiefsten Stand gesunken, und die eisbedeckten mattglänzenden Felsen von Ivnanganek erhoben sich nicht mehr weit entfernt von ihnen, als der Junge dunkle Punkte auf dem Eis

415 entdeckte. Er streckte den Arm aus: „Da, Menschen."

Der Junge feuerte seine Hunde an:

„Hupa, hupa!" Vergnügt schwang er die Peitsche. Aber das wäre gar nicht

420 nötig gewesen. Die Hunde liefen von selbst so schnell sie konnten, weil sie das Lager bereits gewittert hatten.

Das Lager der Menschen bestand aus sechs Schlitten, die direkt an der Eis-

425 kante aufgestellt waren. Das große Meer lag nach Süden hin offen vor ihnen, während hinter ihrem Rücken die Bucht noch mit Eis bedeckt war. Die Menschen hatten hinter ihren Schlitten

430 als Windschutz kleine Kunststoffplanen aufgestellt, die in der Sonne glänzten. Ihre Hunde lagerten angepflockt in der Nähe der Schlitten.

Die Männer, deren Schlitten in einer

435 ungeordneten Reihe an der Eiskante standen, starrten über das offene Meer, in dem weit entfernt einige Eisberge trieben. Sie hielten ihre kleinen Winchesters und Remingtons in den Händen und

440 warteten darauf, dass ein Tier den Kopf oder Buckel aus dem Wasser steckte. Die großkalibrigen Gewehre waren zwar schussbereit, aber nur an die Schlitten gelehnt. Wenn sich eine Robbe zeigte,

445 wollten sie nicht wie sonst diese Gewehre benutzen. Sie würden zuviel Lärm machen und damit das Wild vertreiben, auf das sie es eigentlich abgesehen hatten – Narwale und Walrosse.

450 So saßen sie auf ihren Schlitten und sahen über das Wasser. Hin und wieder kochte einer Tee. Dann gingen alle mit ihren Bechern zum Topf und tranken bedächtig. Manchmal setzte einer von

460 ihnen einen Topf mit Robbenfleisch auf den Spirituskocher. Der Duft zog den Männern eine ganze Weile um die Nase, bis sie sich endlich erhoben, ihre kleinen Taschenmesser aufgeklappt in

465 den Händen. Sie kühlten die Fleischstücke erst ein wenig auf dem Eis und schnitten sich dann kleine Bissen ab.

„Da, iss die Leber", sagte der alte Jonas zu dem Jungen, „davon wirst du

470 groß und stark." [...]

Lothar Frenz (Text), Gilles Nicolett (Fotos)

Die Bezwinger der Riesenschlange

Wie ihre Väter, so jagen auch noch heute manche Gbaya in Kamerun die größte Riesenschlange Afrikas – unterirdisch und mit der Hand. Außer Kraft gehören List und Mut dazu. Der Verbreitung des Felsenpythons hat solche Tradition bis heute nicht geschadet.

Im Jahr seiner Beschneidung, als Kaigama Sambo zum Mann wurde, stieg er zum ersten Mal in die Erde hinab, um den Python mit der bloßen Hand zu fangen. Zunächst hatte er sich geweigert – voller Furcht vor „gba gok", der Großen Schlange. Doch sein Vater zwang ihn mit Gewalt in den Bau, versperrte den Eingang und ließ seinen Sohn erst wieder heraus, nachdem der das Reptil gepackt hatte.

Rund vier Jahrzehnte später – Sambo ist Anfang 50, so genau weiß das niemand – leitet er als erfahrener „wan gia", als „Meister der Jagd", die Pirsch auf die größte Schlange Afrikas, den Felsenpython. Vor dem Jagdzug ruft Sambo, gläubiger Muslim und Vater von neun Kindern, die Geister an: So kao, den Geist des Ortes, an dem er gemeinsam mit seinem 23-jährigen Sohn Abou und seinem Freund David Adamou jagen will; außerdem So gia, den Geist der Jagd. Er opfert Maismehl, Salz und Maniok und tötet einen weißen Hahn, versprengt dessen Blut auf seine Waffen, um die Gefahren abzuwenden, die in der Wildnis drohen.

Anfang November ziehen die drei Männer in den Busch. Dann beginnt auf dem weiten, dünn besiedelten Adamaoua-Hochplateau im Zentrum Kameruns die Trockenzeit, und fünf Monate lang können die hier ansässigen Gbaya ihre Felder nicht bestellen. In der Umgebung der Dörfer sind größe-

re Tiere meist selten, daher dringen die Gbaya weit in unbewohnte Regionen vor, wo es noch Antilopen, Büffel oder Elefanten gibt – und Pythons. Die Gbaya sind das einzige Volk Afrikas, das Felsenpythons in deren unterirdischen Verstecken zu jagen wagt.

150 Kilometer weit fahren und schieben Sambo, sein Sohn und Adamou klapprige Fahrräder durch das Gras der Savanne, vollbeladen mit allem, was sie für einen mehrmonatigen Aufenthalt in der Wildnis benötigen. Tagelang kämpfen sie sich durch den weglosen Busch, bis sie das Gebiet erreichen, in dem Sambo Felsenpythons vermutet.

Die Riesenschlangen bevorzugen Gras- und Baumsteppen, buschiges Gelände entlang von Bächen oder Flüssen, die auch in der Trockenzeit nicht versiegen. Python sebae, so der wissenschaftliche Name des Felsenpython, jagt gern vom Wasser aus: Tiere bis zu Antilopengröße, Paviane, Pinselohrschweine, Schakale, Haustiere.

Nur Nasenöffnungen und Augen ragen über die Oberfläche, bis die Schlange das Beutetier erspäht hat; dann schlägt sie blitzschnell ihre scharfen Zähne in dessen Fleisch: Die Zähne sind nach hinten gebogen und verhaken sich, und auch wenn sich das Opfer noch so sehr wehrt, wird es sich kaum losreißen können. Denn gleich nach dem Angriff wickelt sich der Python in mehreren Windungen um den Körper des Opfers, zieht die Schlingen zu und presst das Beutetier zu Tode. Meist erstickt es innerhalb weniger Minuten.

Beim Verschlingen nimmt sich der Python Zeit. Seine Unter- und Oberkiefer können sich aus ihrem Gelenk lösen, bis sie nur noch mit Bändern aneinanderhängen. Auf diese Weise kann

die Schlange das Maul bis zu einem Winkel von 130 Grad aufreißen, den geöffneten Schlund über den Kopf des Opfers stülpen, die Beute langsam im-
85 mer weiter in sich hineinschieben und beim Hinunterschlingen einspeicheln.

Felsenpythons vermögen bis zu zwei Jahren ohne Nahrung zu überleben. Wenn der Regen ausbleibt und die Flüs-
90 se weniger Wasser führen, ziehen sie sich zurück in Felshöhlen, leere Termitenbauten oder von Erdferkeln gegrabene Gangsysteme. Hier legen die Weibchen Eier und bewachen sie. Rund
95 zwei Monate, bis zum Schlupf der Jungen, verbringen sie normalerweise fastend. Nur um draußen zu trinken, verlassen sie das Gelege.

Das Gebiet, das Sambo mit seinen
100 Jagdgenossen ansteuert, ist vollständig mit mannshohem dürren Gras bewachsen. Zunächst legen die drei Feuer: Sie setzen viele Hektar Buschland in Brand, unterstützt vom „Harmattan", einem
105 trockenen Wind, der, aus der Sahara kommend, die Flammen schnell verbreitet.

Wenn das Gras abgebrannt ist, sind die Eingangslöcher der Erdferkel-Be-
110 hausungen leicht zu finden. Ein bewohnter Bau verrät sich durch bestimmte Hinweise in seiner Umgebung: gebrochene Äste, Fuß- oder Schleifspuren.

Die Jäger streuen frische Asche vor
115 die Öffnung der entdeckten Erdhöhle. Tage später finden sie darin Abdrücke, die ihr Jagdfieber auslösen. „Ich bin sicher, da unten liegt ein großes Weibchen auf seinen Eiern", meint Adamou.
120 Er weiß, was ihn erwartet, wenn er Recht hat: eine Schlange, vier, fünf Meter lang, zusammengerollt auf einem Eierberg; passiv und doch immer bereit, die Brut gegen hungrige Ratten,
125 Mangusten, Warane oder Eindringlinge wie ihn zu verteidigen.

Adamou hat Respekt vor der gewaltigen Kraft der Riesenschlangen. Im-

Adamou kriecht in die Höhle der Schlange

merhin maß der längste bekannte, 1932 an der Elfenbeinküste erlegte Felsen- 130 python 9,81 Meter. Zwar sind mehr als sechs Meter lange Pythons selten geworden, doch schon ein vier Meter langer kann einen erwachsenen Mann töten. In Südafrika erwürgte 1979 ein 135 etwa viereinhalb Meter langer Python sebae einen 13 Jahre alten Jungen.

Vor etwa drei Jahren hat Adamou selber erlebt, wie ein knapp fünf Meter langer Python beinahe einen jungen 140 Mann umgebracht hätte. Der 17-Jährige war auf dem Weg zu einem Bach, als ihn die Schlange angriff. Adamou hörte die verzweifelten Hilfeschreie und

*Adamou hat
die Schlange aus
der Höhle geholt*

Aufgescheuchte Fledermäuse flattern vorbei. Und dann glänzt gemusterte Schuppenhaut im Schein der Fackel. Mehrere Meter Muskeln lauern angespannt und zusammengeknäuelt um einen Haufen Eier. Das Pythonweibchen richtet den Kopf auf, biegt den Hals zum Angriff zurück.

Adamou fühlt die Anspannung seines Körpers und nähert seine umwickelte Hand dem Maul. Die Schlange schnellt vor, beißt zu, verhakt sich mit den Zähnen in dem Fell – und setzt sich so selbst außer Gefecht. Mit der freien Hand verdeckt Adamou ihr die Augen. Dunkelheit, das weiß er, beruhigt sie. Er packt sie fest hinter dem Kopf. Vorsichtig schiebt er sich in dem Gang zurück und zerrt das große Tier, das sich kaum wehrt, mit sich heraus.

Erst am Einstiegsloch, als sie das Tageslicht wahrnimmt, krümmt sich die Riesenschlange wild und versucht, dem festen Griff zu entkommen. Ein gefährlicher Augenblick, denn gelingt es ihr, sich zu befreien, ist der bis dahin erfolgreiche Jäger in Gefahr, in Sekundenschnelle vom Muskel-Schraubstock des Pythons umspannt zu werden.

Aber Sambo und Abou sind auf diesen Moment vorbereitet; sie lauern am Eingang und drücken die Schlange mit einer starken Astgabel zu Boden. Ein Schnitt hinter dem Kopf – das große Tier ist tot. Adamou kriecht noch einmal in die Höhle, um die Eier zu holen.

Im Lager entnimmt Sambo, der Meister der Jagd, dem Python die Leber und opfert sie dem Geist des Ortes: „Hier ist dein Teil! Nun gewähre uns ein anderes Tier, noch größer als dieses!" Dann spannen die Männer die Haut des Pythons mit kleinen Holzpflöcken am Boden aus, wo sie mehrere Tage lang trocknet. Die Häute sind jedoch nur ein Nebenprodukt der Jagd – wichtiger ist das Fleisch. Im Lager über Holzfeuern geräuchert, wird es haltbar gemacht.

rannte los. Gerade noch rechtzeitig: Das große Reptil hatte sich schon zweimal um den Brustkorb seines Opfers geschlungen und zuzudrücken begonnen. Mit seinem Dolch tötete Adamou die Schlange und rettete den jungen Mann.

Weil Adamou mit einem Weibchen rechnet, das seine Eier bewacht und sich daher besonders heftig wehren wird, bereitet er eine List vor: Er umwickelt seinen linken Arm mit einem großen Stück Antilopenfell, das ziemlich weit über seine Hand herunterhängt. Dann kriecht er in das enge Erdloch und robbt, ein brennendes Bündel Stroh als Fackel vor sich haltend, durch den engen, dunklen Gang.

Cathy Newman (Text), Steve McCurry (Fotos)

Sharbat, das Flüchtlingsmädchen

Mitte der Achtzigerjahre fotografierte Steve McCurry in Pakistan ein afghanisches Mädchen für eine Reportage über Flüchtlinge aus Afghanistan. Ihr Foto, das in dem Reportagemagazin „National Geographic" zum Titelbild wurde, berührte Menschen in aller Welt. Siebzehn Jahre danach machte der Fotograf sie wieder ausfindig. – Eine Frau, die mittlerweile anderthalb Jahrzehnte Krieg und Leid erlebt hat.

Sharbat Gula
1984

D er Mann war ein Fremder, und sie erinnert sich noch gut an ihren Unmut – nie zuvor war sie fotografiert worden. Und nie danach nahm jemand
5 ein Bild von ihr auf. Bis Steve McCurry und Sharbat Gula sich im Januar 2002 wieder begegneten.

Auch der Fotograf erinnert sich an jenen Augenblick vor 17 Jahren in ei-
10 nem pakistanischen Flüchtlingslager. Ein Meer von Zelten. Mildes Licht. Im Schulzelt fiel sie ihm sofort auf. Er spürte ihre Scheu, ließ ihr Zeit. Dann erlaubte sie ihm, ein Foto zu machen.
15 „Ich ahnte nicht, dass diese Aufnahme sich so sehr von meinen anderen Fotos unterscheiden würde", erinnert sich McCurry an jenen Morgen im Jahr 1984, als er das Schicksal der afghani-
20 schen Flüchtlinge dokumentierte.

Das Porträt des Mädchens traf ins Herz. Im Juni 1985 war es Titelbild von „National Geographic" und ging um die Welt. Traurige grüne Augen fesseln
25 den Betrachter. Sie erzählen vom Leid eines vom Krieg gegen die sowjetischen Besatzer gezeichneten Landes. In der Redaktion hieß sie nur „das afghanische Mädchen". Niemand kannte ihren
30 Namen; niemand wusste, was aus ihr geworden war. Bis Anfang 2002.

Im Januar bringt ein Fernsehteam Steve McCurry nach Pakistan, um das Mädchen mit den grünen Augen zu suchen. Das Flüchtlingslager in der Nähe 35 von Peschawar gibt es immer noch. Das Team zeigt McCurrys Foto herum. Eine Lehrerin sagt, sie wisse, wer das Mädchen sei. In einem nahen Dorf spürt man eine junge Frau auf. Ihr Na- 40 me, Alam Bibi, geht durch die Presse, auch in Deutschland: Sie habe Osama bin Ladens* Töchter unterrichtet und werde deshalb von der CIA* gesucht. Alles nur Gerüchte. McCurry kommt 45 schnell zu dem Schluss, dass Alam Bibi nicht die Gesuchte ist.

Ein weiterer Informant schaltet sich ein. Er kenne das Mädchen. Als Kinder hätten sie zusammen im Lager ge- 50 lebt. Sie sei vor Jahren in ihr Land zurückgekehrt und lebe in einem Dorf in den Bergen nahe Tora Bora, sechs Stunden mit dem Auto und weitere drei zu Fuß entfernt. Er werde sie holen. 55

Es dauert drei Tage, bis sie da ist. Als McCurry sie kommen sieht, weiß er sofort: Das ist die Richtige.

Sie heißt Sharbat Gula und ist Paschtunin*. Von den Paschtunen sagt man, dass sie nur in Frieden leben, wenn sie im Krieg sind. Gula ist jetzt 28, vielleicht auch 30. Aber niemand, nicht einmal sie selber, weiß es genau.

Die Zeit und die Not haben ihre Jugend ausgelöscht. Ihre Haut sieht jetzt aus wie gegerbt. Die Konturen ihres Kinns sind weich geworden. Aber ihre Augen haben noch immer diesen bohrenden Blick. „Sie hat viel durchlitten", sagt McCurry. „Wie so viele in diesem Land." 23 Jahre Krieg haben 1,5 Millionen Tote gefordert. Und 3,5 Millionen Menschen mussten als Flüchtlinge ihre Heimat verlassen.

„Es gibt keine einzige Familie, die nicht vom Krieg betroffen ist", sagt ein junger afghanischer Händler. Sharbat, das Mädchen auf der Titelseite, war noch ein Kind, als die Sowjets Ende der Siebzigerjahre in ihr Land einmarschierten. Zahllose Dörfer wurden damals zerstört. Sie war vielleicht sechs, als ihre Eltern getötet wurden. Tagsüber regnete es Bomben, nachts wurden die Toten begraben. Flugzeuge verbreiteten Angst und Entsetzen.

„Wir haben Afghanistan wegen dieser Kämpfe verlassen", sagt Gulas Bruder Kashar Khan, der Details ihrer Lebensgeschichte ergänzt. Er ist dürr und kerzengrade und hat den stechenden Blick eines Raubvogels. „Die Russen waren einfach überall. Uns blieb keine andere Möglichkeit."

In der Obhut der Großmutter machte er sich mit seinen vier Schwestern auf den langen Weg nach Pakistan. Eine Woche lang gingen sie über schneebedeckte Berge, bettelten um Decken, die sie etwas wärmen sollten.

„Man wusste nie, wann die Flugzeuge kommen würden", erinnert sich Kashar Khan. „Wir haben uns in Höhlen versteckt." Die Odyssee der kleinen Familie endete in einem Flüchtlingslager in Pakistan. Unter Fremden.

„Menschen wie Sharbat Gula, die auf dem Land aufgewachsen sind, tun sich mit der Enge solcher Lager besonders schwer", erklärt Rahimullah Yusufzai, ein angesehener pakistanischer Journalist, der für McCurry und das Fernsehteam dolmetscht. „Eine Privatsphäre gibt es dort praktisch nicht. Man ist auf Gedeih und Verderb auf andere Menschen angewiesen." Mehr noch, man ist der Politik anderer Staaten hilflos ausgeliefert. „Die russische Invasion hat unser Leben zerstört", sagt Gulas Bruder.

So geht es seit langer Zeit in Afghanistan: Invasion. Widerstand. Invasion. Eine Tragödie ohne Ende. Wird das jemals aufhören? „Jeder Regierungswechsel bringt neue Hoffnung", sagt Yusufzai. „Aber noch jedes Mal wurde das afghanische Volk betrogen – von seinen Führern und von Fremden, die sich als Freunde und Retter ausgaben."

Mitte der Neunzigerjahre, als die Kämpfe einmal kurz abflauten, ging Gula in ihre Heimat in den Ausläufern schneebedeckter Berge zurück. Ihr Dorf liegt am Ende eines schmalen Pfades. Das Leben dort ist armselig, ein ständiger Existenzkampf. Auf Terrassenfeldern wachsen Mais, Reis und Weizen. Es gibt ein paar Walnussbäume, einen Bach – aber weder eine Schule noch ein Krankenhaus, weder Straßen oder gar fließendes Wasser.

Üblicherweise steht Gula vor Morgengrauen auf und betet. Dann holt sie Wasser aus dem Bach, kocht, putzt, wäscht, kümmert sich um ihre Kinder. Sie sind der Mittelpunkt ihres Lebens. Robina ist 13, Zahida drei, Alia ein Jahr alt. Eine vierte Tochter starb im Säuglingsalter.

Gula habe bisher keinen einzigen

wirklich glücklichen Tag erlebt, sagt ihr Bruder, mit Ausnahme ihres Hochzeitstags vielleicht. Damals war sie 13 Jahre alt, wie sie meint. Falsch, sie sei 16 gewesen, widerspricht ihr Mann Rahmat Gul. Die Familien hatten die Heirat arrangiert.

Rahmat Gul lebt in Peschawar und arbeitet in einer Bäckerei; in Afghanistan sind Jobs rar. Einen Teil seines ohnehin geringen Einkommens muss er für Arztrechnungen aufwenden. Seine Frau hat Asthma und verträgt die Sommerhitze und die Luftverschmutzung in Peschawar nicht. Sie kann nur den Winter bei ihrem Mann in der Stadt verbringen. Die übrige Zeit lebt sie in den Bergen.

Mit Eintritt in die Pubertät habe für Gula wahrscheinlich die Zeit der *Purdah* begonnen, rechnet der Journalist Yusufzai zurück. Das ist der Beginn der abgeschiedenen Lebensweise vieler muslimischer Frauen. Wenn sie nach draußen in die Öffentlichkeit geht, trägt Gula eine pflaumenfarbene *Burka*, die sie vor der Welt und den Augen der Männer verbirgt. Sie liebt dieses Kleidungsstück. „Es ist wunderschön, sie zu tragen", sagt sie, „und keineswegs eine Strafe."

Als McCurry und sein Team mehr wissen wollen, zieht sie sich zurück und verhüllt ihr Gesicht mit dem schwarzen Tuch, das sie um ihren Kopf trägt. Ihre Augen drücken Ärger aus. Sie mag es nicht, sich Fragen von Fremden auszusetzen.

„Hatte sie jemals das Gefühl von Sicherheit?"

„Nein. Aber unter den Taliban war das Leben besser. Es herrschten wenigstens Frieden und Ordnung."

„Hat sie das Foto jemals gesehen, auf dem sie als Mädchen zu sehen ist?"

„Nein."

Sie kann ihren Namen schreiben, aber sie kann nicht lesen. Ihre Kinder

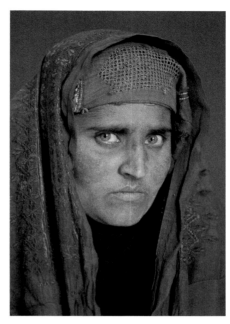

Sharbat Gula
2002

sollen möglichst die Schule besuchen. „Ich möchte, dass meine Töchter etwas lernen", sagt sie. „Ich konnte die Schule ja nicht zu Ende machen."

Schulbildung, heißt es in Afghanistan, ist wie Licht für das Auge. Für ihre 13-jährige Tochter sei es vielleicht schon zu spät, befürchtet Gula. Die beiden jüngeren Töchter dagegen hätten noch eine Chance.

Das Wiedersehen zwischen der Frau mit den grünen Augen und dem Fotografen verläuft verhalten. Für verheiratete Frauen gibt die Tradition strenge Regeln vor. Sie dürfen keinen Mann außer ihren Ehemann anschauen – und anlächeln schon gar nicht. Gulas Gesicht sei ausdruckslos gewesen, sagt McCurry. Sie versteht nicht, warum ihr Bild so viele Menschen berührt.

Die Wahrscheinlichkeit, dass Gula noch am Leben sein würde und dass man sie finden könnte, war hauchdünn. Wie hat sie es geschafft, in diesen Zeiten zu überleben? Die Antwort kommt mit unerschütterlicher Gewissheit. „Es war der Wille Gottes."

Wolfgang Michal (Text), Jordis Schlösser (Fotos)

Menschen auf der Kippe

Als die kommunistischen Kolchosen* in Rumänien aufgelöst wurden, verloren hunderttausende Roma* ihre Jobs als Landarbeiter. Seither fristen sie ein Dasein am Rande der Gesellschaft. Wie zum Beispiel auf der Mülldeponie von Klausenburg. 400 Roma leben hier vom Abfall, die meisten kampieren mitten im Dreck. Ihr Hüttendorf nennen sie „Dallas". Weil Dallas ein Ort ist, der die Menschen hart macht – gegen sich und gegen andere.

Draußen gießt es, der kalte Ostwind schlägt die Plastikplanen an den Verschlag. Dollar und Sanda sitzen in ihrer fensterlosen Hütte und sehen
5 fern. Sanda ist 14, Dollar 16. Als sie einander zum ersten Mal küssten, bestand Sandas Familie auf Heirat, „sonst …!" – Dollar macht eine schnelle Bewegung mit der Handkante unterhalb des Kehl-
10 kopfes und grinst.

Dollar wohnt in „Dallas": an der Straße nach Pata, hinter dem Güter-bahnhof und der Spedition, wo die Felder übersät sind mit Plastiktüten, als hätte ein durchgedrehter Christo* die
15 Landschaft verpackt. Hier liegt die Müll-kippe von Klausenburg.

An ihrem Eingang, links der Straße, auf der die 20-Tonner zur Rampe fahren, um ihre Last abzukippen, stehen
20 die Hütten der Roma: 60 Bretterverschläge im Morast, Schweinekoben dazwischen. Fette tote Ratten im Schlamm, und magere Hunde, die zu schwach sind zum Bellen. Dallas heißt der Ort,
25 „weil es hier zugeht wie im echten Dallas", sagt Dollar. Wie in der berühmten Fernsehserie, die jedes Kind in Rumänien kennt.

Drei Clans beherrschen das Feld: die
30 Ciorbas, die Mickis und die Lacatus. Und wie im „echten" Dallas dreht sich alles um Geld, Alkohol und Sex. Nur leben die Menschen in Dollars Dallas nicht vom Öl, sondern vom Müll.
35 Morgens kommt der beste Müll. Aus der Innenstadt von Klausenburg, wo

Im Hüttendorf „Dallas"

*Suche im Müll
nach Verwertbarem*

die Hotels und Läden liegen. Der Morgenmüll ist noch nicht von Obdachlosen durchwühlt, und die Roma aus dem Iris-Viertel haben sich noch nicht die besten Stücke herausgefischt. Morgens ist der Müll noch frisch und das Essen nicht verfault. Die Maden scheuen die Kälte der Nacht.

Gegen zehn, wenn die Lastwagen ihre Fracht anfahren, ist der Kampf um die besten Plätze besonders hart. In der ersten Reihe, halbkreisförmig unter der Rampe, haben sich die Starken postiert: Nelu, Ilie, die Männer um die 40. Dazwischen Frauen, die ihre Kinder allein durchfüttern müssen. Und die kräftigeren Jugendlichen. Knöcheltief im Müll stehen sie, mit der linken Hand den Plastiksack hinter sich umklammernd, in der rechten die Hacke, mit der sie die Beute harpunieren.

Gespannt blicken sie nach oben, beobachten, wie der Müllfahrer den Laster rückwärts an die Rampe bugsiert, den Container über die Hinterachse hievt und langsam abkippt. Dann regnet es Essensreste, Plastik, Töpfe, Medikamente, Staub und allerlei Säfte über die Mützen und Kopftücher. Drei Minuten haben die Dallasianer Zeit, das Metall, die Flaschen und die Kartons aus dem Schwall herauszupicken; manchmal poltert ein ganzer Kühlschrank über die Rampe nach unten, dann heißt es aufpassen und blitzartig die Hacke ins Gehäuse schlagen.

In der zweiten Reihe die Alten und Kinder, die das, was Nelu und Ilie hinter sich harken, ausschlachten und zu den Sammelplätzen schleppen. Die mit ihren Hacken Batterien zerhauen, um das Blei herauszubrechen, und mit den Ärmeln die Säurespritzer aus dem Gesicht wischen.

Dann springt krachend der Bulldozer an und schiebt den Rest des Haufens von der Rampe weg, verteilt ihn 50, 100 Meter weit über die Deponie, die das halbe Tal schon füllt. […]

„Gott sei Dank", sagt Manuela Pop, „gehen die Kinder jetzt wenigstens zur Schule." Wenn sie nicht auf der Rampe hocken und aufpassen, dass die Müllhaufen, die ihre Familien gesammelt haben, nicht geklaut werden. Der 13-jährige Bakaloi etwa, der wie ein Achtjähriger aussieht und immer zu Faxen

95 aufgelegt ist, wärmt sich die Hände über qualmenden Autoreifen. Unter der Pudelmütze blitzen klare Augen aus einem rabenschwarzen Gesicht. Einige Schritte von der Feuerstelle entfernt haben
100 sich seine Kumpels aus Fässern, Plastikplanen, Polsterecken und Matratzen eine Höhle gebaut. Dort kauern sie bei Wind und Regen und rauchen ihre filterlosen Kippen. Dort übernachten sie
105 auch. Ihre Überlebensrationen gleichen dem umliegenden Müll: zerkrümeltes Fladenbrot, dazu Wasser und Weinbrand in Plastikflaschen.

Von den 36 schulpflichtigen Kindern
110 sind nach den Osterferien 23 erschienen. Der Direktor hält das für eine beachtliche Quote. Was daran liegen mag, dass den Eltern das Kindergeld gestrichen wird, sobald die Schüler mehr als
115 40 Stunden im Monat schwänzen.

Die Schule Nr. 12 im Stadtteil Someseni könnte eine Renovierung vertragen. Aber der Staat hat kein Geld. Dumitru Gaje betreibt Mangelverwaltung wie
120 die meisten Schuldirektoren in Rumänien. Von seinen 484 Schülern sind 23 Prozent Roma. Zwar schwärmt er von einem „beispiellosen Integrationsversuch", aber in Wahrheit sind die Kinder
125 aus Dallas separiert. Das hat hygienische und pädagogische Gründe. Da die Dallaskinder „verlaust" sind und keine Impfbescheinigungen vorweisen können, stößt ihre Integration an Grenzen: auf die Abwehrbereit-
130 schaft anderer Eltern.

Die Dallaskinder sind deshalb in Sonderschulklassen in der Turnhalle untergebracht, wo sie zwischen Sprossenwänden und Basketballkörben Benennungen üben. „Viele", sagt Dumi-
135 tru Gaje, „wissen mit 14 noch nicht, was ein Schrank ist, sie kennen weder links noch rechts, weder Farben noch Zahlen." Zu Hause haben sie niemanden, der mit ihnen lernt. Und wie sol-
140 len sie sich konzentrieren, wenn in einem sechs Quadratmeter großen Raum fünf Personen leben? […]

Freitag ist Zahltag. Schon mittags rumpeln die Leiterwagen mit ihren bizar-
145 ren Ladungen, die aussehen wie Skulpturen von Jean Tinguely*, zum „Punte colectare" hinunter, wo das Altmetall sortiert, gewogen und aufgekauft wird. Kupfer bringt am meisten, 8000 Lei das
150 Kilo, Blei 1 500, Aluminium und Messing liegen dazwischen.

Das Eisen wird auf Traktoranhängern in die Stadt gefahren. 1,5 Tonnen haben die Ciorbas gestern aufgeladen. Jetzt stehen
155 sie ausgefertigt vor ihren Hütten. Mit Bundfaltenhosen und Seidenblousons, geschniegelt und gebügelt. Drüben bei „Sia" werden sie ihr Geld nicht versaufen, mit 200 000 Lei kann man sich
160 „in der Stadt" besser amüsieren.

Der „Sammelpunkt für Nichteisenmetalle" ist 1997 extra für Dallas eingerichtet worden. 100 Kilo, sagt der Händler Podar Dan, bringen sie ihm am Tag,
165 Tendenz fallend. Mit seinem schmutzigen Taschenrechner und dem Cellophanbeutel voller Geldscheine wirkt Podar Dan wie einer aus Dallas. Hinter seinem Schuppen liegt die Spedition.
170 Zwischen den verrosteten Containern turnen Jugendliche auf einem Palettenwägelchen herum. Sie lachen und schreien, reißen sich gegenseitig die Wollmützen vom Kopf, stoßen sich von der
175 Palette. Auch Dollar ist dabei.

Die Jungs transportieren Lkw-Batterien, die sie „zum Freundschaftspreis" von 20000 Lei pro Stück bei der Spedition aufladen lassen. An solchen Batterien
180 hängen die Fernsehapparate von Dallas.

Dann fängt es an zu schütten. Die Jugendlichen ziehen ihre Jacken über den Kopf und stellen sich im Schuppen unter. Dollar ist der größte von ihnen.
185 Prustend schüttelt er den Regen aus seiner Jacke und grinst.

Hexenwahn

Harald Parigger
Die Hexe von Zeil

**Bamberg, 1627.
In den süddeutschen
Bistümern hat die Verfolgung
von Menschen, die sich
angeblich dem Teufel
verschworen haben,
unvorstellbare Ausmaße
angenommen.
Ursula Lambrecht,
die 19-jährige Tochter
des Bürgermeisters, muss
erleben, wie nach ihrer Mutter
auch ihr Vater der Hexerei
angeklagt und eingekerkert
wird. In ihrer grenzenlosen
Verzweiflung fordert Ursula
die Vertreter der Kirche
heraus. So ist es nur eine
Frage der Zeit, bis auch
Ursula der Hexerei verdächtigt
und ins Gefängnis nach Zeil
gebracht wird …**

Text auf der Umschlagrückseite

Über das Buch (Vorwort)

Die Hexe von Zeil erzählt die Geschichte einer jungen Frau, die der Hexerei beschuldigt und unmenschlichen seelischen und körperlichen Qualen ausgesetzt wird – eine Geschichte, wie sie sich zu Beginn des 17. Jahrhunderts tausendfach abgespielt hat.

In dieser Zeit nahm die Verfolgung von Menschen, die sich angeblich dem 5 Teufel verschworen hatten, vor allem in den süddeutschen Bistümern* unvorstellbare Ausmaße an. Machtbesessene Kirchenfürsten, fanatische Theologen und pflichtbewusste Beamte bekämpften gnadenlos ein Verbrechen, dessen Existenz auch damals unter den Gelehrten schon umstritten war. Tief verwurzelter Aberglaube gab den Verfolgern den nötigen Rückhalt in der Bevölkerung, 10 menschliche Niedertracht führte zu Bespitzelungen und Denunziationen*. Hohe und Niedrige, Arme und Reiche, Frauen, Männer und Kinder fielen der Brutalität der Hexenjustiz zum Opfer. Wer einmal in ihre Mühlen geriet, für den gab es kaum ein Entrinnen.

Die meisten Personen in diesem Buch haben wirklich gelebt – die Täter und 15 die Opfer. Die Verhöre, die Folterungen – sie haben sich wirklich so abgespielt. Die Engstirnigkeit, die Grausamkeit, die Gemeinheit – es hat sie wirklich gegeben. Aber auch Beispiele von Hilfsbereitschaft, Tapferkeit, Einsicht und Zivil-

courage. Sie können uns Mut machen, rechtzeitig gegen Verfolgung, Misshand-
lung und Rechtsbeugung zu protestieren. Denn die sind noch lange nicht aus unserer Welt verschwunden.

Kapitel 1

„Was ist los? Ich kenne Euch ja nicht wieder! Wollt Ihr meinen Wein nicht wenigstens versuchen?" Aufmunternd hielt Bürgermeister Johannes Lambrecht
seinem Gast das Glas entgegen.

„Mir ist nicht danach", brummte der Ratsherr, „ich habe dringend mit Euch
zu reden." Aber dann nahm er das Glas doch, kostete und schmatzte anerken-
nend. „Nicht schlecht, mein Lieber, wahrhaftig nicht schlecht!"

Er nahm noch einen Schluck und wischte sich den Bart. „In diesen miserab-
len Zeiten ist ein guter Wein so selten wie ein treuer Freund." Er seufzte. „Und
das bringt mich wieder auf den Grund meines Besuchs."

„Ach was, Wallner!" Lambrecht winkte ab. „Jetzt kenn ich Euch schon so
lange und immer habt Ihr Euch geweigert, den Geist arbeiten zu lassen, bevor
nicht der Leib zu seinem Recht gekommen ist. Also geduldet Euch noch ein bisschen mit Eurem Anliegen …" Er wandte den Kopf und rief: „Ursula! Ursula!"

Gleich darauf öffnete sich die Tür und eine junge Frau betrat die Stube. Sie
war schlank und ziemlich groß. Unter einem weißen Häubchen quoll dichtes,
dunkles Haar kaum gebändigt hervor und fiel in lockigen Strähnen in die Stirn.
In ihrem blassen Gesicht glänzten die Augen groß und rund, Augen, die so dunkel waren, dass man die Pupillen darin nicht sah. Das Mädchen begrüßte den
Gast mit einem freundlichen Nicken und meinte dann lächelnd: „Ihr wollt bestimmt, dass ich ein bisschen Fleisch und Brot bringe!"

Lambrecht sah sie liebevoll an. „Du hast es erraten, Ursula. Bring auch Gur-
ken, und wenn du noch von der Spinattorte von heute Mittag hast …"

Ursula nickte. „Fast die Hälfte ist übrig geblieben. Habt ein bisschen Geduld,
es wird nicht lang dauern!"

Schweigend tranken die Männer ihren Wein und warteten, bis die junge Frau
das Essen gebracht und den Raum wieder verlassen hatte.

Nachdenklich sah Wallner ihr hinterher. „Schön ist sie geworden", sagte er,
„so schön, wie ihre Mutter war. Wie alt ist sie jetzt?"

„Neunzehn Jahre fast."

„Ihr solltet sie verheiraten, Lambrecht. Sonst kommt sie auch noch wie ihre
Schwester auf dumme Gedanken und geht ins Kloster. Habt Ihr denn keinen
jungen Mann, den Ihr für würdig haltet …"

„Würdig, würdig!" Der Bürgermeister schüttelte den Kopf. „Da ließe sich
wohl einer finden. Aber sie will nicht. Sie sagt, sie könne mich nicht allein lassen.
Und sie hat nicht mal Unrecht. Sie ist mir eine große Hilfe, seit ihre Mutter tot
ist … Den Haushalt führt sie mir, meine Bücher hält sie mir in Ordnung, Knechte und Mägde gehorchen ihr aufs Wort. Ich kann sie also wirklich kaum entbehren. Trotzdem würde ich sie mit Freuden an einen guten Mann verheiraten, aber
sie hat ihren eigenen Kopf; seit einiger Zeit trägt sie sogar eine Haube wie eine
Ehefrau, als ob sie allen Burschen sagen wollte: ‚Fass mich nicht an!' Nein, ich
muss die Entscheidung ihr überlassen, denn wenn man ihr etwas aufzwingen will,
dann wird sie widerborstig und führt sich auf, als ob sie den Teufel im Leib …"

Lambrecht unterbrach sich unvermittelt und schlug plötzlich mit beiden Fäusten auf den Tisch, dass die Gläser klirrten und Wallner heftig zusammen- 65 zuckte. „Bei allen Heiligen, da wäre mir fast wieder etwas herausgerutscht!" Er versuchte zu lächeln, doch es gelang ihm nicht. Höhnisch fuhr er fort: „Was glotzt Ihr so, Wallner? Hat Euch *der Teufel im Leib* so erschreckt? Glaubt Ihr, dass meine Tochter Euch verhexen könnte? Oder fürchtet Ihr vielleicht, dass die Zimmerdecke sich auftut und ein feuriger Racheengel mit den Zügen unseres ge- 70 strengen Weihbischofs herniedersteigt, um uns im Auftrag Seiner Fürstlichen Gnaden in Asche zu verwandeln? Vielleicht, weil der Wein, den wir da trinken, so gut ist, dass er Teufelswerk sein muss? O mein Gott!" Der Hohn war aus sei- ner Stimme verschwunden, Kummer und Zorn mischten sich jetzt darin. Er griff nach seinem Glas und goss den Inhalt in einem Zug hinunter. 75

„Ihr solltet nicht so reden, Lambrecht!", sagte Wallner besorgt. „Seht Ihr, das ist es, was ich Euch sagen wollte: Ihr redet Euch noch um Kopf und Kragen!"

Aber Lambrecht hörte ihm gar nicht zu. „Die gottlose Hexenbrut wollen sie ausrotten", sagte er wie zu sich selbst, „aber kann man den Satan bezwingen, in- dem man seine Diener vernichtet? Kann er nicht für jede Hexe, die verbrennt, 80 sogleich zwei neue gewinnen, wenn er so mächtig ist, dass er Weiber, Pfaffen, Ratsherren, ja, unschuldige Kinder in seine Dienste lockt?" Er sprang auf und lief unruhig im Zimmer auf und ab. „Wohin soll das nur führen! Das ganze Land wird in die Hand des Bösen fallen, alle Menschen werden folglich verbrannt wer- den müssen, bis nur noch Seine Fürstlichen Gnaden und sein Weihbischof übrig 85 sind. Die müssen sich dann gegenseitig die Fackel an den Leib halten. Wenn es keine Menschen mehr gibt, dann kann es auch keine Hexen mehr geben. Oder macht sich der Teufel dann die Schweine und die Kühe dienstbar?"

Lambrecht rieb sich die Augen, als erwache er aus einem bösen Traum. „Da kann doch etwas nicht stimmen, Wallner! Wieso ist die Stadt Nürnberg von den 90 Anfechtungen verschont? Seit Jahrzehnten haben sie dort niemand mehr ver- brannt – doch ich wüsste nicht, dass dort mehr Vieh verreckt, mehr Unwetter niedergegangen, mehr Kinder gestorben wären als bei uns. Hier hingegen haben so viele mit dem Teufel paktiert, dass es in Bamberg ein eigenes Gefängnis gibt, nur für sie und ein zweites in Zeil! Ist es nicht seltsam, dass der Satan ausge- 95 rechnet bei uns so reichlich Gehör findet? Seinen eigenen Kanzler hat der Bi- schof verhaften lassen und dessen Sohn dazu – kann denn jemand im Ernst glau- ben, dass diese Männer an teuflischen Zaubereien beteiligt waren?"

„Halt, halt, halt", unterbrach ihn Wallner energisch. „Da habt Ihr es doch wie- der! Der Kanzler hat vor dem Reichskammergericht gegen die Hinrichtung sei- 100 ner Frau und seiner Tochter protestiert. Vor dem Reichskammergericht! Wun- dert es Euch da, dass der Fürstbischof ihm den Prozess machen lässt?"

Lambrecht sah seinen Freund fassungslos an. „Mein Gott, Wallner, so verna- gelt könnt Ihr doch nicht sein! Ihr könnt das doch unmöglich gutheißen! Darf man einem Mann für seine Zweifel, für seine Trauer um Frau und Tochter den 105 Prozess machen? Wo sind da Recht und Billigkeit?"

Der Ratsherr zuckte die Achseln. „Ich habe nicht von gutheißen geredet. Ich habe nur gesagt, man brauche sich nicht zu wundern."

Lambrecht hatte seine unruhige Wanderung wieder aufgenommen und be- achtete seinen Einwurf nicht. „Bei Gott und allen Heiligen, das muss doch ein- 110 mal aufhören! Wer wollte abstreiten, dass das Böse existiert. Aber Menschen sind fehlbar, auch gelehrte Richter, auch Bischöfe – und so mag es manchen fürchterlichen Irrtum gegeben haben und noch geben …"

115 Er blieb stehen und starrte vor sich hin. „Meine Frau", sagte er leise, „niemals werde ich glauben, dass sie eine Hexe war. Nachdem die Büttel sie ins Malefizhaus* gebracht haben, habe ich sie nie wieder gesehen. Sie haben Wäsche für sie geholt und Essen und Trinken, monatelang. Durch nichts als ein paar Straßen und ein paar Mauern war sie getrennt von mir, und doch war's so weit, als hätten hundert Meilen zwischen uns gelegen. Wenn sie unter der Marter vor

120 Schmerzen gewimmert hat, ich hab es nicht gehört. Wenn sie Angst vor dem Tod gehabt hat, ich hab es nicht bemerkt. Dann sind sie eines Tages gekommen und haben gesagt, dass sie gestorben sei für ihre Sünden, dass sie bereut habe und dass ihr Eigentum der Kasse des Bischofs verfallen sei. Es hat Gerüchte gegeben, was sie für Ungeheuerlichkeiten gestanden haben soll. Aber mir hat sie es nicht sa-

125 gen können, dass sie mit dem Teufel Unzucht getrieben, dass sie Hostien* geschändet und unschuldige Menschen getötet hat. Und deshalb glaub ich's auch nicht! Eher glaube ich, dass das verfluchte Pfaffengesindel und seine bestechlichen Richter …"

„Hört endlich auf!" Wallner schrie, aber man merkte ihm an, dass er es we-

130 niger aus Zorn als aus Sorge tat. „Zum letzten Mal, hört endlich auf, Lambrecht! Schon Euch zuzuhören reicht, dass sich ein Mann verdächtig macht in diesen Zeiten. Jetzt lasst endlich mich reden! Setzt euch wieder zu mir!"

Lambrecht gehorchte, erstaunt über den unerwarteten Ausbruch, und Wallner fuhr fort: „Ich bin gekommen als Euer Freund. Ich will, nein, ich muss Euch

135 warnen. Euer loses Maul, wenn Ihr verzeiht, dass ich so offen rede, Euer verdammtes loses Maul und dazu die Erbitterung über den Tod Eurer Frau haben Euch in eine gefährliche Lage gebracht. Neulich, während der Sitzung, Eure spitze Bemerkung über Schwarzkonz …"

„Die war viel zu wenig spitz!", fuhr Lambrecht auf. „Ist es etwa nicht selt-

140 sam, wenn jemand aus Eichstätt hierher kommt, ohne nennenswertes Vermögen, Malefizrichter* in Diensten Seiner Fürstlichen Gnaden wird und schon wenige Monate später genügend Geld hat, um eines der schönsten Anwesen der Stadt zu kaufen? Ich habe nur ausgesprochen, was ohnehin alle gedacht haben!"

Wallner schüttelte bekümmert den Kopf. „Wie kann ein so verständiger Mann

145 so einfältig sein. Nur ausgesprochen, was alle gedacht haben! In dieser Stadt spricht man nur aus, was man denkt, wenn man der Folter nicht mehr widerstehen kann, sonst ist man ein ausgemachter Narr! Mögen auch alle Eurer Ansicht gewesen sein, so haben sich doch bestimmt zwei oder drei gefunden, die dem Schwarzkonz Eure freundliche Meinung über ihn mitgeteilt haben."

150 „Soll er's nur hören!", brummte Lambrecht.

„Soll er's nur hören!", äffte Wallner ihn zornig nach. „Einen bischöflichen Richter zum Feind haben – es sind schon Leute für weniger gestorben. Nach dem Tod Eurer Frau – wisst Ihr noch, was Ihr da überall verkündet habt? Ich will's Euch ins Gedächtnis rufen. Die ideale Hexe sei eine Frau mit großer Mitgift,

155 habt Ihr gesagt. Von ihr hätten beide etwas, habt Ihr gesagt: Der Teufel bekomme das Weib und der Bischof das Geld. Mann, ist Euch klar, auf was für dünnem Eis Ihr tanzt? Ihr seid nicht irgendwer in Bamberg – und Ihr könnt sicher sein,

dass Seine Fürstlichen Gnaden solche Äußerungen mit großer Aufmerksamkeit zur Kenntnis genommen hat." Wallner sah seinen Freund beschwörend an. „Mein Gott, Lambrecht, versteht endlich, es kann um Euren Hals gehen!" 160

Lambrecht schaute ihn misstrauisch an. „Sagt mir die Wahrheit", forderte er, „bei unserer Freundschaft! Ihr kommt doch nicht aufs Geratewohl daher und warnt mich, nur weil Ihr Euch plötzlich an mein loses Maul erinnert habt? Da steckt doch mehr dahinter?"

Wallner zögerte einen Augenblick, dann nickte er. „Ich wollte Euch nicht 165 mehr in Unruhe versetzen als nötig, aber vielleicht ist es bei Eurer Sturheit das Beste, wenn ich Euch sage, wie ernst die Lage werden könnte. Ihr kennt doch Else, unsere Hausmagd."

„Else?" Lambrecht lächelte ein wenig. „Natürlich – das Mädchen, das für Eure wunderbare Küche verantwortlich ist!" 170

„Genau die", bestätigte Wallner. „Nun, in letzter Zeit hat sie sich um die Küche nicht mehr ganz so beständig gekümmert, seit sie nämlich einem der Hofmusiker des Bischofs den Kopf verdreht hat. Ich habe mich gehütet, gegen die junge Liebe Einwendungen zu machen, denn – na, Ihr wisst ja, wie das ist, bei allen Festlichkeiten und Empfängen, bei jedem größeren Essen spielen die Mu- 175 siker auf. Sie werden bemerkt und werden doch nicht bemerkt. Sie sind einfach da und niemand rechnet damit, dass sie außer ihren Noten etwas sehen und außer ihrem Gefiedel etwas hören. Aber dieser Kerl, sage ich Euch, hört und sieht mehr als mancher Hofbeamter. Und da er ganz vernarrt ist in unsere Else, und da sie ein wirklich kluges Mädchen ist, erfahre ich eine Menge Dinge vom bischöfli- 180 chen Hof, die ich sonst niemals erfahren würde."

„Ihr seid doch wirklich durchtrieben wie ein Jesuit*", meinte Lambrecht.

Aber Wallner ging auf seinen scherzhaften Ton nicht ein. „Hört nur weiter", fuhr er fort. „Am vergangenen Sonntag gab es in der Hofhaltung eine kleine Festlichkeit, zu der, wie üblich, die Musiker aufzuspielen hatten. Sämtliche Malefiz- 185 kommissäre* waren geladen. Und im vertraulichen Gespräch mit den Doktoren Schwarzkonz und Braun sagten Seine Fürstlichen Gnaden, ich wiederhole es Euch so, wie es Else von ihrem Musiker gehört hat: ‚Wenn der Lambrecht sein Maul weiter aufreißt, werden wir ein Exempel an ihm statuieren*, das sämtlichen jetzigen und künftigen Ratsherren die Lust an aufrührerischen Reden neh- 190 men wird.' – Vielleicht seht Ihr jetzt ein, dass Ihr vorsichtig sein müsst? Dass jedes Wort ein Wort zu viel sein kann?" Wallner sah seinen Freund an. „Wollt Ihr es jetzt endlich einsehen?", wiederholte er eindringlich.

Lambrecht schwieg, den Kopf in die Hände gestützt.

„Ihr habt wohl recht", sagte er schließlich müde, „es ist sicherer zu schwei- 195 gen. Aber versteht mich bitte: Wenn niemand mehr Fragen stellt, wenn niemand mehr wagt, auch nur den leisesten Zweifel zu äußern, dann werden weiterhin Frauen und Männer verhaftet, für deren Rechtschaffenheit und Gottesfurcht Ihr und ich jederzeit die Hand ins Feuer legen würden."

„Ja, ins Feuer, Lambrecht", rief Wallner, „genau das müssten wir auch, es sei 200 denn, wir hätten ein Regiment Landsknechte hinter uns, die unseren Zweifeln Nachdruck ver …" Er hielt erschrocken inne, denn die schwere eichene Stubentür flog mit lautem Krachen auf.

Ursula stand auf der Schwelle. Sie hielt ein versiegeltes Schreiben in der Hand.

205 „Vater", sagte sie und versuchte das Zittern in ihrer Stimme zu unterdrücken, „da war ein Bote des Bischofs. Mit dem Brief hier."

Wallner war bleich geworden. „Ein Brief des Bischofs", stieß er bestürzt hervor, „das kann nur Schlimmes bedeuten."

Nur Lambrecht bewahrte die Fassung. „Nun gib doch erst einmal her", sag-
210 te er. „Vielleicht hat es gar nichts weiter zu bedeuten."

Langsam kam Ursula auf ihn zu und hielt ihm den Brief zögernd entgegen. Er griff energisch danach, löste das Siegel, entfaltete das Blatt und begann zu lesen. Dann ließ er die Hand mit dem Schreiben sinken und blickte Wallner mit melancholischem Lächeln an. „Wie es scheint, kommt Eure Warnung ein wenig
215 zu spät, alter Freund", sagte er.

„Wieso, Vater, um Gottes willen, was will der Bischof von Euch?", fragte Ursula. „So lest doch schon vor, bitte!"

„Das ist schnell gesagt, was er will", antwortete Lambrecht. „Es bestehe der begründete Verdacht, behauptet der gelehrte Doktor Schwarzkonz, der das
220 Schreiben unterzeichnet hat, dass ich dem gräulichen, hochsträflichen Laster der Zauberei verfallen sei und Gottes Gebote und die Reichsgesetze zum Verderben von Mensch und Tier übertreten hätte. Wegen meiner besonderen Stellung in der Stadt und im Rat sehe man von meiner sofortigen Verhaftung ab, befehle mir aber, morgen um die sechste Stunde des Tages in der Hofhaltung vor der Kom-
225 mission der weltlichen Herren Räte zu erscheinen und mich zu rechtfertigen, wenn ich es könne. Das ist alles."

„Das ist alles!", flüsterte Ursula. „Das ist alles!" Sie ließ sich auf einen Stuhl fallen und versteckte das Gesicht in den Händen. Ihr Vater trat zu ihr und legte ihr tröstend eine Hand auf den Kopf.

230 *Als, nach ihrer Mutter, auch ihr Vater Opfer der Hexenjagd zu werden droht, wehrt sich Ursula verzweifelt und wird daraufhin selbst der Hexerei beschuldigt und verhaftet.*

Kapitel 11

Am Morgen wurde sie zum zweiten Verhör gebracht.

An der Kammertür wandte sie sich noch einmal um, ihr Blick traf sich mit
235 dem Annas, ihrer Mitgefangenen. Sie las die unausgesprochene Bitte darin: „Bekenne nicht!" Aber sie gab kein Zeichen, dass sie sie verstanden hätte.

Es war, als ob in dem Raum, in den man sie führte, die Zeit stehen geblieben wäre. Die schweren Vorhänge, die Wächter an der Tür, der Richtertisch, hinter dem Einwag, Schwarzkonz und der Schreiber saßen. Nur die spanische Wand*
240 fehlte, offen lagen die Geräte da, die sie verdeckt hatte: Holz und Eisen, den Menschen von Gott geschenkt, um ihnen nützlich zu sein, von Menschen zu Werkzeugen gefügt und geschmiedet, um im Namen Gottes zu martern.

Die Stimme des kleinen Doktors klang wie stets kühl und unbeteiligt, als er das Verhör eröffnete: „Ursula Lambrecht, hiermit wirst du zum letzten Mal güt-
245 lich ermahnt, deine Schuld zu bekennen und einzugestehen, dass du dich dem Teufel verschrieben und dem Laster der Zauberei ergeben hast. Ich frage dich also noch einmal: ‚Willst du bekennen?'"

Die schweren Vorhänge. Die Wächter an der Tür. Die beiden Richter, klein, kalt und reglos der eine, dick, wohlwollend und mit kaum verhohlener Freu-

de im Gesicht der andere. Der Schreiber, der bleich und mit zusammengebis- 250
senen Zähnen auf seinem Platz saß und die Augen nicht zu heben wagte. Das
Seil, das wie ein Galgenstrick von der Decke baumelte, Ruten, Zwingen,
Blöcke, eiserne Fesseln.

Anna, die ein paar Gassen weiter in ihrer Zelle hockte, mit schmerzenden
Gliedern und zerschundenen Händen, die die Kraft hatte, ihre Würde zu be- 255
wahren und zu widerstehen.

Glaubst du, sie sind zufrieden, wenn du bekennst? Dutzende von Namen wer-
den sie aus dir herausquetschen, Namen von Unschuldigen!

Welche Namen?

Eine halbe Tagesreise entfernt das anmutige Sandsteinhaus, in dem der Bür- 260
germeister Johannes Lambrecht vielleicht nach endlosen Qualen sein Bekennt-
nis herausgebrüllt hatte.

Dutzende von Namen werden sie aus dir herausquetschen, Namen von Un-
schuldigen!

„Ich habe Gott niemals verleugnet", sagte Ursula fest, „mir geschieht Unrecht 265
vor Gott und den Menschen."

Einwag nickte kurz. „Sagt, sie habe Gott niemals verleugnet und so weiter …
Daraufhin wird ihr erstmalig der Fingerstock angelegt." Er hob die Hand.

Die zwei Gehilfen des Henkers zerrten sie zu einem kleinen, massiv gebauten Tisch, auf den eine Eisenzwinge geschraubt war. Einer drückte sie auf den 270
Hocker davor nieder und hielt sie fest, der andere zog ihre Arme über den Tisch
und legte ihre Finger zwischen die eisernen Bänder. „Jetzt bist du wieder bei mir,
meine Schöne!", flüsterte er spöttisch.

Sie beachtete ihn nicht, sondern schaute nur auf ihre Finger. Acht schmutzige, rauhäutige Finger, deren Kuppen zwischen dem Ober- und dem Unterteil 275
der Zwinge verborgen waren.

Was für ekelhaft schmutzige Finger, dachte sie. Ob ich hinterher mit ihnen
noch etwas fühlen kann?

Sie sah den kurzen Blick nicht, den der Henker mit Einwag tauschte, und
merkte nicht, wie er herantrat und an der großen Flügelschraube drehte. 280

Der erste Schmerz kam überraschend, deshalb stieß sie einen kurzen Schrei
aus. Dann presste sie die Lippen zusammen. Es war auszuhalten.

„Wie lange hat der böse Feind gebraucht, bis er dich zum Abschwören gebracht hat?"

„Er hat es nie versucht und ich habe niemals abgeschworen." 285

Einwag winkte. Zweimal drehte sich die große Schraube um ihre Achse. Ursula stöhnte, aber sie schrie nicht.

„Wann ist dir der Teufel zum ersten Mal erschienen und welche Gestalt hat
er gehabt?"

„Ich weiß nicht, ob er mir schon erschienen ist; aber wenn, dann hätte er Eu- 290
re Gestalt gehabt."

Einwag winkte wieder, wieder senkte sich die Schraube ein Stück. Ursula biss
so fest auf ihre Lippen, dass sie klebriges, salziges Blut schmeckte. Sie schloss die
Augen und lenkte ihr ganzes Denken auf ihre Finger, auf die Schmerzen, die darin wühlten, auf die ungeheure Last, die sie niederdrückte. 295

„Was hat er dir für deine Seele zu geben versprochen?"

„Nichts, er hat meine Seele niemals gewollt, meine Seele gehört allein Gott!"

„Hast du mit lauter oder leiser Stimme abgeschworen?"

„Ich habe nicht abgeschworen!"

300 „Was hast du dir dabei gedacht, ist dir nicht dabei in den Sinn gekommen, dass es eine Todsünde ist, sich dem bösen Feind zu verschreiben und Gott und allen seinen Heiligen abzuschwören?"

„Es ist eine Todsünde, Gott und den Heiligen abzuschwören, aber ich habe sie nicht begangen!"

305 Plötzlich ließ der Druck nach, ihre Finger waren wieder frei.

Einen Augenblick lang spürte sie nichts. Es tut gar nicht weh, dachte sie und sah erstaunt die blauen Male unter den Nägeln und die dunklen Blutstropfen, die träge über die Fingerspitzen auf die Tischplatte rollten.

Dann kamen die Schmerzen, stärker als vorher, tobten durch die Finger, poch-
310 ten so heftig, dass der ganze Körper zuckte und der Kopf wie unter Hammer-schlägen dröhnte. Wie aus der Ferne hörte Ursula die Stimme des Richters: „Sie sagt, sie habe niemals Gott verleugnet, ihre Seele gehöre Gott allein. Sie emp-findet keine Schmerzen im Fingerstock, hat auch keine Tränen vergossen."

Schrilles Lachen klang durch den Raum.

315 *Sie empfindet keine Schmerzen.* Was stiert ihr mich alle so an? Ich habe ge-lacht. Sogar der kleine Schreiber glotzt, als ob ich eine Hostie bespuckt hätte. Zweifelst du jetzt auch an mir? Nur eine Hexe lacht, wenn sie die Finger im Stock gehabt hat? Merkst du nicht, dass man lachen muss, wenn man schreien möch-te vor Schmerz, und er sagt: Sie empfindet nichts, gar nichts, weil sie eine Hexe
320 ist, nicht einmal weinen kann sie, und du schreibst das ins Protokoll und da steht es dann als Beweis, dass ich eine Hexe bin und dass ich zu Recht verbrannt wer-de, muss man da nicht lachen?

Ursula lachte erneut.

Der Richter gab ein Zeichen.

325 „Willst du nicht endlich gestehen?"

„Ich kann nichts gestehen, denn ich habe nichts begangen."

„Die Beinschrauben."

Ursula hielt die Augen geschlossen. Sie fühlte die stumpfen Dornen, die in das Holz gestemmt waren, als ihr rechtes Bein zwischen die Bretter geschoben wur-
330 de. Langsam und gleichmäßig schraubte jemand die Muttern auf den eisernen Gewinden herunter. Dann berührten die Dornen ihre Haut. Mit jeder Drehbe-wegung quietschte es leise. Sie pressten sich von unten in das Fleisch ihrer Wa-de und drückten von oben auf den Knochen. Leise quietschten die Muttern. Hilf-los steckte das Bein zwischen der unnachgiebigen Klammer, tiefer gruben sich
335 die Dornen hinein. Man brauchte jetzt Kraft, um die Schrauben zu drehen, das Quietschen wurde lauter, dazwischen angestrengtes Atmen. Ein letzter, kräfti-ger Ruck. Der Schmerz schoss durch das Bein und lähmte sie erst wie ein furcht-barer Schrecken, dann schrie sie ihre Qual hinaus: »Neiiin! Neiin! Hört auf!"

Ein Schnippen mit den Fingern, die Muttern wurden ein wenig gelockert.

340 „Wann hat der böse Feind dich zum Abschwören gebracht?"

„Ich … habe nicht … abgeschworen, so glaubt mir doch endlich!"

„Warum hast du Gott und alle seine Heiligen verleugnet?"

„Ich habe Gott nicht verleugnet! Wenn ich gestehe, dann verleugne ich ihn!"

Wieder das Schnippen mit den Fingern, langsam und unerbittlich wurden die Schrauben wieder angezogen. Die junge Frau tobte, wand und wehrte sich, so dass die beiden Knechte sie kaum halten konnten. Angst und Qual wandelten sich in einen Ausbruch rasender Wut. „Ich habe den Teufel niemals gesehen, bis ich dir begegnet bin! Du bist der Teufel! Deine Folter ist die Hölle für jeden Christenmenschen! Du bist der Teufel, hörst du mich? Du bist der Teufel!" 345

Stille herrschte, als sie ihren ohnmächtigen Zorn hinausgebrüllt hatte. 350

Erneut nickte dann der kleine Doktor kaum merklich. Die Schrauben wurden zurückgedreht, der Druck verringerte sich und hörte schließlich auf; sie war wieder frei. Der pochende Schmerz in Fingern und Bein ließ sie leise wimmern.

„Sie will immer noch nicht gestehen und beteuert, sie habe Gott niemals verleugnet, wolle ihn auch jetzt nicht verleugnen. Empfindet wieder keine Schmerzen und vergießt keine Tränen." Der kleine Doktor zog seine Uhr aus der Tasche, blickte darauf und schüttelte ärgerlich den Kopf. „Hängt sie an den Zug!" 355

Schwarzkonz nickte und fügte hinzu: „Nehmt ihr aber vorher die Kleider!"

„Nein, bitte nicht!" Plötzlich strömten Tränen über das Gesicht der jungen Frau. »Bitte lasst mir meine Kleider!" 360

Einwag beobachtete sie aufmerksam, dann fragte er plötzlich scharf: „Christoph, was notierst du da auf?"

Der junge Schreiber antwortete mit einem Anflug von Trotz in der Stimme: „Ich muss doch zu Protokoll geben, dass sie jetzt Tränen vergießt. Eine Hexe vergießt keine Tränen, oder?" 365

„Du bist ein Ignorant! Natürlich sind fehlende Tränen ein Indiz für ihre Schuld. Wer sagt dir jedoch, dass ihr der böse Feind nicht die Mittel gibt, Tränen zu vergießen, auch wenn er oft genug seinen Dienern die Hilfe verweigert? Folglich können ihre Tränen niemals ein Indiz für ihre Unschuld sein! Schuster, bleib bei deinen Leisten; Schreiber, bleib bei Feder und Papier, ich sag es dir zum letzten Mal! Das Denken überlass uns!" 370

Der Richter blickte zu den Henkersknechten hinüber. „Hört ihr nicht, was euch befohlen worden ist?", herrschte er sie an. „Zieht ihr die Kleider aus!"

Die Männer zogen Ursula von ihrem Hocker, aber das verletzte Bein gab unter ihr nach. So dauerte es eine Weile, bis sie ihr Kleid und Hemd vom Körper
gezerrt hatten. Dann schleiften sie sie zu dem Seil, das an einer Welle von der
Decke hing, banden ihr die Handgelenke auf dem Rücken zusammen und häng-
ten die Fessel in den Haken am einen Ende des Seiles ein. Sie fassten das andere
Ende und zogen es Griff über Griff langsam herunter. Die Arme der Gefangenen wurden nach oben gerissen, bis sie schräg vom Körper abstanden und sie
selbst zwei Ellen über dem Boden schwebte. Mit ihrem ganzen Gewicht hing sie
an den Armen, sodass sie aus den Gelenken zu springen drohten. Die Qualen
waren grausam, schlimmer als alles, wogegen sich Ursula in den Tagen und
Nächten des Wartens zu wappnen versucht hatte. Aber sie beherrschten sie nicht.
Während sie unter den Wellen des Schmerzes, die durch ihren Körper rasten,
stöhnte und wimmerte, spürte sie, wie sie den Willen, um ihr Leben zu kämpfen, zurückgewann. Sie wollte nicht sterben. Sie wollte diesen Männern, die sie
marterten und ihr Fleisch beschauten wie bei einem Stück Vieh, den endgülti-
gen Sieg nicht gönnen.

Ohne dass einer der Richter sie gefragt hätte, sagte sie, so laut sie es vermochte:
„Ich habe Gott nicht verleugnet!"

„Lasst sie herunter! – Du willst nicht bekennen?"

„Nein!"

„Zieht sie auf! – Wann hast du Gott abgeschworen?"

„Ich habe Gott niemals abgeschworen, mit Gott will ich leben und sterben!"

„Zieht sie auf! – Bekennst du?"

„Nein!"

„Zieht sie auf! – Bekennst du?"

„Nein!"

„Zieht sie auf! – Bekennst du jetzt?"

„Wenn ich nicht unschuldig wäre, könnte ich Eure Folter nicht ertragen. Gott
gibt mir die Kraft dazu, zum Zeichen meiner Unschuld."

„Zieht sie auf!"

Achtmal zogen die Henkersknechte das Seil empor, achtmal ertrug Ursula die
fürchterliche Qual. Dann endlich wurden ihre Fesseln gelöst und sie sank zusammen.

Doch bevor noch einer der Männer das Wasser aus einem bereitstehenden Gefäß über sie gießen konnte, erhob sie sich mühsam. Sie griff nach ihrem Hemd,
zerrte es mit ungeschickten, kraftlosen Fingern über den Kopf und schob dann,
langsam und beharrlich, während ihr der Schweiß von der Stirn tropfte, die miss-
handelten Arme durch die Ärmel; das Kleid legte sie sich über die Schultern.
Dann hinkte sie schwankend vor den Richtertisch und richtete den Blick ihrer
dunklen Augen fest auf die beiden Kommissäre.

„Bei den Leiden unseres Herrn Jesus Christus", sagte sie trotzig, „ich bin unschuldig."

Aus Schwarzkonz' Miene war die Lüsternheit verschwunden. Blanke Wut er-
setzte sie. Der kleine Doktor zeigte keine Regung. Gelassen rief er in den Raum
hinein: „Das Verhör wird fortgesetzt. Bringt sie jetzt zurück."

Für heute war es vorbei. Zum zweiten Mal hatte die Gefangene widerstanden.

Der Schreiber schaute ihr hinterher. In seinem Gesicht glänzten Tränen.

Heinrich Institoris / Jakob Sprenger

Der Hexenhammer

Der „Malleus maleficarum", wörtlich der „Unholdinnenhammer" oder „Hexenhammer", erschien erstmals im Jahre 1487, dann in Dutzenden von Neuauflagen bis weit in das 17. Jahrhundert hinein. Im Zuge der von Papst Innozenz VIII. 1484 eingeleiteten systematischen Hexenverfolgung wurde der „Hexenhammer" zur berühmtesten Rechtfertigungsschrift des unmenschlichen und grausamen Vorgehens gegen Frauen, die der „Hexerei" bezichtigt wurden.

Der „Hexenhammer" fasst die verschiedenen Formen des Hexenglaubens und der Zaubereidelikte zusammen. Dadurch wurde der Kreis der verdächtigten und diffamierten* Frauen erschreckend ausgeweitet. Als verfahrensrechtliche Neuerung wurden zum einen die Denunziation eingeführt (die Anklage aufgrund bloßer Beschuldigung, ohne die Notwendigkeit stichhaltiger Beweise), zum anderen im Beweisverfahren die Anwendung der Folter und der „Hexenproben".

Im Folgenden ein Auszug aus dem „Kelheimer Hexenhammer":

Hexenhammer

Aus den Ratsakten in Kehlheim

Fragestück, auf alle Artikel, in welchen die Hexen und Unholden auf das Allerbequemste mögen verhört werden (Auszug)

1. Betreff des Bekenntnisses

Warum sie vermeint, dass sie hierher geführt worden?

Wie lange es her sei, dass sie in dieses verdammte Laster der Hexerei geraten?

In was Gestalten anfangs der leidige Teufel zu ihr gekommen war, d. h. zu Morgen, Mittag, abends oder nachts?

Was er hernach begehrt und warum sie eingewilligt habe?

Ob sie schreiben oder lesen könne und ob sie sich dem Teufel verschrieben habe?

Ob er sie anders getauft und wer sonst dabei gewesen?

Was der Teufel über sie abgegossen und woher er's genommen?

2. Betreff Übeltaten

Was sie mit ihren teuflischen Pulver und Salben für Leut und Vieh umgebracht, wie lange dies her sei und warum sie es getan?

Wer dazu geholfen?

3. Gottesraub

Was sie der heiligen Hostie* für Unehr angetan und wie oft dieselben aus dem Mund genommen? Was sie unserem lieben Herrn, der heiligen Jungfrau Maria und anderen Heiligen Gottes für spöttische Nachnamen gegeben und aus was für Ursachen? Was sie anstatt des Gebetes für gewisse Worte geplappert?

4. Betreff Ausfahren

Wie oft sie ausgefahren? Was sie vor dem Ausfahren für Wort gesprochen?
An welche Örter sie gekommen, wie sie geheißen? Was für Speisen vor der Hand gewesen?
Wie lang die Mahlzeit währe und wie viel Leut vorhanden sein, sonderlich bei einer großen
Versammlung? Wenn ein Tanz gewesen, was für Spielleut sie gehabt?
Ob man auch in der Ordnung herumtanze? Ob nit einer vor der Hand seie,
dem man Ehrerbietung geweisen müsse, und was Gestalten?
Auch ob er sitze oder stehe und wie er bekleidet, auch wer er seie?
Ob sie von den Essenden Speisen niemals etwas eingeschoben und was? Auch wie ihr
die Speisen draußen geschmeckt haben, ob sie in Kleidern oder nackend ausgefahren?
Wie sie die Sachen angegangen, dass „ihr Ehemann inzwischen nicht erwacht ist"?

5. Kinder ausgraben

Wie oft sie zur Nacht auf Friedhöfe kommen und die Kinder ausgraben helfen?
Was sie mit dem Kind getan, ob sie es kocht, gesotten oder gebraten, und wo sie es verzehrt
haben, wer dem Verzehren beigewohnt, ob es ihnen wohl geschmeckt habe?

6. Wetter, Reiffen und Nebel machen

Wie viel Wetter sie gemacht, wo sie es gemacht und wer dazu geholfen?
Ob bald dergleichen Wetter erfolgt und was für Schäden erfolgt seien?
Auch warum sie es gemacht und gestiftet? Ingleichen, wie viel Reiffen und Nebel sie gemacht,
was sie dazu gebraucht und was Schaden erfolgt sei?

7. Genossen der Sünde

Was sie denn für Leut bei den teuflischen Zusammenkünften gesehen und wie sie geheißen?
Wie oft sie diese gesehen und an welchen Orten?
Ob sie ihr darauf als einer rechten Wahrheit getraue zu leben und zu sterben?
Ob sie ein solches, wann es vonnöten wäre, diesen Personen wollte in das Gesicht sagen?

8. Anbetung des Teufels

Wie oft der Teufel außer den Hexentänzen daheim oder anderer Orten zu ihr gekommen?
Um welche Zeit im Jahr? Ob er gesessen oder gestanden, wie sie den Teufel angebetet
und wie sie ihn erkannt? Ob sie ihn für ihren Gott angebetet und wenn sie sonst gebetet,
wem sie solches Gebet zugeeignet?

9. Unzucht

Wie oft der Teufel im Jahr außer den Hexentänzen mit ihr Unzucht getrieben, an welchem
Ort, im Haus oder sonsten? Wie sie ihn empfunden? Ob er still oder laut geredet?

10. Unheilbare Krankheiten

Wie sie Leuten Krankheiten angehext, dass sie nit wieder gesund, sondern noch kranker
und ihnen niemand helfen könnt?

11. Zwietracht zwischen den Verheirateten

Und wie viel Eheleuten sie Uneinigkeit gemacht, dass sie einander gerauft und geschlagen
oder gar nit mehr beisammen bleiben konnten?

Friedrich von Spee

Wider den Hexenwahn

Aus einem Buch des 17. Jh., das über den Hexenwahn aufklären will.

Im Jahre 1631 erscheint Friedrich von Spees Streitschrift „Cautio Criminalis", in der er rückhaltlos Partei für die verfolgten Frauen ergreift und die Verfolger der Grausamkeit und Heuchelei bezichtigt. Die Schrift erscheint zunächst anonym, doch schon bald wird bekannt, wer dieses für die damalige Zeit geradezu todesmutige Buch zu schreiben gewagt hatte:

Friedrich von Spee (eigentlich Friedrich Spee von Langenfeld), 1591 bei Düsseldorf geboren, seit seinem 19. Lebensjahr Mitglied des Jesuitenordens*, war nach Studium und Priesterweihe Theologieprofessor in Paderborn und Köln geworden. Dort überzeugt er sich als Beichtvater vieler als Hexen verurteilter Frauen von deren Unschuld. Als ihn auch sein eigener Orden nicht mehr vor dem Zugriff der Inquisition schützen kann, flieht er nach Trier, wo er sich der Pestkranken annimmt und – erst 44-jährig – im Jahre 1635 an der Seuche stirbt.

I   Es ist kaum zu glauben, was es bei den Deutschen für Aberglauben, Missgunst, Verleumdung, Ehrabschneiderei, heimliches Gerede und dergleichen gibt. Diese Dinge werden von der Obrigkeit nicht bestraft, sie werden in Predigten nicht gerügt. Dadurch wird der Verdacht der Hexerei zuallererst in die Welt gesetzt. Alle göttlichen Strafen, die Gott in der Heiligen Schrift angedroht hat, stammen von den Hexen her. Gott und die Natur tun jetzt gar nichts mehr, sondern alles machen die Hexen.

II   So kommt es, dass alle Welt schreit, die Obrigkeit solle nun das Verfahren gegen die Hexen einleiten.

III   Also befehlen die Fürsten ihren Richtern und Räten mit dem Prozess gegen die Hexen zu beginnen.

IV   Die wissen zuerst nicht, wo sie anfangen sollen, weil sie keine Indizien* und Beweise haben und doch aus Gewissensbedenken nicht wagen, hier etwas ins Blaue hinein zu unternehmen.

V   Das gemeine Volk schreit, dieses Zögern sei nicht unverdächtig, und etwa das Gleiche reden sich die Fürsten ein.

VI   Den Unwillen der Fürsten zu erregen ist aber in Deutschland sehr gefährlich.

VII   Endlich weichen die Richter also doch dem Willen der Fürsten und finden irgendwie einen Anfang für ihre Prozesse.

VIII   Andernfalls wird ein besonders damit beauftragter Inquisitor geschickt. Bringt der nun etwas Unerfahrenheit und ungestümes Wesen mit, so sind diese Dinge hier nichts als Rechtlichkeit und frommer Eifer. Diesen Eigenschaften ist die Aussicht auf Gewinn durchaus nicht abträglich, namentlich wenn der Inquisitor ein ärmlicher oder habgieriger Mann mit vielen Kindern ist und für den Kopf jedes einzelnen zum Feuertode Verurteilten eine Belohnung von etlichen Talern ausgesetzt ist.

IX   Belastet dann irgendein Wort eines Besessenen oder eine böswillige Rederei eine armselige, missachtete Frau, so ist sie die Erste.

X   Damit es jedoch nicht den Anschein hat, als ob der Prozess nur auf dieses Gerücht hin angestrengt worden wäre, siehe, da ist gleich ein Indiz zur Hand, da man der Frau aus allem einen Strick dreht. Ihr Lebenswandel war je entweder schlecht und sündhaft oder aber gut und rechtschaffen. War er schlecht, so sagt man, das sei ein starkes Indiz, denn von einer Schlechtigkeit darf man getrost auf die andere schließen. War ihr Lebenswandel indessen gut, so ist auch das kein geringes Indiz: denn auf diese Weise, so sagt man, pflegen die Hexen sich zu verstecken und wollen besonders tugendhaft erscheinen.

XI   Es wird angeordnet, die Frau ins Gefängnis zu schleppen, und seht, da hat man abermals ein neues Indiz. Denn sie zeigt dann entweder Furcht oder sie tut es nicht. Zeigt sie Furcht, wegen der zu erwartenden Folter, sagt man, sie habe ein schlechtes Gewissen. Zeigt sie keine Furcht, weil sie auf ihre Unschuld vertraut, sagt man, es sei überhaupt eine ganz besondere Eigentümlichkeit der Hexen, dass sie sich unschuldig stellen und den Kopf nicht sinken lassen.

XII   Und an allen Enden zetert man, die Frau sei durch starke Indizien schwer belastet.

XIII   Daraufhin wird sie schleunigst zur Folter geschleppt.

XIV   Keinem Angeklagten wird ein Advokat oder eine unbeschränkte Verteidigung bewilligt, da man schreit, die Hexerei sei ein Sonderverbrechen, und da jeder, der die Verteidigung übernehmen wollte, selbst des Verbrechens bezichtigt wird.

XV   Meistens jedoch, damit es nicht so aussieht, als ob ihre Verteidigung nicht wenigstens irgendwie zugelassen worden wäre, wird sie vorerst zum Schein vor Gericht geführt. Es werden ihr zunächst die Indizien vorgelesen.

XVI   Wenn sie sich vollkommen zu rechtfertigen weiß, dann ist das sogar ein neues Indiz, denn man sagt, wenn sie keine Hexe wäre, würde sie nicht so beredt sein.

XVII   Ehe sie jedoch gefoltert wird, wird sie vom Henker beiseite geführt und, damit sie sich nicht mit Zaubermittelchen gegen den Schmerz gefeit macht, nach solchen abgesucht, indem er ihr am ganzen Körper die Haare abschert und sie selbst dort, wo man ihr Geschlecht erkennen kann, schamlos beschaut.

XVIII   Hierauf wird sie gefoltert, damit sie sich schlechtweg für schuldig erkläre.

XIX   So wird sie also nach diesem Geständnis ohne Bedenken hingerichtet.

XX Gesteht sie nicht, so wird die Folter zwei, drei, vier Male wiederholt. Es gibt ja bei einem Sonderverbrechen keinerlei Vorschrift über Dauer, Schärfe oder Wiederholung der Tortur.

XXI Bricht sie jedoch trotz mehrmaliger Folterung immer noch nicht ihr Schweigen, verzerrt sie im Ankämpfen gegen die Schmerzen ihr Gesicht, erleidet sie eine Ohnmacht, dann rufen die Henker, sie lache und schlafe in der Tortur, sie gebrauche einen Schweigezauber und sei nun umso mehr schuldig.

XXII Geschieht es aber, dass irgendeine Angeklagte unter solchen Folterqualen den Geist aufgibt, dann behaupten sie, der Teufel habe ihr das Genick gebrochen.

XXIII Stirbt die Frau aber nicht oder wagen ängstliche Richter nicht sie ohne neue Indizien weiter zu foltern, noch sie ohne Geständnis zu verbrennen, dann wird sie im Kerker festgehalten, in festere Ketten gelegt, um dort bis zu einem vollen Jahr mürbe gemacht zu werden, so lange, bis sie unterliegt.

XXIV Inzwischen schickt man ihr unwissende, ungestüme Priester, die noch unleidlicher als die Henkersknechte sind. Wenn sie sich nicht schuldig bekenne, versichern sie, gebe es schlechtweg keine Rettung für ihre Seele, könne sie nicht mit den Sakramenten versehen werden.

XXV Hat sich also erst einmal eine Angeklagte, von der Gewalt der Schmerzen getrieben, fälschlich beschuldigt, so richtet das unsagbares Unheil an. Sie wird gezwungen werden noch andere, von denen sie gar nichts weiß, zu beschuldigen, deren Namen ihr nicht selten die Richter in den Mund legen. Die müssen dann wieder andere und diese ebenfalls andere anzeigen und so immer fort.

XXV Wenn nur die Prozesse unablässig und eifrig betrieben werden, dann ist heute niemand, gleich welchen Geschlechts, in welcher Vermögenslage, Stellung und Würde er sei, mehr sicher genug, wenn er auch nur einen verleumderischen Feind hat, der ihn verdächtigt, ein Zauberer zu sein.

Zahlen zum Hexenwahn und seinen Opfern

1610 Letzte Hexenhinrichtung in Holland

1684 Letzte Hexenhinrichtung in England

1745 Letzte Hexenhinrichtung in Frankreich

1775 Letzte Hexenhinrichtung in Deutschland

1782 Letzte Hexenhinrichtung in der Schweiz

1792 Letzte Hexenhinrichtung in Polen

Schätzungen der bei den Hexenprozessen seit 1500 umgekommenen Menschen: 100 000 sind in den überlieferten Unterlagen festgehalten, 200 000 nach Robbins* und 200 000 – 500 000 nach Schormann*.

Der fremde Planet

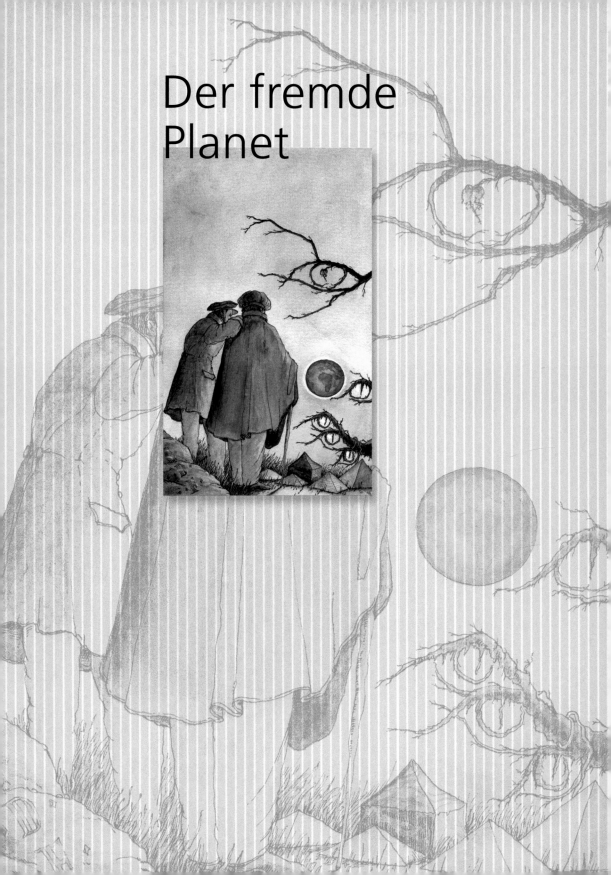

Jules Verne

Der Start zum Mond

Der 1. Dezember 1860 war ein klarer, sonniger Tag, an dem nach leichten Früh-
nebeln ein wolkenloser Himmel über Florida lag. Die Sonne verbreitete ein ei-
gentümlich trockenes helles Licht, das auf den nahen Winter hinwies, die Luft-
feuchtigkeit war gering. Dennoch verlebten die fünf Millionen, die ihre Zelte
rings um Stones Hill aufgeschlagen hatten, einen Tag dumpfer und drückender 5
Erwartung. Dieses überdimensionale Lager, das sich, nur um den Sicherheitsab-
stand vom Hügel entfernt, in die sandige und trockene Landschaft von Florida
bettete, quoll von Menschen aus allen Erdteilen über, die den Start am Abend
dieses Tages mit eigenen Augen sehen wollten. Seit Wochen waren die Sied-
lungsbewegungen hier im Gange gewesen, seit Wochen rollten Wagen, Karren 10
und Gespanne an, Zelte, Feuergruben, Stehschänken und Abtritte, Brateien,
Verkaufsbuden und Wohnzelte entstanden auf dem Sandboden. Baracken, Bu-
den, Holzverschläge und Hütten verwandelten die Prärie in ein nicht mehr über-
sehbares Biwak, dessen Leben abseits von Tampa* um die schwarze Öffnung auf
der Höhe von Stones Hill kreiste. Die Behausungen waren so lächerlich und fa- 15
denscheinig, dass man zu Recht sagen konnte: Diese größte Stadt der Erde bestand aus nichts anderem als aus ihren 5 000 000 Individuen, aus den Sprachen
und Dialekten, mit denen sie sich verständigten und um das einzige Interesse
bekümmerten, das sie bewegte: den Mondschuss. Erst nach dem Ereignis um
Mitternacht des 1. Dezembers würde man sich in diesem Menschenhaufen be- 20
wusst werden, dass man Bankier oder Farmer, Matrose oder Pflanzer war, erst
danach, wenn die gemeinsame Anspannung sich gelöst hätte, würde der Kreole
den Landpächter nicht mehr duzen und der halbwilde Cincinnati-Cowboy dem
Mann aus Kentucky im weißen Biberhut nicht mehr die Flasche zu einem
Schluck reichen. 25

Diese Menschenmassen stürzten sich täglich um die Mittagszeit auf das Essen wie ein Heuschreckenschwarm ins Getreide, und dass sie nicht alle Vorräte
vom Boden Floridas abfraßen, lag daran, dass ihre Gerichte zumeist ungewöhnliche Bestandteile enthielten. Froschfrikassee, gedämpfte Affenkeulen,
Frutta di Mare, Beutelratte sauer, Opossumsteak und Waschbärragout halfen 30
Schweine und Rinder sparen. Groß war der Hunger, aber größer war der Durst
von Florida. Schnäpse, Branntweine und Liköre, Weine und Bier, von Cham-
pigneulles bis Urquell, Sangrita, Tequila, Sake, Julep mit Pfefferminz und Wa-
cholder mit Paprika feuchteten die Kehlen und feuerten die Begeisterung dieses
Publikums an. Tag für Tag verstrich mit hochprozentigem Geschrei, Lachen und 35
Singen. An diesem 1. Dezember aber herrschte vom Morgen an Stille. Die Menschen waren von einer lautlosen Nervosität befallen, es stellte sich weder die Lust
zum Essen noch zum Trinken ein und mancher hatte nachmittags um vier noch
kein Brot gegessen. Deutlicher als alle anderen Anzeichen aber verrieten die ver-
lassenen Spiele die geheime Aufregung, die sich mit dem Vorrücken der Stun- 40
denzeiger steigerte. Die Kegel lagen ins Gras gehauen, die Würfel schliefen in
den Bechern, Roulette- und Cribbage-Tische standen verödet, niemand mischte zum Poker, zum Faro, zum Rouge et noir. Eine schmerzvolle Lähmung wie

vor einer großen erahnten Katastrophe schnürte die Spielerherzen zusammen
45 und machte sie fromm, und gegen sechs Uhr am Abend nahm die seelische Spannung solche Maße an, dass mancher aus der angstvollen Menge etwas darum gegeben hätte, wenn das Ganze schon vorbei gewesen wäre.

Um 19 Uhr begrüßte die Präriestadt den heraufziehenden Mond mit einem
donnernden Hurra, das den Knoten in den Kehlen löste; jetzt begannen auch die
50 Flaschen wieder zu kreisen, Klatschen flog in Geräuschfetzen zum Abendhim-
mel, wurde rhythmisch und prasselte dann wie ein warmer Regen herab, als unter dem blonden Mond, der an diesem Abend von einer wunderbaren Helligkeit
und Klarheit war, die drei unerschrockenen Reisenden erschienen und zum Start-
platz schritten. Bei ihrem Anblick verdop/drei/tausendfachte sich der Hurraruf
55 und verwandelte sich gleitend in den „Yankee Doodle"*. Aus 5 000 000 Schlün-
den brauste es wie Donnerhall in den pastellfarbenen frühen Nachthimmel:

A Yankee boy is trim and tall and never over fat, Sir!

Als die drei in die innere Umzäunung traten, von den Wissenschaftlern zahl-
loser Sternwarten, den Mitgliedern des Kanonenklubs und politischen Vertre-
60 tern aus aller Welt gefolgt, wurde die Menge wieder still. Barbicane erteilte kühl
die letzten Befehle. Nicholl hatte die Hände auf dem Rücken zusammengelegt
und schritt auf und ab, wobei er die Lippen zusammenpresste. Allein Ardan gab
sich locker und gelöst, führte den Begleitern seine ledernen Gamaschen mit einem von ihm erdachten Schnellknöpfmechanismus vor, suchte sich eine Zigar-
65 re aus der Innentasche seines weiten Cordanzugs und steckte sie sich an, ohne
dass ihm die Hand dabei zitterte. Noch einmal schritt er durch die Gruppe der
Freunde und genoss die letzten Händedrücke, ein Franzose, ja schlimmer: ein
Pariser vom Scheitel bis zur Sohle.

Da schlug es 22 Uhr. Es war der Augenblick, in dem der Einstieg begann. Das
70 Hinabfahren, Einsitzen und Verschließen der Luke, das Entfernen der Kräne
über der Mündung erforderte seine Zeit. Barbicane verglich seinen Chronome-
ter noch einmal mit der Uhr des Ingenieurs Murchison. Sie stimmten auf die
Zehntelsekunde überein. Da Murchison zünden würde, konnten die Insassen
des Geschosses auf ihrer eigenen Uhr genau verfolgen, wann der Moment des
75 Abschusses da war. Während der Kranführer den Fahrkorb heranschwenkte,
nahmen die drei Männer Abschied von ihren Freunden …

Eine halbe Stunde später saßen die Reisenden in ihrem Gefährt, die Luke war
verschraubt und die Kräne hatten sich von der Mündung der Columbiade* zu-

rückgezogen, die nun rund, schwarz und einsam dalag. Die Klarheit des Mondes löschte auf seiner Bahn den Glanz der Sterne aus. Gerade durchzog er das Sternbild Zwillinge und befand sich auf halber Höhe zwischen Horizont und Zenit. Das war die Vorgabe, die man für den Schuss brauchte. Eine furchtbare Stille lag über der nächtlichen Szene. Fast ohne zu atmen hing jeder mit seinem Blick an der Kuppe des Stones Hill. Alle zehn Sekunden gab Murchison die noch verbleibende Zeit durch. Die letzten 40 Sekunden zählte er laut mit. Die Menge ließ sich anstecken und vollendete mit ihm:

„35 – 36 – 37 – 38 – 39 – 40 – Feuer!"

Der Druck auf die Taste kam, die Stromverbindung war da und schleuderte den Funken in die Tiefen des Geschützes. Eine entsetzliche, übermenschliche Explosion geschah. Aus den Eingeweiden der Erde schoss eine Feuergarbe wie aus dem Schlund eines Kraters, der Boden hob sich, warf alles, was in dieser Nacht auf den Beinen war, um und verhinderte, dass auch nur einer hätte sehen können, wie das Geschoss von Flammen sprühendem Dunst umgeben siegreich die Luft durchschnitt.

Der herausgeschleuderte Flammenguss stieg weiß glühend in den Himmel und erhellte für einen Augenblick, dessen Dauer sich der Berechnung entzieht, die gesamte Halbinsel Florida. Noch hundert Meilen meereinwärts, im Golf von Mexiko und im Atlantischen Ozean, nahm man den Feuerbusch wahr. Der Knall des Abschusses erzeugte ein Erdbeben, dessen Stärke niemand vorausgesehen hatte. Dem Staate Florida drang die Erschütterung bis in die innersten Eingeweide und anschließend brauste eine Windhose von unerhörter Gewalt über das Land um Stones Hill. Die expandierenden Pulvergase hatten die Atmosphäre mit emporgerissen. Die Menschen fielen wie Ähren unter der Sichel, Tausende wurden verletzt oder getötet. James T. Maston flog aus vorderster Front wie eine Kanonenkugel 35 m weit über die Köpfe der Zuschauer nach rückwärts. 300 000 wurden auf der Stelle mit Taubheit, Blindheit und Entsetzen geschlagen. Dann stürzte die Atmosphäre wieder herab, riss die Baracken um und zerstörte die Hütten, trug die Zelte fort und entwurzelte die Bäume, jagte die Eisenbahnwaggons bis Tampa-Town und zerriss dort über hundert Häuser, die Marienkirche und die Neue Börse, spaltete Schiffe im Hafen und warf sie an Land, nachdem die Ankerketten wie Wollfäden gerissen waren.

Der Sturm aber fuhr hinaus aufs offene Meer und versenkte mehrere Segler über dreihundert Meilen vor der amerikanischen Küste. Und schließlich hörten, wie man später erfuhr, die Einwohner von Sierra Leone und anderen Gebieten der afrikanischen Ostküste eine halbe Stunde nach Abschuss eine dumpfe Erschütterung, jene Schallwellen also, die den Atlantik durchlaufen hatten und an Afrikas Gestaden erstarben.

Aber zurück nach Florida. Als der erste Moment des Schreckens vorüber war, als die Betäubten erwachten, die Verwundeten sich wieder regen konnten und die Blinden zu tasten begannen, da rief, wer sprechen konnte: „Hurra!", da winkte, wer die Arme noch gebrauchen konnte, da trampelte vor Begeisterung, wer seine Beine fand. Aus allen Taschen kamen jetzt die Fernrohre und Teleskope, was man sich nur immer hatte zusammensparen können, wanderten an die Augen und suchten den Himmel ab.

Das Geschoss aber war nicht mehr zu sehen.

Paul Maar

Der fremde Planet

Der Pilot Ama Bend hatte seinen Auftrag beendet. Er betätigte den Hebel R-23-A und sein Raumschiff verließ die Umlaufbahn um den fremden Planeten. Wenig später raste er fast mit Lichtgeschwindigkeit seinem Ziel entgegen.

Ama Bend wartete die vorgeschriebenen 50 Zeiteinheiten ab, dann erst schal-
5   tete er den Gedankenverstärker ein und ließ sich mit dem Koordinator verbinden. Aus dem undeutlichen Gewirr von Gedankenströmen in seinem Kopf löste sich plötzlich der laute, klare Gedankenstrom des Koordinators: „Pilot Ama Bend, Pilot Ama Bend! Kannst du mich verstehen?"

„Ich verstehe dich, Koordinator."

10   „Ama Bend, du solltest den unbekannten Planeten im Raumquadrat 47/3/1 anfliegen und ihn beobachten. Hast du es geschafft?"

„Ich habe den Planeten 3 800 Zeiteinheiten lang beobachten können."

„Und? Gibt es Lebewesen dort? Intelligente Lebewesen?"

„Es gibt Lebewesen dort. Vielleicht berichte ich der Reihe nach: Der Planet
15   ist größer als alle bekannten Planeten unseres Systems. Und er kreist um einen noch viel größeren Planeten, der starke Strahlen aussendet."

„Strahlen?", fragte der Koordinator erstaunt. „Bist du sicher?"

„Vollkommen sicher! Ich konnte die Strahlen mit meinen Instrumenten deutlich messen. Diese Strahlen haben eine große Wirkung auf die Bewohner des Pla-
20   neten: Wenn sie von den Strahlen getroffen werden, werden sie lebhaft und bewegen sich schnell. Bleiben die Strahlen aus, weil der Planet sich weitergedreht hat, so werden sie bewegungslos."

„Völlig bewegungslos?", fragte der Koordinator dazwischen.

„Fast bewegungslos. Sie ziehen sich in flache Behälter zurück, die mit einem
25   Gespinst bedeckt sind. Dort verharren sie, bis die Strahlen des großen Planeten sie wieder treffen."

„Und wie sehen diese Lebewesen aus?"

„Sie haben einen ungegliederten, trockenen Rumpf, der sich an einem Ende stark verdünnt und dann in einem kugelförmigen Fortsatz endet. Außerdem ge-
30   hen von diesem Rumpf vier plumpe Stängel ab, die einen kreisförmigen Querschnitt haben. Mit diesen Stängeln bewegen sie sich."

„Sie sind also Vierfüßler?", fragte der Koordinator.

„Es sind keine Füße in unserem Sinn", überlegte Ama Bend. „Aber der Einfachheit halber können wir von Vierfüßlern sprechen. In der ersten Zeit ihres
35   Lebens bewegen sie sich auf ihren vier Stängeln fort und halten den kugelförmigen Fortsatz nach vorn gestreckt. Später bewegen sie sich hauptsächlich auf zwei Stängelbeinen und halten die beiden anderen seitlich am Rumpf herunter. Sie tragen dann den kugelförmigen Fortsatz oben. Seitlich an dieser Kugel befinden sich zwei dünne Häutchen in einer halbkugelförmigen Vertiefung. Wer-
40   den diese Häutchen durch auftreffende Luftwellen in Schwingung versetzt, so erzeugen diese Lebewesen ebenfalls Schwingungen in ihrem Rumpf und lassen sie durch eine Öffnung in der Kugel entweichen."

„Hast du herausgefunden, warum sie das tun?"

„Mir scheint, sie verständigen sich auf diese Weise. Übrigens haben diese Lebewesen die Gewohnheit, ihren Rumpf und Teile ihrer Beinstängel mit einem Gespinst zu überziehen. Dieses Gespinst nehmen sie zum Teil von der Oberfläche anderer, vierfüßiger Lebewesen. Zum Teil stellen sie das Gespinst auch aus dünnen Fäden her, die sie aus Metallröhren pressen." 45

„Tun sie das, um sich warm zu halten?", fragte der Koordinator.

„Ich habe nicht herausfinden können, wozu es gut sein soll. Sie tragen das Gespinst auch dann, wenn die Lufttemperatur so hoch ist, dass es ihnen unangenehm sein muss." 50

„Vielleicht wohnen sie darinnen?"

„Nein, auch das kann nicht sein. Sie wohnen in würfelförmigen Behältern, die oben spitz zugehen. Unten ist ein viereckiges Loch, durch das sie in den Behälter gelangen. Sie haben die Gewohnheit, ganz viele dieser Behälter nebeneinander zu stellen. Auf diese Weise wird eines Tages der ganze Planet zugebaut sein." 55

„Das klingt verrückt! Hast du herausgefunden, was sie damit bezwecken?"

„Leider nicht. – Zu bestimmten Zeiteinheiten findet man die Lebewesen fast alle in besonders großen Behältern. Sie stehen nebeneinander und machen alle die gleichen Bewegungen mit den Vorderbeinen. Auf ein bestimmtes Signal verlassen alle die großen Behälter und ziehen sich zurück in ihre eigenen, kleinen Behälter. Da sie das seltsamerweise alle gleichzeitig tun, herrscht ein großes Gedränge und sie kommen nur langsam vorwärts. Wenn sie endlich in ihrem eigenen, kleinen Behälter angekommen sind, tun sie wieder alle das Gleiche: Sie lassen sich auf ein Holzgestell nieder, das mit Gespinst bedeckt ist, und nehmen Strahlen auf, die aus einem Kasten kommen. Dieser Kasten besteht aus dünn geschnittenem Baum oder Kunststoff und ist mit Metallteilen gefüllt." 60 65

„Das klingt alles rätselhaft. Man kann noch nicht erkennen, ob es intelligente Wesen sind oder nicht." 70

„Die meisten ihrer Handlungen bleiben mir unverständlich. Ich kann sie nur beschreiben. Wenn sie ein bestimmtes Alter erreicht haben, benutzen sie ihre Beinstängel nur noch selten als Fortbewegungsmittel. Sie stellen kleine Behälter aus gewalztem Metall her, die sich selbstständig fortbewegen. Die Planetbewohner steigen in diese Metallbehälter und rasen auf andere Behälter zu. Meistens gelingt es ihnen, dicht daran vorbeizurasen. Manchmal gelingt es ihnen auch nicht. In diesem Fall platzen die Metallbehälter auf. Die Lebewesen in den Behältern werden dadurch lange Zeit bewegungslos, manche sogar für immer." 75

„Das ist doch völlig verrückt!"

„Es kommt noch verrückter: Diese Lebewesen sind gezwungen, die Lufthülle ihres Planeten in winzigen Teilchen in sich aufzunehmen und wieder abzugeben. Viele der Lebewesen beschäftigen sich nun viele Zeiteinheiten lang damit, der Lufthülle durch hohe Röhren Kohlenstoff, Schwefel und andere schädliche Gase zuzusetzen. Dadurch fällt ihnen und den anderen Lebewesen die Aufnahme der Luft schwerer." 80 85

„Erzählst du die Wahrheit?", fragte der Koordinator ungläubig.

„Ich lüge nie", sagte Ama Bend und schwieg gekränkt.

„Ich entschuldige mich", sagte der Koordinator.

Ama Bend setzte seinen Bericht fort: „Viele Lebewesen sind nur damit beschäftigt, bestimmte kleine Behälter aus Metall herzustellen …" 90

„Du meinst die, in denen sie sich fortbewegen?"

„Nein, nein. Sie sind kleiner und haben eine andere Aufgabe. Es gibt davon verschiedene Arten, die mit verschiedenen Stoffen gefüllt sind.

Da gibt es welche, die haben die Aufgabe, das Metall zum Platzen zu bringen.
95 In diesem Fall fliegen die Metallteile durch die Lufthülle des Planeten, reißen Löcher in die Lebewesen und machen sie für immer bewegungslos. Andere Metallbehälter erzeugen eine Luftverdichtung, die so stark ist, dass die Wohnbehälter einstürzen und die Lebewesen zerquetschen. Wieder andere erzeugen so hohe Temperaturen, dass die Lebewesen verkohlen. Dann gibt es welche ...“

100 „Genug! Aufhören!" Der Gedankenstrom des Koordinators war so stark, dass es schmerzte. „Es ist mir egal, ob die Lebewesen intelligent sind oder nicht. Eines ist sicher: Sie sind verrückt! Sie sind wahnsinnig! Ich will von diesem irrsinnigen Planeten nichts mehr hören. Wir werden ihn zum Sperrgebiet erklären, um andere intelligente Lebewesen vor ihm zu schützen. Keiner soll mit ihm Ver-
105 bindung aufnehmen!"

„Sehr gut", antwortete Ama Bend erleichtert. „Ich wollte den gleichen Vorschlag machen."

„Nur noch ein paar abschließende Notizen für unseren Bericht", fuhr der Koordinator fort. „Hat der Planet einen Namen?"

110 „Die Bewohner nennen ihn ‚Erde'. Und den großen Planeten, der die Strahlen aussendet, nennen sie ‚Sonne'."

„Und die Bewohner?"

„Menschen. Sie nennen sich ‚Menschen'."

„Danke, das genügt", sendete der Koordinator. „Du hast gut gearbeitet. Ich
115 wünsche dir einen guten Heimflug! Auf später!"

„Danke. Auf später!", antwortete Ama Bend. Mit seinen Seitenfühlern stellte er den Gedankenverstärker aus, während er mit seinen blauen Vordertastern gleichzeitig den Hebel R-23-A auf Stufe vier schob. Dann saugte er sich gemütlich an der verspiegelten Innenfläche des kleinen Raumschiffs fest. Er freute sich:
120 Sein Auftrag war beendet. Noch dreihunderttausend Zeiteinheiten und er war wieder daheim.

Herbert W. Franke

Der Schmarotzer

Auf fremden Planeten gibt es Dinge, die man auf der Erde nicht kennt. Sie brauchen gar nicht gefährlich zu sein, aber man muss mit ihnen umgehen können. Am besten, man hält sich an die Vorschriften.

Ruth hatte wieder ein Verbot der Sirianer übertreten. Sie hatte eine Pflanze gepflückt. Sie hatte die Pflanze nicht nur gepflückt, sondern auch mit ins Haus genommen. Sie hatte sie nicht nur ins Haus gebracht, sondern auch in einer Vase ins Zimmer gestellt. Und sie schlief in diesem Zimmer.

Als sich Cumulus aus der Erstarrung löste, in die er sich unter Schock immer 5 versetzte, verspürte er Schmerz. Ein Großteil seiner Wurzelarme war abgerissen. Mit seinen runden, gelben, doldenartig angeordneten Augen nahm er die ultraroten Strahlen seiner Umgebung auf. Er hing in einem bauchigen Gefäß, sein Unterleib lag im Wasser. Er musste schleunigst alkali*- und erdalkalihaltigen Nährboden finden, wenn seine Verletzungen ausheilen sollten. Mit seinen 10 Geißeln schob er sich über den Rand des Gefäßes und begann die Suche.

Er war ein wenig verärgert und ein wenig hatte er Angst. Die Umgebung war ihm fremd. Nirgends fand er die weiche, nachgiebige Magnesiterde, nirgends die belebende, angenehme Wärmeausstrahlung, die sonst immer vom Boden heraufkam. Der Boden hier war kalt und hart. Langsam schob sich sein vielgegliederter Körper durch den Raum. Da hörte er ein Geräusch und seine Augen reagierten auf einen Reiz, der von einem länglichen Körper ausging. Er wandte sich in diese Richtung und kroch mühsam an einem senkrechten Hindernis empor. Er hatte recht getan. Es war ein weicher, warmer Körper und als er seine Wurzeln einbohrte, spürte er die sättigenden Kalziumsalze. Er erneuerte zunächst sei- 20 ne verlorenen Gliedmaßen und gewann so neue Wurzelarme, die er ebenfalls sacht in die Tiefe führte. Das war zwar nicht der gewohnte Boden, aber doch besser als die Ödnis seiner übrigen neuen Umgebung.

Ruth hatte unruhig geschlafen; seltsame, beklemmende Träume hatten sie gequält. Als sie nun erwachte, spürte sie einen Fremdkörper an der Schulter. Noch 25 halb im Schlaf tappte sie hin, aber das Ding hielt wie angeklebt, und als sie heftiger zog, schmerzte es.

Jetzt erst wurde sie ganz wach und sah ihre gestern gepflückte Pflanze auf der linken Schulter hocken. Sie schrie auf.

Als sie sich aufrichten wollte, bemerkte sie, dass ihr linker Arm in seiner Be- 30 wegung behindert war. Es kostete sie ungeheure Anstrengung, ihn zu heben. Und dazu kam eine lähmende Müdigkeit, die im ganzen Körper saß. Sie sank wieder auf ihr Lager zurück und weinte hemmungslos.

So fand sie Jennie, die nach dem Rechten sah, weil Ruth nicht zum Frühstück erschienen war. Trotz ihres Entsetzens versuchte sie der Freundin zu helfen, aber 35 ihr Zerren verursachte Ruth Schmerzen, die bis zum Herz hinunterreichten. Jennie holte den Arzt.

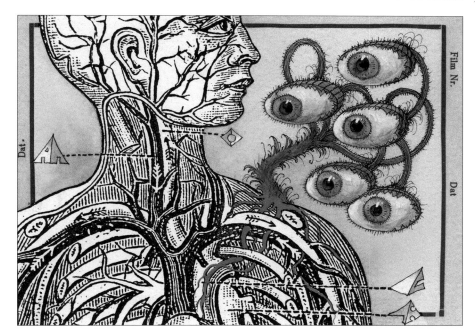

Dr. Ford war Chirurg. Wo er mit dem Messer heilen konnte, tat er es mit Begeisterung. Er entschloss sich auch in diesem Fall sofort zu einer Operation.
40 Doch nach der Röntgendurchleuchtung wurde er sehr nachdenklich.

„Die Wurzeln reichen bis zur Aorta", sagte er. „Es ist zu spät zum Operie-
ren. Hier kann niemand mehr helfen."

„Vielleicht wissen die Sirianer, was zu tun ist", hoffte Jennie.

Ihr Gastgeber war ein altes, ziegenbockähnliches Männchen. Missbilligung
45 sprach aus seinen Augen. Er sah das Gewächs auf Ruths Schulter und fragte erstaunt: „Ist es denn nicht freiwillig gegangen?"

Verständnislos sahen ihn die anderen an. Er griff ins Geflecht der Stängel und
Blätter des Lebewesens und weckte es durch langsames Streicheln aus seiner Be-
wegungslosigkeit. „Hier gehörst du doch nicht her", sagte er zärtlich und leise.
50 „Wie bist du denn ins Zimmer gekommen? Das sind Menschen. Sie tun dir
nichts. Kriech hinaus. Draußen gibt es warmen, würzigen Boden. Lass los, ich
bringe dich hinaus!"

Ein Zittern lief über die Haut der Blätter. Die gelbe Dolde drehte sich wiegend. Dann schob und wand sich eine Wurzel aus der Haut des Mädchens, eine
55 andere folgte, sie krümmten und streckten sich, tasteten umher und ringelten
sich schließlich ein.

Der Sirianer nahm das Wesen und trug es behutsam hinaus zu seiner Kolonie,
einer weiten, ovalen Fläche mit Millionen Dolden aus perlenartigen gelben Kugeln. Er setzte es auf eine freie Stelle und beobachtete, wie es sich wohlig rekel-
60 te und die Wurzeln in die Erde senkte.

Das konnte ich wieder in Ordnung bringen, dachte der Sirianer und sah zu
seinen Gästen hinüber, die in Gruppen vor dem Haus standen. Er war sehr nachdenklich. In seinem Blick war keine Spur von Freundschaft.

Hermann Kasack

Mechanischer Doppelgänger

„Ein Herr wünscht Sie zu sprechen", meldete die Sekretärin. Ich las auf der Be-
suchskarte: Tobias Hull, B. A. – Keine Vorstellung. Auf meinen fragenden Blick:
„Ein Herr in den besten Jahren, elegant." – Anscheinend ein Ausländer. Immer
diese Störungen. Irgendein Vertreter. Oder? Was weiß man. „Ich lasse bitten."

Herr Tobias Hull tritt mit vorsichtigen Schritten ein. Er setzt Fuß vor Fuß, 5
als fürchte er zu stark aufzutreten. Ob er leidend ist? Ich schätze sein Alter auf
Mitte Vierzig. Eine große Freundlichkeit strahlt aus seinem glatt rasierten, nicht
unsympathischen Gesicht. Sehr korrekt angezogen, beinahe zu exakt in seinen
verbindlichen Bewegungen, scheint mir. Nun, man wird sehen. Mit der Hand
zum Sessel weisend: „Was verschafft mir die Ehre Ihres Besuches?" 10

„Oh! Ich wollte mich Ihnen nur vorstellen."

„Sehr angenehm", sage ich.

„Oh! Sie verstehen!" Dieses mit einem leicht jaulenden Ton vorgebrachte
„Oh!" ist unnachahmlich. Seine müde, etwas monotone Stimme hat einen kleinen fremden Akzent. Er sieht mich mit freundlicher Erwartung an. 15

Über das Benehmen meines Besuches doch ein wenig erstaunt, wiederhole
ich: „Sehr angenehm. Aber darf ich Sie fragen – "

Da werde ich sogleich mit seinem „Oh!" unterbrochen: „Bitte fragen Sie mich
nicht." Und dann beginnt er seine Geschichte zu erzählen, die er anscheinend
schon hundertmal vorgebracht hat: „Ich bin nämlich ausgestopft!" 20

„Aber – erlauben Sie mal!"

Das eigentümliche Wesen, das mich überlegen fixiert, beachtet den Einwurf
nicht, sondern fährt unbeirrt fort: „Erschrecken Sie nicht, weil ich eine Art Automat bin, eine Maschine in Menschenform, ein Ersatz sozusagen. Mr. Tobias
Hull existiert wirklich. Der Chef einer großen Fabrik zur Herstellung von me- 25
chanischen Doppelgängern. Ich bin, wie sagt man, seine Projektion, ja, Agent in
Propaganda*. Ich kann Ihnen natürlich meinen Mechanismus im Einzelnen
nicht erklären – Sie verstehen: Fabrikationsgeheimnis! Aber wenn Sie daran denken, dass die meisten Menschen heutzutage ganz schablonenmäßig leben, handeln und denken, dann werden Sie sofort begreifen, worauf sich unsere Theorie 30
gründet! Herz und Verstand werden bei uns ausgeschaltet. Sie sind es ja, die im

Leben so oft die störenden Komplikationen hervorrufen. Bei uns ersetzt die Routine alles. Sehr einleuchtend, nicht wahr?"

Ich nicke verstört.

35 „Oh! Mein Inneres ist ein System elektrischer Ströme, automatischer Hebel, großartig! Eine Antennenkonstruktion, die auf die feinsten Schwingungen reagiert. Sie lässt mich alle Funktionen eines menschlichen Wesens verrichten, ja, in gewisser Weise noch darüber hinaus. Sie sehen selbst, wie gut ich funktioniere." Zweifelnd, misstrauisch betrachte ich das seltsame Geschöpf.

40 „Unmöglich!", sage ich. „Ein Taschenspielertrick. Sehr apart. Indessen – "

„Oh! Ich kann mich in sieben Sprachen verständigen. Wenn ich zum Beispiel den obersten Knopf meiner Weste drehe, so spreche ich fließend englisch, und wenn ich den nächsten Knopf berühre, so spreche ich französisch, und wenn ich – "

„Das ist wirklich erstaunlich!"

45 „Oh! In gewisser Weise; vor allem aber angenehm. Wünschen Sie ein Gespräch über das Wetter, über Film, über Sport? Über Politik oder abstrakte Malerei? Fast alle Themen und Vokabeln des modernen Menschen sind in mir vorrätig. Auch eine Spule von Gemeinplätzen lässt sich abrollen. Alles sinnreich, komfortabel und praktisch. Wie angenehm wird es für Sie sein, wenn Sie sich 50 erst einen mechanischen Doppelgänger von sich halten – oder besser, wenn Sie gleich zwei Exemplare von sich zur Verfügung haben. Sie könnten gleichzeitig verschiedene Dienstreisen unternehmen, an mehreren Tagungen teilnehmen, überall gesehen werden und selber obendrein ruhig zu Hause sitzen. Sie haben einen Stellvertreter Ihres Ichs, der Ihre Geschäfte wahrscheinlich besser erledigt 55 als Sie selbst. Sie werden das Doppelte verdienen und können Ihre eigene Person vor vielen Überflüssigkeiten des Lebens bewahren. Ihr Wesen ist vervielfältigt. Sie können sogar sterben, ohne dass die Welt etwas davon merkt."

„Fantastisch! Man weiß also bald nicht mehr, ob man einen Menschen oder einen Automaten vor sich hat."

60 „Oh!", zischte es an mein Ohr. „Das letzte Geheimnis der Natur werden wir nie ergründen. – Darf ich also ein Duplikat von Ihnen herstellen lassen? Sie sind nicht besonders kompliziert zusammengesetzt, das ist günstig. Das hineingesteckte Kapital wird sich bestimmt rentieren. Morgen wird ein Herr kommen und Maß nehmen."

65 „Die Probe Ihrer Existenz war in der Tat verblüffend, jedoch – " Mir fehlten die Worte und ich tat so, als ob ich überlegte. „Jedoch, sagen Sie nur noch: Der Herr, der morgen kommen soll, ist das nun ein Automat oder ein Mensch?"

„Ich nehme an, ein richtiger Mensch. Aber es bliebe sich gleich. Guten Tag."

Mr. Tobias Hull war fort. Von Einbildung kann keine Rede sein, die Sekretärin 70 ist mein Zeuge. Aber es muss diesem Gentlemangeschöpf unmittelbar nach seinem Besuch bei mir etwas zugestoßen sein, denn weder am nächsten noch an einem späteren Tag kam jemand, um für meinen Doppelgänger Maß zu nehmen. Doch hoffe ich wenigstens, durch diese Zeilen die Aufmerksamkeit der Tobias-Hull-Gesellschaft wieder auf meine Person zu lenken.

75 Denn eines weiß ich seit jener Unterhaltung gewiss: Ich bin inzwischen vielen Menschen begegnet, im Theater und im Kino, bei Versammlungen und auf Gesellschaften, im Klub und beim Stammtisch, die bestimmt nicht sie selber waren, sondern bereits ihre mechanischen Doppelgänger.

Herbert W. Franke

Der Calciumfresser

Ich hätte es eigentlich früher merken sollen. Denn ich war, so weit ich zurück-
denken kann, stets vom Willen erfüllt, anderen zu helfen. Aber ich kam erst vo-
rige Woche darauf. Und die Kollegen ahnen bis heute noch nichts ...

Auch ich selbst erkannte es erst in einer außergewöhnlichen Situation. Wir befanden uns damals auf der Rückfahrt von Psi 16 und hatten gut zwei Drittel der 5
Reise anstandslos zurückgelegt. Niemand dachte an irgendetwas Schlimmes. Und
was gehört zum Schlimmsten, das einem Raumfahrer passieren kann? Zweifellos
ein Versagen der Lufterneuerungsanlage. Und gerade uns musste es treffen!

Es gab auch keine Möglichkeit zur Reparatur. Der Katalysator* aus pulveri-
siertem Calcium verschwand. Ja, er wurde von Stunde zu Stunde weniger, vor 10
unseren Augen, ohne dass jemand angeben konnte, wo er hingekommen wäre.
Ohne Calcium ist aber die Reduktion des Kohlendioxyds nicht möglich. Und
wir hatten im Schiff keinen Ersatz – wer rechnet auch mit einem solchen Vorfall!

Unser Sauerstoff reichte bestenfalls noch drei Tage.

Willy rührte sich nicht vom Thermopeiler weg, aber es bestand so gut wie kei- 15
ne Aussicht, ein System mit Planeten zu finden, und schon gar nicht eines mit
atembarer Luft. Alle wussten es, der Captain verschwieg nichts – dazu vertrau-
ten wir ihm zu sehr und er uns. Und ich muss sagen, alle hielten sich vorbild-
lich; schweigend ging jeder an seinen Arbeitsplatz zurück.

Und dann schwoll Willys Geschrei durchs Schiff. Wer Zeit hatte, lief zu ihm 20
in den Navigationsraum. „Da ist etwas vor uns!", rief er. „Schon ganz nahe!"

Richtig, auf dem Bildschirm bewegte sich ein blasses Scheibchen zwischen
den unbewegten Sternen. Alle atmeten auf, aber der Captain dämpfte unsere
Hoffnung. „Was kann uns dieses Himmelskörperchen schon helfen?", fragte er.
„Ich schätze es auf nicht größer als einen Kubikkilometer. Sicher ein öder Fels- 25
brocken."

Rasch näherten wir uns, die Oberfläche war schon zu erkennen. Jack meinte:
„Das ist ein komisches Ding! Wo sind die üblichen Zacken?"

Er hatte Recht. Solche Irrläufer sind meistens wild zerklüftet, dieser war es
nicht. Er hatte aber auch weder Kugel- noch Ellipsoidform, die auftritt, wenn 30
diese Metallklötze irgendwann einmal geschmolzen sind.

„Da ist eine Markierung!", schrie jetzt der dicke Smoky. Sein fetter Bauch
wabbelte aufgeregt.

Es war nicht zu verkennen. Drei weiße Pfeile zeigten auf eine zentrale Stelle.
Willy lenkte dorthin. Alle schauten angestrengt. 35

„Kinder", schrie der Captain, „das ist ein Raumschiff! Ein riesiges tolles Monstrum von einem Raumschiff!"

Jetzt sahen wir auch die Luken und das Geländer einer Einstiegrampe. Was
soll ich berichten? Wir landeten, halfen Willy in seinen Raumanzug und er stieg
aus. Wir sahen ihn an der Luke hantieren, es dauerte gar nicht lange und sie öff- 40
nete sich. Er verschwand im Inneren. Unsere Geduld wurde kaum beansprucht,
denn er erschien bald wieder und rief uns nur ein Wort durch die Sendeanlage
zu: „Luft!"

Wir stiegen über und staunten. Das übertraf alle unsere Erwartungen. Nicht
45 nur, dass die Luft atembar war – wir befanden uns in einem Luxus, den man sich
nicht einmal erträumen kann. Das Ganze war in unzählige Räume geteilt, größere und kleinere, aber jeder eingerichtet wie eine Hollywood-Villa – mit modernen Liegesesseln, farbigen Matten, Einbauschränken. Nur die Fische in den
Aquarien waren tot und die Blattpflanzen auf eigentümliche Weise in sich zu-
50 sammengesunken, gelb und verwelkt. Sonst war alles in bestem Zustand, geordnet und sauber, aber – wir fanden keine Insassen!

Ich bemerkte, dass der Captain nicht so froh war, wie er es nach diesem un-
glaublichen Glücksfall eigentlich hätte sein sollen.

„Wir bleiben zusammen", befahl er. „Zunächst quartieren wir uns in einigen
55 Räumen in der Nähe des Eingangs ein. Keiner entfernt sich ohne Erlaubnis von
den andern." Wir schleppten einen Teil unserer Lebensmittel heran und machten es uns gemütlich. Am nächsten Tag begann der Captain mit Streifzügen. Er
nahm stets zwei Mann mit. Abwechselnd, sodass jeder drankam.

Zunächst passierte wenig. Wir fanden immer neue Räume, die sich durch
60 nichts von den anderen unterschieden. Bis auf die abgestorbenen Lebewesen war
alles in Ordnung. Nur einige Dinge fielen uns auf, erschienen uns aber nicht we-
sentlich: Da waren einige Gefäße zu Staub zerfallen – die pulvrigen Überreste lagen noch so da, dass man ihre früheren Formen erkennen konnte. Bei einigen
Spiegeln hatte sich das überdeckende Glas zu einer undurchsichtigen, spröden
65 Masse gewandelt. Fast in allen Bildern hatten sich einige Farben zersetzt. Ein
groteskes Mosaik von Eindrücken.

Schon am zweiten Tag fand der Captain die Navigationsräume. Das System
war leicht durchschaubar. Die Erbauer des Schiffes müssen menschenähnlich gewesen sein, wenn auch wahrscheinlich ein wenig weiter als wir. Conny stellte
70 fest, dass noch genügend Treibstoff da war und Willy konnte einen Kurs ausrechnen und einstellen.

Bei meinem ersten Patrouillengang streifte ich mit Smoky und dem Captain
in den entlegensten Regionen umher, in den Räumen, die unserem Eingang ge-
genüberlagen. Als wir gerade eine Art Veranda mit ganzen Reihen vertrockne-
75 ter Kakteen betraten, blieb der Captain plötzlich stehen. Er bedeutete uns mit
der Hand aufzupassen …

„Habt ihr es auch bemerkt?", fragte er dann.

„Dieses eigentümliche Ziehen?", fragte Smoky zurück.

„Genau das", gab der Captain zurück. Beide sahen mich jetzt antworthei-
80 schend an.

„Ich habe nichts gespürt", musste ich gestehen.

„Es ging mir durch den ganzen Körper", erklärte der Captain, „als wenn darin ein Unterdruck entstanden wäre – etwas Wühlendes, Saugendes. Es war allerdings nicht schlimm, nicht einmal unangenehm."

85 Es muss aber doch schlimmer gewesen sein, als die beiden zugeben wollten –
der Captain ordnete den Rückzug an.

Nicht weit von unseren Räumen passierte dann ein Missgeschick: Smoky
brach sich ein Bein. Ein glatter Bruch der Knöchelgabel. Wir mussten eine Trag-
bahre improvisieren und ihn das letzte Stück schleppen.

90 Er wusste selbst nicht, wie es gekommen war. Er meinte, dass er wohl gestol-

pert sein müsse. Er war aber nicht gestolpert. Ich war hinter ihm gegangen und hatte gesehen, dass das Bein unter dem Gewicht seines Körpers einfach nachgegeben hatte, eingeknickt war. Nun ist Smoky mit seinen 180 Pfund zwar kein leichte Knabe, aber das ist doch nicht in Ordnung, dass die Knochen einfach zusammenbrechen.

Bei diesem Pech blieb es aber nicht. Einige fingen nämlich über Mattigkeit, Appetitlosigkeit und Muskelschmerzen zu klagen an. Der Doc schüttelte den Kopf. Er konnte sich die Symptome nicht erklären. Die Stimmung wurde gereizt, einer fuhr den anderen an – aber gerade Jack, der durch nichts aus seiner Ruhe zu bringen ist, brachte sie auf den Nullpunkt. Der Captain pfiff den Koch an, weil ihm das Essen nicht schmeckte – wohl ein bisschen heftiger, als notwendig gewesen wäre – und Jack wollte die Situation retten. Mit gezwungener Lustigkeit rief er: „Na, besser noch schlechtes Essen als keine Luft." Und gab dem Captain freundschaftlich einen sanften Boxer. Ich war dabei und ich kann versichern, dass es nur ein ganz leichter Schlag war. Aber der Captain knickte glatt zusammen. Zuerst glaubten wir, es wäre ein Witz, dann ging uns ein Licht auf, dass es doch ernster sein müsse. Wir holten den Doc, und der stellte drei gebrochene Rippen fest. Der Captain konnte nun die Streifzüge nicht mehr anführen. Man kann sich seine Laune vorstellen, als er Willy damit beauftragte.

Gleich bei seinem zweiten Erkundungsgang kam dieser mit einigen Lochstreifen zurück – das erste Anzeichen einer Art Schrift. Der Captain, der sich nicht bewegen durfte, machte sich an die Entzifferung. Sie gelang ihm ziemlich schnell und endlich erfuhren wir, was es mit dem Schiff für eine Bewandtnis hatte.

„Alles ist mir noch nicht klar, aber einiges habe ich doch herausgebracht", erklärte er. „Der Kasten, in dem wir jetzt festsitzen, ist ein Fahrzeug einer großen Flotte, die bei irgendeiner Übersiedlungsaktion war. Ungefähr eine Million Lebewesen waren drin. Während der Fahrt erkrankten sie und wurden auf andere Schiffe übergesetzt. Was die Ursache dafür war, verstehe ich noch nicht ganz, da steht zwar etwas, die wörtliche Übersetzung hieße ‚Calciumfresser'."

Wir sahen wohl alle etwas ratlos drein, aber der Doc sprang auf, holte sein ärztliches Besteck und rannte zu Spike, den es am ärgsten gepackt hatte. Er lag in einem Einzelraum, den wir als Krankenzimmer ausgestattet hatten. Der Doc zapfte ihm Blut ab, und was es noch an solchen Dingen gibt, und verschwand in seinem notdürftig ausgestatteten Labor. Nach einer Weile kam er mit einem Reagenzgläschen heraus, das er uns vor die Nase hielt.

„Da habt ihr die Erklärung", rief er.

Ein weißer, flockiger Niederschlag wirbelte in der Eprouvette* – wir hatten natürlich keine Ahnung, was er zu bedeuten hatte.

„Calciummangel!", japste der Doc. „Der Calciumspiegel ist weit unter den zulässigen Wert gesunken. Jetzt verstehe ich, wieso unsere Knochen brechen und unsere Zähne wackeln."

„Calcium?", fragte der Captain nachdenklich. „Unser Katalysator bestand doch aus Calcium …?"

„Unsinn …", meinte der Doc, „das muss ein Zufall sein. Jetzt werde ich mich um den Küchenzettel kümmern und calciumreiche Speisen zusammenstellen. Weiter bekommt jeder Kalktabletten!"

„Aber was ist mit Calciumfresser gemeint?", wollte ich wissen.

„Vielleicht Bakterien", vermutete der Doc. „Ich werde gleich einen Abstrich machen und mich ans Mikroskop setzen!"

140 Jetzt hatten wir also einen Hinweis, dem wir nachgehen konnten, aber ich kann nicht behaupten, dass wir uns sehr wohl in unserer Haut fühlten.

Am nächsten Tag kam eine Streife nicht mehr zurück. Zuerst machten wir uns keine Sorgen, denn wie leicht kann man sich in dem großen Schiffskörper verlaufen. Als aber Fatty mit den beiden anderen bis zum nächsten Morgen aus-

145 blieb, schickte der Captain Cyril und mich auf die Suche.

Wir wussten ungefähr, welchen Teil des Schiffes sie sich hatten vornehmen wollen, und gingen ohne Zögern hin. Früher war jeder Streifzug ein Vergnügen, wie eine Wanderung durch eine schöne Landschaft. Heute waren uns diese wunderbaren Räume unheimlich. Eine Stille lag in ihnen, die nervtötend war. Jedes

150 Mal, wenn ich eine Tür öffnete, musste ich mich zuerst überwinden – mir war, als könnte dahinter etwas lauern.

Als wir schon ziemlich weit vorgedrungen waren, begann Cyril über ein seltsames Ziehen in allen Gliedern zu klagen. Ich spürte nichts, da er aber immer mehr darunter litt, wollte ich schon vorschlagen, dass wir umkehrten – da fan-

155 den wir sie …

Direkt vor uns lag Fatty, er bewegte sich ein wenig, als er uns hörte. Etwas weiter vorn streckten sich die Körper seiner beiden Kameraden. Alle lagen eigenartig schlapp da, wie hingemäht und als wir uns zu Fatty bückten, war sein Gesicht formlos und schwammig, seine Arme schlenkerten kraft- und haltlos.

160 Seine Augen waren halb geschlossen und seine Lippen mühten sich Worte zu formulieren: „… ein Wesen … ein Tier, das …" Er sackte zusammen, als sei die letzte Energie aus seinem Leib verströmt.

Cyril und ich sahen uns entsetzt an. Da hörte ich ein Geräusch im Nebenraum. Ich zog meine Pistole und riss die Tür auf … Vor mir lag ein langge-

165 streckter Raum, eine Art Wintergarten, voll von verdorrten Blattpflanzen. Hinten aber drehte, schob und wand sich etwas; etwas, das ich nur zum Teil sah, der Rest verschwand hinter einer Biegung: ein Gewirr von silbergrauen Spinnenbeinen oder Fühlern, die sich ununterbrochen wellten und tastend hin und her bewegten.

170 Ein Ruf Cyrils ließ mich umkehren. Ich fand ihn bleich an einer Wand lehnend. Er war am Zusammenbrechen.

„Es wird immer ärger", ächzte er. „Bring mich zurück!"

Er konnte kaum mehr gehen, einen großen Teil der Strecke musste ich ihn schleppen.

175 Als ich bei den anderen ankam, erwartete mich eine neue Schreckensnachricht: Der Doc hatte festgestellt, dass sich eine Menge von Nahrungsmitteln zersetzt hatte, und zwar gerade die, die besonders kalkreich waren.

Eine Abordnung aus Freiwilligen holte dann die Verunglückten aus den unteren Räumen. Sie stießen zwar nicht auf das Tier, aber sie kamen vollkommen

180 geschwächt zurück. Die Geretteten waren kaum aus ihrem Dämmerschlaf zu wecken.

Der Captain berief eine Versammlung ein, aber ihr Ergebnis war ziemlich hoffnungslos: Wir kamen zum Schluss, dass sich das Wesen, das ich gesehen hatte, von Calcium ernährte und dass es die Fähigkeit hatte, dieses aus seiner

Umgebung an sich heranzuziehen. Wir erörterten einige verzweifelte Pläne, 185
um uns dagegen zu wehren; einige schlugen vor, den Teil des Schiffes, wo sich
das Monstrum aufhielt, zu sprengen, andere wollten komplizierte Fallen auf-
stellen …

Ich hörte nur mit halbem Ohr zu. Ich sah die bleichen Gestalten der Kameraden, wie sie müde in den komfortablen Liegesesseln lümmelten, den verbun- 190
denen Oberkörper des Captains, den regungslos liegenden Spike. Allerlei Gedanken gingen mir durch den Kopf. Ich fühlte mich wohl wie immer, nie hatte
ich das Ziehen gespürt, mit dem sich bei den anderen der Calciumentzug äußer-
te. Als einziger hatte ich das Wesen gesehen – es war mir nichts geschehen. Alle
meine Folgerungen liefen an einem Punkt zusammen … 195

Wenn es stimmte, war es sehr traurig für mich.

Aber es bedeutete – vielleicht! – die Rettung.

Unauffällig zog ich mich zurück, verschwand hinter einer blätterüberzoge-
nen Gitterwand, schlich mich durch die Tür …

Ich musste Gewissheit haben. Im Laborraum des Doktors gab es das, was ich 200
suchte – eine stricknadellange Injektionsnadel. Ich öffnete mein Hemd und stach
sie mir durch die Haut unterhalb des Brustbeins. Langsam senkte sie sich ein,
ein wenig schräg hinauf, – ich wusste genau, wohin ich treffen musste. Es kostete mich große Überwindung, ich spürte mein Herz pulsieren, Schweiß stand auf
meiner Stirn. Meine Reaktionen waren die der normalen Menschen. 205

Und dann hatte ich die Gewissheit: Die Nadel stieß – in etwa fünf Zentimeter Tiefe – auf etwas Hartes, Undurchdringliches, Metallenes.

Nun gab es keinen Augenblick der Besinnung mehr. Mein Leben war völlig
unwichtig. Ich holte mir eine Maschinenpistole aus dem Vorratsraum und lief
ins Innere des Schiffes. Noch nie war mir der Geruch der vertrockneten Pflan- 210
zen so unerträglich vorgekommen, das Leblose in diesen Luxusräumen so er-
drückend. Aber auch noch nie hatte ich so sicher gewusst, was ich zu tun hatte.

Lange Zeit lief ich im hintersten Teil des Schiffes herum. Ich suchte das Cal-
ciumwesen. Immer wieder diese wunderschönen Räume, in denen der Tod saß
– dürre Pflanzen, Aquarien mit verfaulten Fischen, Liegebänke, Spieltische, Gar- 215
tenschaukeln, Wasserbecken, Plastiken, leuchtende Kugeln – Lichtquellen und
Schmuck zugleich.

Dann bemerkte ich Anzeichen von Unordnung: beiseite geschobene Stühle,
umgeworfene Blumenbehälter … War das ein Geräusch?

Ich stand still, lauschte – ein Schleifen und Scharren. Ich hob die Impulspistole 220
und schlich weiter. Dort ein silbergrauer Knäuel, riesengroß, tastende Fühler
oder Antennen, Hunderte von spinnendürren Armen und Beinen. Sie bewegten
sich an einer Stelle zur Seite, und eine Art parabolischer Spiegel richtete sich auf
mich – aber ich spürte kein Wirkung. Mir kann niemand Calcium entziehen. Ich
legte den Finger an die Abzugtaste der Maschinenpistole – aber kein Impuls lief 225
ab. Noch einmal drückte ich durch: nichts!

Und jetzt erst fiel mir ein: Meine Waffe arbeitete mit einer Germanium-Cal-
ciumsulfid-Kathode – und war natürlich längst zerstört.

Eine entsetzliche Wut überfiel mich. Jetzt durfte mein Plan nicht mehr schei-
tern. Ich warf die Pistole weg, packte einen Stuhl, lief auf das Tier zu. Mit aller 230
Kraft warf ich mich darauf, schmetterte den Stuhl von oben hinunter …

Ich fand fast keinen Widerstand, – ich lief geradezu in das Tier hinein. Eine poröse Masse stäubte zu Boden. Die Fühler, die Arme und Beine vibrierten, aber ich wischte mit der Hand darüber weg und sie brachen, zerfielen. Der Leib des

235 Tieres, der unter den Gliedmaßen zum Vorschein kam, blähte sich auf, rollte und wogte. Aber einige Hiebe mit dem Stuhl brachten ihn zur Ruhe. Das alles war kinderleicht. Trotzdem war ich am Ende meiner Kräfte – die Anspannung der Nerven, die Aufregung.

Vier Stunden brauchte ich, um zurückzukommen. Der Captain war wütend.

240 Aber als ich ihm sagte, dass das Tier tot war, wurde er still. Alle liefen hinunter, dorthin, wo sein zerfallener Körper lag.

Erst als sie wiederkamen, wurde mir das Glück, sie gerettet zu haben, bewusst: Spike, den hilfsbereiten, stillen Physiker, den dicken Smoky, den wissbegierigen Willy und alle andern, die ganze Mannschaft erprobter Raumfahrer, die mich zu

245 den ihren zählt: Jack, der Kokons* voll Calciumoxyd gefunden hatte – genug, um unseren Katalysator neu zu beschicken –, den Doc, der zerbröckelte Reste des Wesens in Fläschchen mitbrachte, und den Captain, der auf mich zutrat und sagte: „So verdammt unangenehm war es mir nie, jemand bestrafen zu müssen. Aber du musst einsehen: drei Tage Arrest. Du hast dich unerlaubt von uns ent-

250 fernt."

Die Strafe macht mir nichts aus. Viel wichtiger ist, dass sie nichts erfahren. Denn ich habe sie gern, alle, und ich möchte, dass auch sie mich lieb behalten. Und das ist doch nicht ganz sicher, wenn sie von der Positronenzelle in meiner Magengrube erfahren. Wenn sie erfahren, dass ich ein Roboter bin.

Ray Bradbury

Die letzte Nacht der Welt

„Was würdest du tun, wenn du wüsstest, dass heute die letzte Nacht der Welt anbricht?"

„Was ich tun würde? Meinst du das im Ernst?"

„Ja, absolut."

„Ich weiß nicht. Ich habe nie darüber nachgedacht."   5

Er goss Kaffee ein. Im Hintergrund spielten die beiden Mädchen im Licht der grünen Sturmlaternen mit Bauklötzen auf dem Teppich des Wohnzimmers. Der angenehme, reine Duft des frisch aufgebrühten Kaffees lag in der Abendluft.

„Es wäre gut, wenn du dir darüber Gedanken machtest", sagte er.

„Das kannst du nicht ernst meinen!"   10

Er nickte.

„Ein Krieg?"

Er schüttelte den Kopf.

„Nicht die Wasserstoff- oder die Atombombe?"

„Nein."   15

„Oder ein Krieg mit biologischen Waffen?"

„Nichts dergleichen", antwortete er, während er langsam seinen Kaffee umrührte. „Ich möchte es ganz einfach so formulieren: Ein Buch wird geschlossen."

„Ich glaube, das verstehe ich nicht."

„Auch ich verstehe es nicht ganz, es ist mehr ein Gefühl. Manchmal schreckt 20 es mich, ein andermal wieder gar nicht und der Gedanke lässt mich völlig ruhig." Er blickte zu den Mädchen hinein, deren blonde Haare im Lampenlicht schimmerten. „Ich habe dir bisher nichts gesagt. Zum ersten Mal kam er vor vier Nächten."

„Wer?"   25

„Der Traum. Ich träumte, dass alles zu Ende gehen würde, und eine Stimme bestätigte es; keine Stimme, an die ich mich erinnern kann, aber es war jedenfalls eine Stimme und sie sagte, dass jegliches Leben hier auf der Erde enden würde. Am nächsten Tag dachte ich kaum noch daran, aber am Nachmittag sah ich im Büro, wie Stan Willis aus dem Fenster starrte, und ich sagte, ich gäb was drum, 30 Stan, wenn ich wüsste, was du denkst, und er antwortete, er hätte letzte Nacht einen Traum gehabt, und noch bevor er mir seinen Traum erzählte, kannte ich ihn. Genauso gut hätte ich ihm seinen Traum erzählen können, aber er erzählte ihn mir und ich hörte zu."

„Und es war derselbe Traum?"   35

„Derselbe. Ich sagte es Stan und er schien davon nicht einmal überrascht zu sein. Im Gegenteil, er atmete sichtlich auf. Danach begannen wir das ganze Büro durchzukämmen. Das war nicht etwa geplant. Wir hatten uns nicht dazu verabredet, wir gingen einfach los, jeder für sich, und überall hatten die Leute die Blicke auf ihre Hände oder Schreibtische gesenkt oder sahen aus dem Fenster. 40 Ich sprach mit einigen. Stan ebenfalls."

„Und sie hatten alle geträumt?"

„Alle. Denselben Traum – ohne jeden Unterschied."

„Und du glaubst daran?"

45 „Ja. Ich bin mir nie einer Sache sicherer gewesen."

„Und wann wird sie enden? Die Welt, meine ich."

„Für uns irgendwann in dieser Nacht und während die Nacht weiter um die Welt geht, wird alles andere mitgehen. Im Ganzen wird es vierundzwanzig Stunden dauern, bis alles zu Ende ist."

50 Sie saßen eine Weile ohne ihren Kaffee anzurühren. Dann hoben sie langsam die Tassen und tranken, sich dabei in die Augen sehend.

„Haben wir das verdient?", fragte sie.

„Darum dreht es sich ja gar nicht; die Dinge sind einfach nicht so gelaufen, wie sie hätten sollen. Übrigens stelle ich fest, dass du nicht einmal an dieser Sa-55 che zu zweifeln scheinst. Warum nicht?"

„Ich glaube, ich habe meine Gründe dafür", erwiderte sie.

„Dieselben wie alle in meinem Büro?"

Sie nickte langsam. „Ich wollte eigentlich nichts sagen. Ich träumte es letzte Nacht. Und die Frauen in unserem Häuserblock redeten heute untereinander 60 darüber. Sie haben es auch geträumt. Ich dachte, es sei nur ein zufälliges Zusammentreffen." Sie nahm die Abendzeitung in die Hand. „In der Zeitung steht nichts davon."

„Warum auch, es weiß ja jeder."

Er lehnte sich in seinen Sessel zurück und sah sie an. „Fürchtest du dich?"

65 „Nein. Früher habe ich das immer geglaubt, aber jetzt hab ich keine Angst."

„Wo bleibt dieser Selbsterhaltungstrieb, über den so viel geredet wird?"

„Ich weiß nicht. Man regt sich nicht besonders auf, wenn man das Gefühl hat, dass die Dinge sich logisch entwickeln. Dies hier ist logisch. Nach dem Leben, das wir geführt haben, war nichts anderes zu erwarten."

70 „Sind wir denn so schlecht gewesen?"

„Nein, aber auch nicht besonders gut. Und ich glaube, darin liegt unser Fehler – wir haben uns zu viel mit uns selbst beschäftigt, während ein großer Teil der Welt nichts Besseres zu tun hatte, als lauter schreckliche Dinge anzurichten."

Im Wohnzimmer lachten die Mädchen.

75 „Ich habe immer gedacht, die Leute würden vor einem solchen Ereignis schreiend durch die Straßen rennen."

„Man schreit nicht, wenn man dem Unausweichlichen gegenübersteht."

„Weißt du, außer dir und den Kindern würde ich nie etwas vermissen. Meine Arbeit, die Stadt – nichts außer euch dreien habe ich je wirklich geliebt. Ich 80 würde nichts anderes vermissen – außer vielleicht den Wechsel im Wetter und ein Glas kaltes Wasser, wenn es sehr heiß ist, und vielleicht den Schlaf. Wie können wir hier nur so ruhig sitzen und so darüber reden?"

„Weil es nichts anderes zu tun gibt."

„Du hast Recht, natürlich; denn sonst würden wir es tun. Wahrscheinlich ist 85 dies das erste Mal in der Geschichte der Welt, dass jedermann genau weiß, was er in der kommenden Nacht tun wird."

„Ich würde gern wissen, was all die andern in den nächsten Stunden, heute Abend, tun werden."

„Irgendeine Vorstellung besuchen, Radio hören, vor dem Fernsehgerät sitzen, 90 Karten spielen, die Kinder zu Bett bringen, schlafen gehen – wie immer."

„In gewisser Weise ist das etwas, worauf man stolz sein kann: wie immer.“

Sie schwiegen einen Augenblick, während er sich eine frische Tasse Kaffee eingoss. „Warum nimmst du an, dass es heute Nacht geschehen wird?“

„Weil es so ist.“

„Warum geschah es nicht in irgendeiner Nacht des vorigen Jahrhunderts oder vor fünf Jahrhunderten oder zehn?“

„Vielleicht, weil dieses Datum wichtiger ist als jedes andere Datum zuvor; weil in diesem Jahr die Dinge überall in der Welt so und nicht anders sind und weil darum das Ende kommen muss.“

„Auch heute Nacht fliegen strategische Bomberkommandos auf ihren vorgeschriebenen Routen in beide Richtungen über den Ozean.“

„Das ist einer der Gründe, warum.“

„Also“, sagte er und stand auf, „was wollen wir tun? Das Geschirr abwaschen?“ Sie wuschen das Geschirr ab und stellten es mit besonderer Sorgfalt in den Schrank. Um acht Uhr dreißig brachten sie die Kinder zu Bett, gaben ihnen den Gutenachtkuss, knipsten die kleinen Lampen an ihren Betten aus und ließen die Tür einen kleinen Spalt weit offen.

„Ich möchte gern wissen …“, sagte er, als er aus dem Schlafzimmer der Kinder gekommen war, stehenbleibend und zurückblickend.

„Was?“

„Ob sich die Tür völlig schließen wird oder ob sie einen kleinen Spalt weit offen bleibt, damit etwas Licht hereinfallen kann.“

„Ich würde gern wissen, ob die Kinder etwas wissen.“

„Nein, natürlich nicht.“

Sie saßen und lasen Zeitungen und unterhielten sich und hörten Radiomusik; dann setzten sie sich an den Kamin und sahen in die Glut, während die Uhr halb elf, elf und halb zwölf schlug. Sie dachten an all die andern Leute auf der Erde, die auch diesen Abend verbrachten, jeder auf seine Weise.

„Alsdann“, sagte er schließlich.

Er gab seiner Frau einen langen Kuss.

„Wir sind jedenfalls immer gut zueinander gewesen.“

„Möchtest du weinen?“, fragte er.

„Ich glaube nicht.“

Sie gingen zusammen durch das Haus und drehten überall das Licht aus und traten in ihr Schlafzimmer; in der kühlen, dunklen Nachtluft zogen sie sich aus und deckten die Betten auf. „Die Laken sind so frisch und sauber.“

„Ich bin müde.“

„Wir sind *alle* müde.“ Sie stiegen in die Betten und legten sich hin.

„Nur einen Augenblick“, sagte sie. Er hörte sie aus dem Bett steigen und in die Küche gehen. Einen Augenblick später war sie wieder da.

„Ich hatte vergessen den Wasserhahn abzudrehen“, sagte sie.

Er fand das so komisch, dass er lachen musste.

Sie stimmte in sein Lachen ein, denn ihr wurde jetzt auch bewusst, wie komisch sie gehandelt hatte. Als sie endlich aufhörten zu lachen, lagen sie still nebeneinander, Hand in Hand, die Köpfe aneinander gelegt.

„Gute Nacht“, sagte sie einen Augenblick später.

„Gute Nacht“, erwiderte er.

Teil 3
Informationen

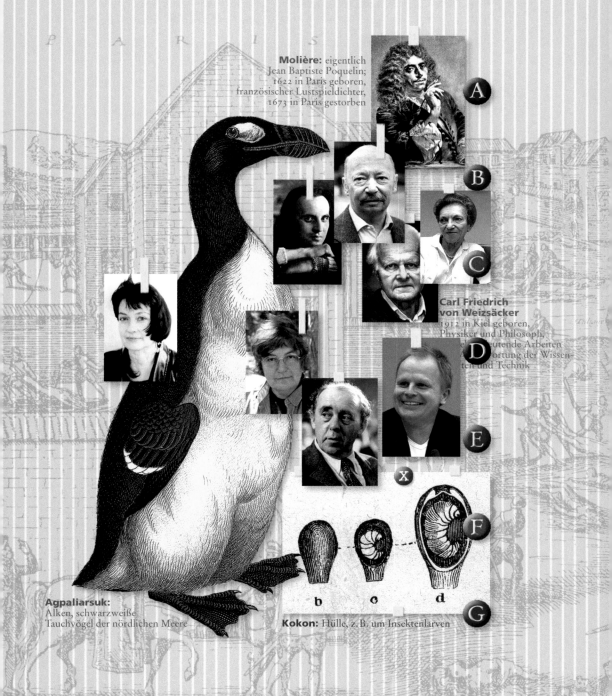

Molière: eigentlich Jean Baptiste Poquelin; 1622 in Paris geboren, französischer Lustspieldichter, 1673 in Paris gestorben

A

B

C

Carl Friedrich von Weizsäcker: 1912 in Kiel geboren, Physiker und Philosoph, bedeutende Arbeiten zur Verantwortung der Wissenschaften und Technik

D

E

X

F

Agpaliarsuk: Alken, schwarzweiße Tauchvögel der nördlichen Meere

Kokon: Hülle, z. B. um Insektenlarven

G

Merkseiten zu den Unterrichtsvorhaben

Bilder und Texte vom Fliegen LESE- UND ARBEITSTECHNIKEN

Seite 10–23   Texte und Bilder, die sich mit einem *Thema* (hier: Geschichte des Fliegens, Flugversuche) beschäftigen, können sich in vielerlei Hinsicht unterscheiden:

- Sie können unterschiedliche *Inhalte* und Teilaspekte des Themas vermitteln (hier z.B. die Flugversuche des Albrecht Ludwig Berblinger, die Atlantiküberquerung von Charles Lindbergh)
- und unterschiedliche *Absichten / Intentionen* verfolgen, also z.B. etwas beschreiben oder erklären, eine Geschichte erzählen oder von einem Ereignis berichten oder für etwas werben.
- Man kann Texte unterschiedlichen *Textarten / Gattungen* zuordnen (z.B. Zeitungsbericht, Sachtext, Biografie, Werbung, Hörspiel) und
- sich bewusst machen, welche *Wirkung* sie auf Betrachter und Leser ausüben (z.B. den Wunsch auslösen, mehr darüber wissen zu wollen).
- Diese Wirkungen sind meist zurückzuführen auf *Besonderheiten in ihrer Gestaltung* (z.B. bei der Werbung durch das Arrangement von Text und Bild; bei Sachtexten durch Vollständigkeit und Genauigkeit der Informationen und durch eine Sprache, die sich nicht selbst in den Vordergrund spielt; bei Erzählungen durch Spannung erzeugende Elemente).

Texte und Bilder erschließen sich nicht von selbst, man muss sich gründlich mit ihnen beschäftigen. Das erste Lesen und Betrachten gibt im Sinne einer *Orientierung* meist schon Aufschluss über Thema und Inhalte. Die *Erschließung* von Texten / Bildern verlangt wiederholtes Lesen und Betrachten. Dabei konzentriert man sich zunächst auf einen, dann auf mehrere der oben genannten Aspekte. Jeder Text, jedes Bild hat einen eigenständigen „Charakter". Dies wird vor allem dann deutlich, wenn man *Vergleiche* anstellt (z.B. auf S. 10/11 die schematische Skizze von dem geplanten Gleitflug Berblingers mit dem erzählenden Bilderbogen oder auf S. 12/13 das Gedicht von Brecht mit dem Augenzeugenbericht vergleicht).

     Wenn man sich mit Texten und Bildern gründlicher beschäftigt, sollte man es nicht beim Lesen oder Betrachten bewenden lassen. Manchmal sind die Themen so interessant, dass man eigene Untersuchungen anstellen und diese Themen mit anderen diskutieren möchte. Ebenso kann man sich von anderen Aspekten der Texte / Bilder anregen lassen und diese abwandeln bzw. selbst Texte oder Bilder produzieren (z.B. ein Hörspiel zum Schneider von Ulm, einen Bericht über berühmte Flugpioniere oder Interviews mit Frauen und Männern, die eine bestimmte Art von Flugsport betreiben).

Geschichten besonderer Art KURZGESCHICHTEN VERSTEHEN

Seite 24–35   Die Kurzgeschichte ist eine relativ *junge Textart* in der deutschen Literatur, denn sie wurde erst nach 1945, nach dem Ende des Zweiten Weltkrieges, von jungen Autorinnen und Autoren intensiv verwendet, um die schrecklichen Erlebnisse der Kriegs- und Nachkriegszeit aufzuarbeiten. Man hatte damals keine Muße, um die bedrängenden Erlebnisse in Romanen oder längeren Erzählungen darzustellen; die Autorinnen und Autoren suchten vielmehr nach einer *kurzen, knappen Erzählform* und fanden dabei in der *amerikanischen „short story"* ein interessantes Vorbild, das sie für ihre Zwecke nutzen konnten.

     In der Unterrichtseinheit „Geschichten besonderer Art" werden folgende Merkmale der Kurzgeschichte erarbeitet:

- Die Kurzgeschichte ist eine Textart, die sich dem Leser nicht immer einfach erschließt; da es sich um recht kurze Texte handelt, bleiben beim ersten Lesen meist viele Fragen offen, die erst durch eine *genaue Textanalyse und intensives Nachdenken* über die Personen, ihre Darstellung und ihre Handlungen beantwortet werden können.

- Der *Anfang und der Schluss der Kurzgeschichte* sind meist offen. Das bedeutet, der Leser wird ganz unvermittelt in die Handlung „hineingeworfen"; er muss sich am Anfang erst zurechtfinden: und der offene Schluss „entlässt" ihn ganz plötzlich aus der Handlung, ohne dass alle Fragen und Probleme gelöst sind. Der Leser bleibt dadurch nachdenklich zurück, was vom Autor gewollt ist.
- Die Offenheit von Anfang und Schluss verdeutlichen, dass es sich bei einer Kurzgeschichte um ein „*Stück herausgerissenes Leben*" handelt, wie der Kurzgeschichtenautor Wolfdiedrich Schnurre einmal sagte. Dem Leser wird nur eine *Momentaufnahme* gezeigt, ein kurzer Augenblick im Leben eines Menschen. Dieser Augenblick ist aber für diesen Menschen sehr bedeutsam, und er kann es auch für den Leser sein.
- Da die Kurzgeschichte nur einen geringen Umfang besitzt, muss die Autorin/der Autor das, was sie/er erzählen will, *sehr verknappen, „verdichten"*. Alles Überflüssige, wie z. B. die Einleitung, eine genaue Personenbeschreibung, eine Beschreibung von Ort und Zeit, wird meist weggelassen. Auch Sätze sind daher oft unvollständig, denn nur das Allerwichtigste hat Platz in der Kurzgeschichte.

Die Kurzgeschichtenautoren haben sich in Aufsätzen zur Kurzgeschichte als Textart geäußert und besonders ihre Ungewöhnlichkeit betont, ebenso aber auch die Schwierigkeit, eine Kurzgeschichte zu schreiben. Dies sollte euch aber nicht davon abhalten, selbst einmal das *Schreiben einer Kurzgeschichte* auszuprobieren. Die Kurzgeschichten-Werkstatt auf S. 34/35 gibt euch dazu Anregungen: Erzählideen, Anfänge und Schlüsse von Kurzgeschichten, die ihr zu Ende erzählen könnt, sowie eine Reihe von Tipps, die ihr beim Schreiben beachten solltet. In vielen Schreibversuchen von Schülerinnen und Schülern hat sich gezeigt, dass man den Schreibstil von Wolfgang Borchert besonders gut nachahmen kann, wenn man eine Kurzgeschichte schreiben will.

„Lasst Bilder sprechen ..." GEDICHTE VERSTEHEN

Seite 36–43

Unsere Sprache ist voller *Bilder*. Wir benutzen sie ständig, wissen oft aber gar nicht, dass es sich um Bilder handelt. Zum Beispiel „Eindruck", „Begriff", „Erfahrung" sind ursprünglich bildliche Wörter. Aber auch Wörter, die offenbar Bilder enthalten, wie „Flaschenhals", „Buchrücken", „Wolkenkratzer", gebrauchen wir meist, ohne auf die Bilder zu achten. In der Lyrik werden Bilder bewusst und häufig verwendet, es ist wichtig, wenn man Gedichte verstehen will, ihre Bilder richtig auffassen zu können. Lyrische Bilder sind manchmal nicht sofort verständlich. Doch hat jeder von uns ein natürliches Vermögen, Bilder zu gebrauchen und zu verstehen. Wenn dieses Vermögen aktiv genutzt wird, verhilft es uns dazu, einen Zugang zu lyrischen Bildern zu finden.

Die Unterrichtseinheit beginnt mit zwei Gedichten über den Morgen. Das von Storm ist nicht schwierig, das von Stünzner schon eher, denn ohne die Überschrift würde man kaum daraufkommen, dass es hier um den Morgen geht und das Pferd im Gedicht nur ein Bild für den Morgen ist. Wenn man es aber weiß, ist es nicht schwer, die Bedeutung der einzelnen Teile dieses Bildes zu erkennen. Man bezeichnet ein solches Bild als *Allegorie*, was griechisch-lateinisch „das Anderssagen" bedeutet.

Statt eine Tageszeit als ein Tier darzustellen, können Tages- oder Jahreszeiten, das Wetter usw. auch als Personen dargestellt werden (man nennt das eine *allegorische Personifikation*). Mit dieser Bildform solltet ihr zunächst Erfahrungen durch eigenes Schreiben machen, um dann besser solche *Bildgedichte* (z. B. Bächlers Gedicht „Der Abend im Frack") beurteilen zu können. Ideen für ein Gedicht kann man mit einem *Cluster* sammeln; dies funktioniert so: Man schreibt sein Thema als Kernwort auf die Mitte einer Seite und kreist es ein. Dann lässt man sich treiben und schreibt die Einfälle, so wie sie einem kommen, rasch auf, kreist sie ein und verbindet sie mit einem Strich mit den vorigen. Wenn eine Ideenkette erschöpft ist oder einem Andersartiges einfällt, beginnt man beim Kernwort eine neue Kette.

Nach der Personifikation von Naturgeschehen (Morgen, Abend) geht es auf der Doppelseite „Ich als Tiger" um das entgegengesetzte Verfahren: eine Person als etwas aus der Natur (als Tier, als einen Baum) darzustellen. Diese Bildform kann an dem Gedicht „Trauriger Tag" von Sarah Kirsch genauer erschlossen werden. Dabei solltet ihr aber auch eigene Schreiberfahrungen mit solchen Bildern machen; dazu dient das Schreibspiel „Ein Bild für sich selbst finden".

Das Gedicht „Zwei Menschen" von Karl Krolow auf der Seite 42 („Bilder zeigen mehr") arbeitet mit dem selben Bild wie das Gedicht von Sarah Kirsch: der Mensch als Tiger. Es gibt euch Gelegenheit noch genauer zu erkunden, welchen Sinn eine solche Bildform hat und was sie auszusagen vermag.

Die letzte Seite greift das Vorhergehende inhaltlich und formal auf: Zu Morgen und Abend kommt die Nacht, zu den Tigern der Panther. Und bei den beiden Gedichten handelt es sich um schwierigere Beispiele der bisher behandelten Bildformen: In Mörikes Gedicht „Um Mitternacht" übermittelt die Personifikation der Nacht vielschichtigere Bedeutungen als in dem Gedicht Bächlers auf S. 39 und sie sind nicht mehr so einfach an realen Vorgängen festzumachen. In Rilkes Gedicht „Der Panther" gibt es nur das in sich geschlossene Bild des Panthers; es verweist nicht mehr wie bei Sarah Kirsch und Karl Krolow mit einzelnen Bezügen, sondern allein als Ganzes auf etwas in der Realität, etwa auf eine bestimmte Erfahrung des Gefangenseins.

Molières Lustspiel „Der Geizige" SZENISCHE TEXTE VERSTEHEN

Seite 44–57 Unter „*szenischen Texten*" (Dramen, Theaterstücke, …) versteht man Texte, die – anders als z. B. Gedichte oder Erzählungen – eine Handlung unmittelbar in szenischer Aktion darstellen. Es gibt in der Regel keinen Erzähler, der das Geschehen berichtet oder kommentiert; die *Figuren* (Personen, Charaktere) sprechen und handeln vielmehr direkt im *Dialog* (Wechselrede zwischen zwei oder mehr Figuren) oder im *Monolog* (Einzelrede). Im Zentrum des Dramas steht der *dramatische Konflikt*, der entweder glücklich (wie in der *Komödie*) oder tragisch (wie in der *Tragödie*) gelöst werden kann. Ein Drama der traditionellen Form ist gegliedert in 5 *Akte* (Aufzüge) mit mehreren *Szenen* (Auftritten), die sich meistens durch Figuren- oder Schauplatzwechsel voneinander unterscheiden.

Szenische Texte muss man als Vorlage verstehen, aus der erst der *Regisseur* mit den Schauspielern und Schauspielerinnen die konkrete *Aufführung* (*Inszenierung*) erstellt. *Regieanweisungen* (szenische Bemerkungen) können verdeutlichen, wie sich der Autor die Figuren, deren Absichten und die Art und Weise ihres Handelns vorgestellt hat.

Molières Lustspiel „Der Geizige" ist eine weltberühmte Komödie, die seit ihrer Entstehung im Jahre 1668 in Frankreich weltweit mehrere tausend Inszenierungen und Aufführungen erlebt hat. Eine Theatergruppe des Theodor-Heuss-Gymnasiums Göttingen hat das Lustspiel ebenfalls aufgeführt und sich dabei bemüht, den Charakter der Figuren sinnfällig zu machen und komische Akzente zu setzen. Ob die Fachkritik das auch so gesehen hat, könnt ihr der *Zeitungs-Rezension* auf S. 44 entnehmen.

Einen Eindruck vom Inhalt des Stückes bekommt ihr durch die *Inhaltszusammenfassung* aus einem bekannten Schauspielführer auf S. 45. Das *Personenverzeichnis* auf S. 46, in der Regel am Anfang einer Textausgabe abgedruckt, vermittelt einen Eindruck von den mitspielenden Figuren / Personen. Das *Figurenkonstellationsschema* auf S. 46, das die Schülertheatergruppe entworfen hat, klärt, in welcher Beziehung die Figuren zueinander stehen (z. B. Harpagon als Zentralfigur, seine Kinder Cléanthe, der Mariane liebt, und Élise, die Valère liebt, usw.).

Die *Szenenfotos* von der Schüleraufführung machen zusätzlich deutlich, wie die Figuren aussehen und agieren. Aus all diesen Materialien könnt ihr euch einen ersten Eindruck von dem Stück und seiner Inszenierung verschaffen.

In einem traditionellen Drama haben die 5 Akte bestimmte Aufgaben *(Funktionen)*:

1. Akt (I): *Exposition*, d. h. Einführung; der Zuschauer muss eingeführt werden in
• die *Ausgangssituation* des Stücks,

- die *Handlung* und möglicherweise deren *Vorgeschichte*,
- die *Figuren*,
- den *Ort (Schauplatz)* und die *Zeit*, zu der die Handlung spielt, wobei der Ursprung des *Konflikts* erkennbar werden soll.

2. Akt (II): *Steigerung*; der dramatische Konflikt wird vorangetrieben und es wird dramatische Spannung aufgebaut;

3. Akt (III): *Höhepunkt* oder *Wendepunkt* (Peripetie) der Handlung und des Konflikts;

4. Akt (IV): *Retardierung*; Verzögerung der Lösung durch retardierende Momente (= die Auflösung des Konflikts hinauszögernde Handlungselemente);

5. Akt (V): *Lösung*; Happyend in der Komödie, tragisches Ende in der Tragödie.

Die Zuordnung dieser Aufgaben (Funktionen) zu den einzelnen Akten ist nicht ganz fest und verbindlich. Im „Geizigen" z.B. liegt der Höhe- und Wendepunkt erst am Ende des 4. Aktes, bis zu dem hin sich die Spannung steigert.

Um die *Figuren bzw. Rollen* (= die Gestalten, die ein Schauspieler / eine Schauspielerin im Stück verkörpert) zu verstehen, kann man die Figuren *vergleichen* und *charakterisieren*,

typische Szenen *mit verteilten Rollen lesen* und dabei auf die für die Rolle treffende *Sinnbetonung, Lautstärke, Tonhöhe* sowie das angemessene *Lesetempo* achten,

Szenen *spielen* und dabei die *Körperhaltung, Gestik, Mimik* der Figuren sowie deren *Position auf der Bühne* berücksichtigen,

Figurinen (Kostümentwürfe) *entwerfen*, so wie man sich die Figuren vorstellt.

Außer der Klärung der Szenen- und Aktfunktion und der Erschließung der Rollen ist auch der Entwurf des *Bühnenbildes* für die Spielmöglichkeiten und die Gesamtwirkung des Theaterstückes wichtig.

Der erste Akt (I) soll *dramatische Spannung* aufbauen, indem er z.B. einen *Konflikt* schürt (hier: einen Familienkonflikt um das Heiraten). Man kann sich den Konflikt klar machen, indem man z.B.

die entsprechende Szene (hier: ein *Streitgespräch*) *pantomimisch* erschließt und dabei ausdrucksvolle, „sprechende" Bewegungen, Gestik und Mimik ausprobiert,

den Inhalt der Szene in einer *Dialogbeschreibung* wiedergibt, bei der man die Absicht und das Vorgehen der beteiligten Figuren verdeutlicht; wichtige Redebeiträge kennzeichnet man dabei durch sog. *„Sprechaktverben"* (z.B. auffordern, drohen, verlangen, bitten, entgegnen, beschimpfen, vorwerfen, einlenken, …), die deutlich machen, wie die Figuren *sprachlich* handeln.

Der vierte Akt (IV) des „Geizigen" bringt *eine Steigerung und Zuspitzung des dramatischen Konflikts* (hier: des Familienkonflikts), weil die beiden Geschwister *„Strategien"* entwickeln, um die Heiratspläne ihres Vaters zu durchkreuzen. Solche Strategien kann man beschreiben oder auch, z.B. als *Duellszene*, im Spiel erkunden.

Erst am Ende des vierten Aktes (IV) erfolgt der *Höhe- und Wendepunkt* des Stückes mit dem *Umschlagen der dramatischen Handlung*. In einem Monolog offenbart die Hauptfigur Harpagon den Zuschauern seine *innere Situation* (krankhafter Geiz bis hin zum Wahnsinn; Folterfantasien und Selbstmordgedanken angesichts des angeblichen Diebstahls seiner geliebten Geldkassette). Ein Monolog in einer so exponierten (hervorgehobenen) Stellung vermittelt fast immer einen besonders tiefen Einblick in das Innenleben einer Figur. Harpagons Monolog weist dabei zugleich *komische und tragische Züge* auf.

Der fünfte Akt (V) bringt die *dramatische Lösung*:

zunächst eine komische Szene des *Missverstehens* und *Aneinander-Vorbeiredens* (Harpagon-Valère),

dann das *„Happyend"*, ausgelöst durch das überraschende Auftreten und Eingreifen Anselmes (vgl. „deus ex machina*");

schließlich die Schlussszene, in der sich der Familienkonflikt und alle Verwicklungen lösen; sie lässt sich in einem *Schlusstableau* (Schlussbild mit wirkungsvoller Gruppierung der Figuren) sinnfällig darstellen.

Eine produktive Aufgabe besteht darin, zu den Figuren im Rückblick eine *Rollenbiografie* zu verfassen.

Für bzw. gegen die Qualität eines Theaterstücks kann dessen *Wirkung* sprechen. Molières „Der Geizige" ist mehrfach verfilmt (am bekanntesten: „Der Geizkragen" mit Louis de Funès) und unzählige Male weltweit aufgeführt worden, – ein Indiz für die „Unverwüstlichkeit" des Stückes.

Eine Jugendbuchautorin: Kirsten Boie   BÜCHERWELT

Seite 58–69 Die Kinder- und Jugendliteratur ist seit vielen Jahren ein wichtiger Teilbereich der Literatur. Vor allem seit den 1970er-Jahren erlebte sie einen großen Aufschwung, weil die Öffentlichkeit, die Eltern, die Kritiker sowie die Lehrerinnen und Lehrer die Kinder- und Jugendliteratur als ein wichtiges Mittel entdeckten, das zur Unterhaltung und zur Information über alle die Themen dient, die Kinder und Jugendliche interessieren, z.B. über historische, geographische, naturwissenschaftliche sowie gesellschaftliche und soziale Themen.

Beim Lesen von Kinder- und Jugendliteratur können sich ihre Leserinnen und Leser mit den dort dargestellten Personen identifizieren, sie machen neue, ganz fremde Erfahrungen, sie erleben intensive Gefühle, sie lernen, über die in der Literatur angesprochenen Themen und Probleme nachzudenken, sie erfahren etwas darüber, was Literatur ist und wie Literatur von ihren Autorinnen und Autoren „gemacht" wird. Vor allem aber nutzen sie Kinder- und Jugendliteratur, um sich zu unterhalten, um Spaß zu haben und sich in ihrer Fantasie in andere Welten zu begeben.

Im Übrigen lesen seit einigen Jahren nicht nur Kinder und Jugendliche diese Literatur, sondern immer mehr Erwachsene greifen zu Jugendbüchern, wie z.B. zu „Harry Potter", „Tintenherz" von Cornelia Funke, zu den Büchern von Michael Ende, Paul Maar oder Kirsten Boie, weil sie diese Bücher außerordentlich lesenswert und spannend finden und weil in ihnen Geschichten erzählt werden, in die man so richtig „eintauchen" kann. Die Buchkritiker bezeichnen die Literatur, die von Kindern, Jugendlichen und Erwachsenen gleichermaßen gelesen wird, als „Cross-Over-Literatur" oder „All-Age-Literatur". Beide Begriffe könnt ihr leicht übersetzen und in ihrer Bedeutung erklären.

In Deutschland werden in jedem Jahr ca. 4500 neue Kinder- und Jugendbücher gedruckt und in den Buchhandlungen den Leserinnen und Lesern zum Kauf angeboten. Das ist eine große Menge, die schwer zu überschauen ist. Deswegen muss man sich als Leser in den Buchhandlungen oder Bibliotheken von den dort arbeitenden Fachkräften beraten lassen, wenn man sich für ein bestimmtes Thema oder eine bestimmte Textart (z.B. Krimi, Comic, Fantasy, Problemliteratur oder Sachtext) interessiert. Die Kinder- und Jugendbuch-Verlage geben zudem Jahr für Jahr Kataloge heraus, in denen die Neuerscheinungen vorgestellt werden. Auch diese Kataloge könnt ihr in den Buchhandlungen oder Bibliotheken einsehen. Viele Tages- und Wochenzeitungen, aber auch der Hörfunk informieren ebenfalls in bestimmten zeitlichen Abständen oder in regelmäßigen Sendungen über die Neuerscheinungen auf dem Kinder- und Jugendbuchmarkt. Der jährlich verliehene Deutsche Jugendliteraturpreis und seine jeweils im Frühjahr herausgegebene Nominierungsliste bieten eine weitere sehr gute Orientierungshilfe, zumal es bei diesem Preis auch seit einigen Jahren eine eigene „Jugendjury" gibt, die die Bücher nominiert, die von den jugendlichen Juroren als besonders lesenswert empfohlen werden.

Das im Lesebuch abgedruckte Kapitel über die Kinder- und Jugendbuchautorin Kirsten Boie soll zeigen, wie man sich als Leserin oder Leser mit einer Autorin beschäftigen kann, um sie und ihr Werk näher kennen zu lernen. Die Einheit gliedert sich in folgende Schritte:

1. Sie beginnt mit der Vorstellung des umstrittensten Jugendbuchs von Kirsten Boie, das von Rezensenten (Buchkritikern), Buchhändlern, aber auch von Lehrern sehr kritisch beurteilt wurde. Die Gründe dafür liegen zum einen im Inhaltlichen: Hier wird die Lebenssituation eines Jugendlichen dargestellt, der nicht in einer „bürgerlichen" Familie, sondern unter sehr schwierigen sozialen Bedingungen aufwächst. Zum anderen erzählt

Steffen, die Hauptfigur, in einer Sprache, die viele Kritiker und Lehrer nicht als „Literatursprache" akzeptieren. Über beides solltet ihr euch anhand der Textauszüge selbst ein Bild machen und im Klassengespräch ein Urteil bilden.

2. Im zweiten Kapitelteil „Vom Umgang mit der Sprache beim Schreiben" setzt sich Kirsten Boie mit dieser Kritik an ihrem Buch auseinander. Sie macht deutlich, warum sie für ihr Buch die Jugendsprache gewählt hat. Sie zeigt zugleich auf, welche Schwierigkeiten sie gehabt hat, die passende Erzählform für ihr Buch zu finden. Man hat nicht oft das Glück, dass sich eine Autorin so offen über ihre Gedanken beim Schreiben und zu der Kritik an ihrem Buch äußert. Die Diskussion, die ihr auf Grund der beiden Textauszüge im ersten Teil der Unterrichtseinheit schon geführt habt, könnt ihr nun unter Einbeziehung der Argumente der Autorin erweitern und vertiefen.

3. In den Kapitelteilen 3 und 4 bekommt ihr Informationen über die Autorin und über zwei andere ihrer Bücher, die gerade für euch interessant sind: Es geht um Gewalt und Fremdenhass – beides höchst aktuelle Themen, die aber nicht nur Jugendliche, sondern die gesamte Gesellschaft angehen. Über die Autorin könnt ihr euch am schnellsten über das Internet informieren und so die im Lesebuch abgedruckten knappen Hinweise ergänzen, oder in: „Kinder- und Jugendliteratur – Ein Lexikon" (Meitingen: Corian-Verlag 1995 ff.), einer Loseblatt-Sammlung, die ihr in den meisten Bibliotheken findet. Darin gibt es einen ausführlichen Artikel über Kirsten Boie und ihr Werk.

4. Einen Blick in die Schreibwerkstatt der Autorin bietet der 5. Kapitelteil. Das Jugendbuch „Monis Jahr", das 2003 erschienen ist, wird in einem Interview mit Kirsten Boie zum Gesprächsgegenstand. Es geht um die autobiografischen Hintergründe des Jugendbuchs, um die Recherchen, die die Autorin anstellen musste, damit sie authentisch, d.h. wirklichkeitsgetreu, erzählen konnte, um die Personen des Jugendbuchs und die Beziehung der Autorin zu ihnen, um die Entwicklung der Handlung und um die Einstellung der Autorin zu ihrem Werk.

5. Den Abschluss des Kapitels bilden Aussagen von Kirsten Boie zum Lesen von Büchern: Welche Bedeutung haben sie für ihre Leserinnen und Leser, welche Wirkungen können sie ausüben, wie können sie sich heute in der Medienwelt von Fernsehen und Internet noch behaupten, und lohnt sich die Anstrengung des Lesens überhaupt? Diese Aussagen Kirsten Boies können Anlass sein, um sich selbst Gedanken über das Lesen zu machen und zu den Argumenten der Autorin Stellung zu beziehen.

Die Welt der Medien

MEDIEN NUTZEN

Seite 70–83

Medien sind Mittel zur Weitergabe von Informationen, „Mittler" zwischen Sendern und Empfängern von Botschaften jeder Art. In diesem Kapitel geht es um *Massenmedien* (nicht um private Mittler wie Brief, Fax, Telefon) und darum, wie sie von Menschen des 21. Jahrhunderts genutzt werden. Man unterscheidet dabei *Printmedien* (Bücher, Zeitungen, Zeitschriften) und *elektronische Medien*, die auch als audio-visuelle Medien bezeichnet werden (Radio, Fernsehen; das Internet gilt als Mischform).

Das Kapitel beginnt mit einem historischen Rückblick, denn Massenmedien gibt es schon seit der Erfindung des Buchdrucks. Von da ab war es möglich, viele Menschen an verschiedenen Orten gleichzeitig mit Nachrichten zu erreichen, zuerst durch Flugblätter, später mit Zeitungen und Zeitschriften. Im 20. Jahrhundert folgten Radio und Fernsehen und in den letzten Jahrzehnten entwickelte sich die Computertechnologie mit dem Internet, das heute weltweit Menschen in Sekundenschnelle die gleichen Informationen vermitteln kann und sie miteinander verbindet.

Die nächste Doppelseite zeigt anhand verschiedener *Statistiken, welche Medien von wem zu welcher Zeit und warum genutzt werden*, wobei die Zahlen nur die jeweiligen Tendenzen angeben, da sie ja jedes Jahr erneut ermittelt werden müssen. Die Statistiken werden erstellt, weil Medien eine Macht darstellen (die „vierte Gewalt" im Staat neben Gesetzgebung, Gesetzesvollzug und Rechtsprechung). Sie üben Einfluss auf Menschen aus, weshalb es wichtig ist zu wissen, welche Bevölkerungsgruppen welches Medium und welche Arten von Sendungen bevorzugen. Danach richten sich z.B. auch die Preise für Werbung.

Der *Computer* (und damit das *Internet*) ist das Medium mit den meisten Möglichkeiten; es kann als Datenbank, Nachrichtenmedium, Radio, Fernseher, Arbeits- und Spielgerät sowie interaktives Kommunikationsmittel genutzt werden („Multimedia"). In den Industrieländern steigt die Anzahl der Nutzer besonders unter den Jugendlichen ständig.

Das von allen am meisten genutzte Medium ist das *Fernsehen*, ein Begleiter vieler Menschen für viele Stunden am Tag. Dabei unterscheidet man das öffentlich-rechtliche Fernsehen und die privaten Sender, die sich hauptsächlich durch Werbeeinnahmen finanzieren.

Fragwürdig ist besonders der exzessive Fernsehkonsum von Kindern und Jugendlichen, der Gefährdungen verschiedener Art mit sich bringen kann, z.B. Bewegungsmangel, schlechtere Schulleistungen, Vereinsamung, Veränderungen des Gefühls für Realität. …

Das Fernsehen hat das *Radio* – das Audio-Medium – zurückgedrängt, zumindest wenn es um das Vermitteln von Informationen aus verschiedenen Wissensgebieten oder der Politik geht. Mehr Zuhörer haben dagegen die Musiksender, die mit ihrem beschränkten Programm ständig gespielter Hits (populären Songs, Schlagern) aber auch Kritik hervorrufen („Dudelfunk").

Die *Printmedien* als älteste Massenmedien haben ihre Bedeutung noch nicht verloren. Allerdings werden z.B. *Bücher* von Jugendlichen heute weniger genutzt als früher, denn Verfilmungen in Kino und Fernsehen ersetzen zunehmend die Mühe des Lesens. – *Ob* sie das wirklich können, ist eine interessante und wichtige Frage, die diskutiert werden muss.

Tageszeitungen sind auch in unserer Zeit, trotz der Medienvielfalt, anscheinend unentbehrlich, und zwar nicht nur für Erwachsene. Wie statistische Umfragen ergaben, nutzen auch Jugendliche die Angebote dieses Mediums. Selbst das Fernsehen mit all seinen Bequemlichkeiten kann die Tageszeitung offensichtlich nicht überflüssig machen, denn der Zeitungsleser will nicht an Ort, Zeit und Programm des Fernsehens gebunden sein. Beim Zeitunglesen bestimmt er selbst nach seinen Bedürfnissen, was er wann, wo, in welcher Geschwindigkeit und Ausführlichkeit wie oft lesen möchte. Auch über die Belange seines Heimatortes und die Möglichkeiten und Angebote seines Nahbereichs kann er sich in seiner Regionalzeitung besser informieren, als es Fernsehnachrichten, Radio oder Videotext möglich machen.

Die Gliederung der Zeitung in *Ressorts* verhilft dem Leser / der Leserin zu einer schnellen, sicheren Orientierung: Im ersten Teil stehen gewöhnlich die Informationen aus dem Bereich der Politik, danach folgen je nach Zeitung Nachrichten aus der Region, aus der Wirtschaft, vom Sport sowie das Feuilleton, das Artikel über Literatur, Musik, Kunst, Wissenschaft und Kritiken von Veranstaltungen, Kinoempfehlungen u. Ä. enthält.

Ein Ereignis kann in der Zeitung in unterschiedlichen Textsorten präsentiert werden: als knappe *Meldung* oder längerer *Bericht*, die beide das Ereignis möglichst objektiv wiedergeben sollen, oder auch als *Kommentar, Glosse, Karikatur* oder *Leserbrief*, die das Ereignis subjektiver aus der Sicht des Verfassers darstellen dürfen. Sonderformen der Berichterstattung sind das *Interview*, das die Meinung von betroffenen Personen einholt, und die *Reportage*, die Ereignisse und Sachverhalte durch Nachforschungen und Schilderungen von Begleitumständen und persönlichen Begegnungen anschaulich und interessant macht. Ausweis für einen guten, informativen Text ist seine verständliche Beantwortung der die Leser interessierenden W-Fragen: Wer? Was? Wann? Wo? Warum?

Auf jeden Fall bleibt der Mediennutzer immer aufgefordert, nicht unkritisch hinzunehmen und für richtig zu halten, was in der Zeitung steht oder in andern Medien verbreitet wird. Ein vergleichender Blick in mehrere Zeitungen / Medien kann dabei hilfreich sein, sich eine eigene Meinung zu bilden.

„Wer hat dich, du schöner Wald … EIN THEMA ERARBEITEN

Seite 84–97 In diesem Kapitel findet ihr eine Anleitung, wie ihr ein Projekt planen und das dafür gewählte Thema (hier z.B. „Wald") erarbeiten und präsentieren könnt.

Wort- und Sacherklärungen

Die hier erklärten Wörter und Sachverhalte sind in den Texten mit einem * gekennzeichnet.

ABV: (Abschnittsbevollmächtigter) Polizist in der ehemaligen DDR, der für einen bestimmten Bereich (Abschnitt) in der Stadt verantwortlich war

Agpaliarsuk: Alken, schwarzweiße Tauchvögel der nördlichen Meere

Alkalien: (von arabisch al-qāli: Pottasche) wasserlösliche Verbindungen der Alkali- und Erdalkali-Metalle (z. B. Natrium, Kalium)

alle: gemeint sind Parteien des Deutschen Reichs 1918–1933: Kommunistische Partei („Rote"), Sozialdemokratische Partei („Sozis"), Deutschnationale Volkspartei / Stahlhelm (deren Spitzenkandidat Theodor Düsterberg war) und Nationalsozialistische deutsche Arbeiterpartei („Nazis")

Antagonismus: Gegensatz, gegenläufige Bewegung; ein Auto wird z. B. durch den Antagonismus der Kolben in den Zylindern angetrieben

Bistum: Amtsbezirk (Diözese) eines Bischofs in der katholischen Kirche

Bolero: spanischer Volkstanz; hier: berühmtes Musikstück des französischen Komponisten Maurice Ravel (1875–1937), das in Rhythmus und Lautstärke immer stärker anschwillt

BRD: in der ehemaligen DDR übliche Bezeichnung für die Bundesrepublik Deutschland

Christo: Christo Jawatschew, 1935 geborener bulgarischer Künstler, der durch Verhüllungen berühmter Gebäude mit Stoff, z. B. 1995 des Deutschen Reichstags in Berlin, berühmt wurde

CIA: Central Intelligence Agency, oberste Geheimdienstbehörde der USA

Columbiade: hier: Riesenkanone für den Abschuss des bemannten Mondgeschosses

Dead Kennedys: amerikanische Punk-Rockband der Achtzigerjahre

Deka: (griechisch: zehn) Gewichtsmaß, zehn Gramm

Denunziation: Beschuldigung, „Anschwärzung", Verrat

deus ex machina: (lateinisch: Gott aus der Maschine) im antiken Schauspiel ein mit einer Seilwinde herabgelassener Gottesdarsteller oder -bote, der die dramatischen Verwicklungen auf der Bühne löst

Dezibel: Maßeinheit für Lautstärke

diffamieren: herabsetzen, verleumden

Ebert: Friedrich Ebert (1871–1925), sozialdemokratischer Politiker; 1919–1925 Kanzler des Deutschen Reichs

Ekstase: Verzückung, Begeisterung

Emanzipation: Befreiung aus einem Zustand der Abhängigkeit oder Ungleichheit

Eprouvette: Glasröhrchen, z. B. für chemische Versuche

GAU: Abkürzung für: Größter anzunehmender Unfall (bei Risiko-Technologien)

Hostie: (lateinisch: Opfer) Oblate (dünne Scheibe aus einem Mehl-Wasser-Teig), die in den christlichen Kirchen beim Abendmahl oder der Kommunion den Gläubigen als Symbol für den Leib Christi gereicht wird

Hugenotten: Anhänger der protestantischen Religion in Frankreich; wurden im katholischen Frankreich zwischen 1562 und 1704 immer wieder blutig verfolgt

Image: Ansehen, das eine Sache oder Person genießt

Indizien: (lateinisch: Anzeichen) Hinweise

Inquisitor: (lateinisch: Untersucher) Untersuchungsbeauftragter der katholischen Kirche in den Zeiten der Inquisition (13.–18. Jahrhundert), der in seinem Bereich Kirchengegner und des Unglaubens Verdächtige aufspüren, befragen und ggf. unschädlich machen sollte

Internationale: Hymne der internationalen sozialistischen Bewegung: „Wacht auf, Verdammte dieser Erde ..."

Jesuitenorden: einflussreiche Organisation in der katholischen Kirche, „Gesellschaft Jesu", 1539 gegründet; Hauptziel ist die Verteidigung und Ausbreitung des katholischen Glaubens

Johannis: Johannistag, 24. Juni, Geburtstag des biblischen Propheten Johannes des Täufers

Justitia: (römische) Göttin des Rechts

Katalysator: Stoff, der durch seine Anwesenheit chemische Reaktionen herbeiführt, dabei selbst aber unverändert bleibt; bei Autos werden Katalysatoren z. B. eingesetzt, um Abgase von umweltschädlichen Stoffen zu reinigen

Kien: „auf dem Kien sein", umgangssprachlich für: aufpassen, aufmerksam sein

Kokon: Hülle, z. B. um Insektenlarven; hier: Behälter, Kapsel

Kolchose: (Abkürzung von russisch Kollektiwnoje chosjaistwo: Kollektivwirtschaft)

landwirtschaftliche Produktionsgenossenschaft in der sozialistischen Planwirtschaft

Malefiz: Missetat, Verbrechen
Malefizhaus: Kerker, Gefängnis
Malefizkomissäre: Beauftragte zur Verbrechensbekämpfung während der Inquisition (↗ Inquisitor)
Malefizrichter: Strafrichter
Mammon: (aramäisch) Geld, Reichtum
Monument: großes, eindrucksvolles Denkmal, Bauwerk

Nîmes: Stadt in Südfrankreich

Osama bin Laden: in Saudiarabien geborener Anführer der islamistischen Terrororganisation Al-Qaida, die z.B. den Anschlag auf das World Trade Center in New York verübte; hatte lange Zeit sein Hauptquartier in Afghanistan

Paschtunen: Volk iranischer Sprache im Grenzgebiet von Afghanistan und Pakistan; etwa 15 Mio. Menschen
Promotion: Erlangung des Doktor-Titels
Propaganda: Werbung, Überredung

Revers: (französisch) Jackenaufschlag
Robbins: Rossel Hope Robbins: The Encyclopedia of Witchcraft and Demonology, New York 1960
Roma: ursprünglich im indischen Raum beheimatete Volksgruppe, die zwischen dem 11. und 14. Jahrhundert in Richtung Europa zog und sich vor allem in Südosteuropa ansiedelte; in ihrer Sprache, dem Romani, bedeutet das Wort Roma „Menschen".
Waren vielfach Verfolgungen durch die ansässigen Völker ausgesetzt; unter dem Hitler-Regime wurden während des Zweiten Weltkriegs viele Roma in Konzentrationslager eingesperrt und ermordet.

SA: „Sturm-Abteilung", uniformierte Kampftruppe der Hitler-Partei Nationalsozialistische Deutsche Arbeiterpartei (NSDAP) 1920–1945; bekämpften politische Gegner mit propagandistischen und gewalttätigen Mitteln
Sankt Luciä: 13. Dezember; in Schweden Feiertag der Heiligen Lucia, die sich im 4. Jahrhundert als Christin gegen ihre Zwangsvermählung wehrte und deshalb hingerichtet wurde; beliebter Verlobungs- und Hochzeitstag
Schaffnerin: (hier: alter Begriff für) Haushälterin

Schlagende Wetter: 1941 gedrehter Film des Regisseurs John Ford nach dem Roman „How green was my valley" von Richard Llewellyn. Darin wird ein idyllisches Tal in Wales durch die Entdeckung von Bodenschätzen zum Kampfplatz gegensätzlicher Interessen. Der Film erhielt mehrere Oscars.
Schormann: Gerhard Schormann: Hexenprozesse in Deutschland, Göttingen 1981
Schubiack: umgangssprachlich für gemeiner Mensch, Schuft, Lump
SFBeat: in der Zeit der Beatmusik Programm für Jugendliche des in West-Berlin ansässigen „Senders Freies Berlin"
spanische Wand: Paravent; zusammenklappbarer, mehrteiliger Wandschirm aus stoffbespanntem Rahmen als Sicht- oder Windschutz
Stakkato: hier: abgehackte, gedrängte Sprechweise
statuieren: ein Exempel statuieren: ein warnendes Beispiel geben
Sterz: eine Mehlspeise
Struensee: Johann Friedrich, Graf von (1737–1772), dänischer Staatsmann, wurde des Ehebruchs mit der Königin beschuldigt und zum Tode verurteilt
subversiv: umstürzlerisch, aufrührerisch

Tampa: Stadt in Florida; Jules Verne hat seine Mondkanone fast genau da platziert, wo 80 Jahre später tatsächlich das US-Raumfahrtzentrum entstehen wird.
Thälmann: Ernst Thälmann, genannt „Teddy", 1886 in Hamburg geboren, Politiker der Kommunistischen Partei Deutschlands, die er ab 1925 leitete; 1944 im KZ Buchenwald ermordet
Tinguely: Jean Tinguely (1925–1991), Schweizer Künstler, wurde vor allem durch seine aus Schrott und Abfallteilen konstruierten beweglichen Kunstobjekte bekannt

Unfälle: gemeint sind Unfälle 1999 bzw. 2000 in den Atomanlagen Tokaimura (Japan) und Sellafield (Großbritannien)

Vitriol: kritallisiertes, kristallwasserhaltiges Sulfat von Eisen, Kupfer oder Zink; Eisenvitriol wirkt antibakteriell und dadurch konservierend

Yankee-Doodle: amerikanisches Freiheitslied; Yankees: Spitzname der US-Amerikaner

Zauberlehrling: Anspielung auf Goethes Ballade „Der Zauberlehrling"
(siehe UNTERWEGS 3, Seite 34–37)

Themenverzeichnis

Außer den in den Kapitelüberschriften genannten
Themen bietet der Band noch folgende Themen, die
in Einzeltexten oder Textgruppen enthalten sind:

Textartenverzeichnis

Autoren- und Quellen- verzeichnis

Das Verzeichnis enthält neben Autorenhinweisen und Textquellen auch Lesetipps.

Aichinger, Ilse

1921 in Wien geboren, schreibt Erzählungen, Gedichte und Hörspiele
Das Fenster-Theater 24
aus: Aichinger, Der Gefesselte. S. Fischer Verlag, Frank-furt /Main 1958, S. 61

Anders, Renate

1965 in Meßstetten geboren, schreibt Erzählungen, Gedichte und Hörspiele
Was ich fühle 132
aus: Hans-Joachim Gelberg (Hrsg.), Wie man Berge ver-setzt. Beltz & Gelberg, Wein-heim 1981

Arnim, Achim von

1781 in Berlin geboren, 1831 in Wiepersdorf gestorben, romantischer Dichter
Stolze Einsamkeit 92
aus: Arnim, Werke. Berlin o.J.

Arp, Hans

1887 in Straßburg geboren, 1966 in Basel gestorben, Bild-hauer, Maler, Grafiker sowie Verfasser sprachspielerischer Gedichte und Texte
Im Wald 92
aus: Arp, Gesammelte Ge-dichte, Band 1. Limes Verlag, Wiesbaden 1963

Ausländer, Rose

1901 in Czernowitz / Bukowi-na geboren, 1988 in Düssel-dorf gestorben, bedeutende Lyrikerin
Das Schönste 107
aus: Ausländer, Ich höre / das Herz des Oleanders. Gedichte

1977–1979. S. Fischer Verlag, Frankfurt /Main 1984, S. 21
Der Baum 93
aus: Ausländer, Mein Venedig versinkt nicht. S. Fischer Ver-lag, Frankfurt /Main

Bächler, Wolfgang

1925 in Augsburg geboren, schreibt vor allem Gedichte, lebt in München
Der Abend im Frack 39
aus: Joachim Fuhrmann (Hrsg.), Gedichte für Anfänger. Rowohlt Verlag, Reinbek 1982, S. 71

Becher, Johannes R.

1891 in München geboren, 1958 in Berlin (Ost) gestorben, schrieb vor allem Gedichte, war von 1954 bis 1958 in der DDR Minister für Kultur
Der tote Wald 92
aus: Becher, Gesammelte Werke. Aufbau Verlag, Berlin und Weimar 1966 ff.

Biermann, Wolf

1936 in Hamburg geboren, siedelte 1953 in die DDR über, wurde durch seine Lieder und Gedichte bekannt, 1976 aus der DDR aus politischen Gründen zwangsausgebürgert, lebt seit-her wieder in Hamburg
Ballade vom Briefträger William L. Moore 146
aus: Biermann, Die Drahtharfe. Klaus Wagenbach Verlag, Berlin 1977, S. 27

Böll, Heinrich

1917 in Köln geboren, 1985 ebenda gestorben, war einer der wichtigsten deutschen Schriftsteller nach 1945; Nobelpreisträger 1972
Wanderer, kommst du nach Spa ... (Anfang) 26
Die Waage der Baleks 33
aus: Böll, Erzählungen, Hör-spiele, Aufsätze. Kiepenheuer & Witsch Verlag, Köln 1961, S. 54

Boie, Kirsten

(siehe S. 64)
Steffens Schulalltag 58
Steffens Träume 60
aus: Boie, Ich ganz cool. Jugendroman, dtv, München 1997, S. 31, bzw. 16, 46, 78, 110. © Oetinger Verlag, Hamburg 1992
Vom Umgang mit der Sprache 62
aus: Beiträge Jugendliteratur und Medien 1995, Heft 1, S. 13–16
Über das Lesen von Büchern 68
aus: Boie: „Meine Bücher ha-ben mich überfallen". Institut für Jugendbuchforschung, Frankfurt /Main 1995
Schließlich ist letztes Mal auch nichts passiert 132
aus: Silvia Bartholl (Hrsg.), Texte dagegen. Autoren schreiben gegen Fremdenhass und Rassismus. Beltz & Gel-berg, Weinheim 1993

Bolte, Karin

1943 in Wuppertal geboren, Jugendbuchautorin, lebt in Hamburg
Ein Versager 119
aus: Hans-Joachim Gelberg (Hrsg.) Menschengeschichten. Drittes Jahrbuch der Kinderli-teratur, Beltz & Gelberg, Weinheim und Basel 1975, S. 286

Borchert, Wolfgang

1921 in Hamburg geboren, 1947 in Basel gestorben.

Protestierte nach 1945 mit seinen literarischen Werken leidenschaftlich gegen die Verdrängung des Krieges und seiner Folgen

Nachts schlafen die Ratten doch 30
Der Kuss 107
aus: Borchert, Das Gesamtwerk. Rowohlt Verlag, Hamburg 1959, S. 216 bzw. 317

Bradbury, Ray

1920 in Wankegan/Illinois (USA) geboren, bedeutender Sciencefiction-Autor
Die letzte Nacht der Welt 216
aus: Bradbury, Der illustrierte Mann. Sciencefiction-Geschichten. Diogenes, Zürich 1977

Brecht, Bertolt

1898 in Augsburg geboren, 1956 in Ostberlin gestorben, schrieb vor allem Gedichte, Theaterstücke, Erzählungen
Morgens und abends zu lesen 112
aus: Brecht, Gesammelte Werke, Band 9. Suhrkamp Verlag, Frankfurt/Main 1967
Die Liebenden 112
aus: ebenda, Band 2, S. 535 f.
Der Schneider von Ulm 13
aus: ebenda, Band 9, S. 645
Der Ozeanflug 20
aus: ebenda, Band 2, S. 565 ff. (Auszug)
Herr K. und die Natur 92
aus: ebenda, Band 12

Brussig, Thomas

1965 in Berlin (Ost) geboren, schreibt Romane, lebt in Berlin.
Lesetipp: Sonnenallee
Die Verdonnerten 135
aus: Brussig, Am kürzeren Ende der Sonnenallee. Fischer Taschenbuchverlag, Frankfurt/Main 2003, S. 11

Chambers, Aidan

1934 in Durham/England geboren, lebt als Schriftsteller in Gloucestershire/England.
Lesetipp: Die Brücke
Die wissenschaftliche Annäherung 108
aus: Uwe-Michael Gutzschhahn (Hrsg.), Ich möchte einfach alles sein. Geschichten aus der Kindheit. Übersetzt vom Herausgeber, Carl Hanser Verlag, München 1998

Eich, Günter

1907 in Lebus an der Oder geboren, 1972 in Salzburg gestorben, schrieb vor allem Hörspiele und Gedichte
Wald, Bestand an Bäumen 93
aus: Eich, Gesammelte Werke. Suhrkamp Verlag, Frankfurt/Main 1973

Eichendorff, Joseph von

1788 auf Schloss Lubowitz bei Ratibor geboren, 1857 in Neiße gestorben, Dichter der Romantik, zahlreiche Gedichte von ihm wurden in vertonter Form zu Volksliedern
Wer hat dich, du schöner Wald 90
O Täler weit, o Höhen 91
aus: Eichendorffs Werke in einem Band. Aufbau Verlag, Berlin/Weimar 1978, S. 15/16

Franke, Herbert W.

1927 in Wien geboren, ist einer der bekanntesten deutschsprachigen Sciencefiction-Autoren.

Lesetipp: Der grüne Komet
Der Schmarotzer 206
Der Calciumfresser 210
aus: Franke, Der grüne Komet. Goldmann Taschenbuch Verlag, München 1984, S. 113 bzw. 124

Frenz, Lothar; Nicolet, Gilles

1964 geboren, Journalist und Reporter; Fotograf, in Frankreich und Südamerika aufgewachsen, lebt in Kamerun
Die Bezwinger der Riesenschlange 174
aus: Geo, Nr. 12/1997, S. 46–62, (gekürzt)

Frisch, Max

1911 in Zürich geboren, bedeutender Schweizer Schriftsteller, schrieb Romane, Theaterstücke und Tagebücher, 1991 in Zürich gestorben
Vorkommnis 159
aus: Frisch, Gesammelte Werke, werkausgabe edition suhrkamp, Elfter Band, S. 341, Suhrkamp Verlag, Frankfurt/Main 1976

Fülscher, Susanne

1961 bei Hamburg geboren, schreibt Romane, Jugendbücher und Drehbücher, lebt in Berlin
Lesetipp: Ins gemachte Nest
Liebe auf den ersten Blick 100
aus: Fülschers, Ins gemachte Nest. Jugendroman. dtv, München 1994, S. 5 ff.
© Verlag Cornelia Riedel, Bad Homburg 1992

Goethe, Johann Wolfgang von

1749 in Frankfurt/Main geboren, bedeutendster Dichter der deutschen Klassik, 1832 in Weimar gestorben
Ob ich dich liebe … 99
aus: Goethe, Werke. Hamburger Ausgabe, dtv, München 1998, Band 1: Gedichte, S. 25

Goll, Yvan

1891 in Saint-Dié geboren, 1950 in Neuilly gestorben, deutsch-französischer Schriftsteller

**Ich möchte
diese Birke sein 41**
aus: Goll, Die Lyrik in vier Bänden, Argon Verlag, Berlin 1996, Band II: Liebesgedichte 1917–1950, S. 117 (gekürzt)

Gorki, Maxim

1868 in Nischni Nowgorod geboren, russischer Schriftsteller, 1936 in Moskau gestorben

Der Simplon-Tunnel 150
aus: Gorki, Gesammelte Werke. Malik Verlag, Berlin o. J. (gekürzt)

Grimm, Brüder

Jacob, geb. 1785 in Hanau, gest. 1863 in Berlin, und Wilhelm, geb. 1786 in Hanau, gest. 1859 in Berlin, veröffentlichten die umfangreichste deutsche Märchen- und Sagensammlung

**Die Alte im Wald
(Textanfang) 90**
aus: Kinder- und Hausmärchen. Insel Verlag, Frankfurt/Main 1974, Zweiter Teil, S. 299

Grönemeyer, Herbert

1956 in Göttingen geboren, ist einer der bekanntesten Sänger und Musiker der deutschen Rockmusik

Flugzeuge im Bauch 111
aus: CD „Bochum", © Grönland Musikverlag, Berlin

Haugen, Tormod

1945 in Trysil/Norwegen geboren, schreibt Kinder- und Jugendbücher

Die Nachtvögel 127
aus: Haugen, Die Nachtvögel. Jugendroman. Aus dem Norwegischen von von Gerda Neumann dtv, München 1981. © Oetinger Verlag, Hamburg

Hebel, Johann Peter

1760 in Basel geboren, 1826 in Schwetzingen gestorben, war Lehrer und Pfarrer, wurde berühmt durch seine „Kalendergeschichten"

**Unverhofftes
Wiedersehen 113**
aus: Hebel, Kalendergeschichten. Insel Verlag, Frankfurt/Main 1965, S. 72

Heine, Heinrich

1797 in Düsseldorf geboren, 1856 in Paris gestorben, bedeutender deutscher Lyriker

**Dass du mich liebst,
das wusst ich 106**
aus: Heine, Sämtliche Schriften, hrsg. von K. Briegleb, Hanser Verlag, München 1968

Hemingway, Ernest

1899 in Oak Park/Illinois geboren, 1961 in Ketchum/Idaho gestorben, Mitbegründer der modernen Kurzgeschichte, Literaturnobelpreis 1954 für „Der alte Mann und das Meer"

**Alter Mann
an der Brücke 28**
aus: Hemingway, Sämtliche Erzählungen. Rowohlt Verlag, Hamburg 1966

Institoris, Heinrich

1430 geboren, 1505 in Mähren gestorben, deutscher Dominikaner und Inquisitor, der bei der Hexenverfolgung besonders aktiv war

Der Hexenhammer 194
aus: Th. Hauschild, Die alten und die neuen Hexen. Heyne Verlag, München 1987

Jungblut, Christian

1944 geboren, Fotograf und Reporter

Ein Junge wird Jäger 168
aus: Jungblut, Ein Junge wird Jäger. In: GEO, Nr. 4/1988, S. 36–64 (Auszug)

Kasack, Hermann

1896 in Potsdam geboren, 1966 in Stuttgart gestorben, war Verlagslektor und ab 1949 freier Schriftsteller

**Mechanischer
Doppelgänger 208**
aus: Deutsche Erzähler der Gegenwart. Verlag Philipp Reclam jun., Stuttgart 1959

Kaschnitz, Marie Luise

1901 in Karlsruhe geboren, 1974 in Rom gestorben, schrieb Gedichte, Erzählungen, Romane

Das letzte Buch 79
aus: Kaschnitz, Steht noch dahin. Suhrkamp Verlag, Frankfurt am Main 1972, S. 75

Hiroshima 165
aus: Kaschnitz, Überallnie. Ausgewählte Gedichte 1928–1965. Claasen Verlag, Düsseldorf 1966

Kästner, Erich

1899 in Dresden geboren, 1974 in München gestorben, schrieb neben humorig-satirischen Texten auch Kinder- und Jugendbücher

Die Wälder schweigen 91
aus: Kästner, Dr. Erich Kästners lyrische Hausapotheke. Atrium Verlag, Zürich 1936

Kerner, Charlotte

1950 in Speyer geboren, schreibt vor allem Biografien, lebt in Lübeck

**„Ich fürchte, die Atom-
bombe gelingt doch" 163**
aus: Kerner: Lise, Atomphysi-
kerin. Die Lebensgeschichte
der Lise Meitner. Beltz & Gelberg, Weinheim und Basel
1998, S. 145–148

Kirsch, Sarah
1935 in Limlingerode/Südharz
geboren, siedelte 1977 aus der
DDR nach Schleswig-Holstein
über, ist eine der bedeutend-
sten deutschsprachigen Lyri-
kerinnen der Gegenwart
Trauriger Tag 40
aus: Kirsch, Landaufenthalt.
Gedichte. Aufbau Verlag,
Berlin und Weimar 1967
Der Wald 93
aus: Kirsch, Rückenwind.
Langewiesche-Brandt Verlag,
Ebenhausen 1977

Krolow, Karl
1915 in Hannover geboren,
schreibt vor allem Gedichte,
1999 in Darmstadt gestorben
Zwei Menschen 42
aus: Krolow, Ausgewählte
Gedichte. Suhrkamp Verlag,
Frankfurt/Main 1962

Kühl, Katharina
1939 geboren, schreibt Kurzgeschichten, Gedichte und
Texte für den Kinderfunk
**Seit heute ist alles
anders … 34**
aus: Hansjörg Martin (Hrsg.),
Herzklopfen. Rowohlt Taschenbuch Verlag, Reinbek 1980
(Anfang der Kurzgeschichte
„Ich habe Arno gesehen")

Kunert, Günter
1929 in Berlin geboren, lebt in
Itzehoe/Schleswig-Holstein,
schreibt vor allem Gedichte
und Kurzprosa
**Vorschlag für eine ganz
kurze Kurzgeschichte 35**
aus: Kunert, Camera obscura.
Hanser Verlag, München 1978
Die Maschine 41
aus: Kunert, Tagträume in Ber-

lin und andernorts. Kleine Prosa, Erzählungen, Aufsätze. Hanser Verlag, München 1972, S. 29

Kurth, Jürgen
Journalist und Reporter
**Der unmenschliche
Kollege 160**
aus: Kurth, Der unmenschliche
Kollege. Reportage. In: STERN,
Nr. 52/1981 (Auszug)

Loest, Erich
1926 in Mittweida bei Chemnitz geboren, Schriftsteller,
1981 Übersiedlung aus der
DDR nach Osnabrück, zahlreiche Romane und Erzählungen
**Dieser Krach
musste kommen … 35**
aus: Loest, Pistole mit sechzehn.
Erzählungen. Hoffmann und
Campe Verlag, Hamburg 1979,
S. 168 (Textanfang und -schluss
der Kurzgeschichte „Haare")

Maar, Paul
1937 in Schweinfurt geboren,
schreibt Texte und Theaterstücke für Kinder und Jugendliche
Der fremde Planet 203
aus: Maar, Der Tag, an dem Tante Marga verschwand. Oetinger
Verlag, Hamburg 1986

Marsden, John
1950 in Melbourne/Australien
geboren, schreibt Kinder-
und Jugendbücher, lebt in San-

don/Victoria; Lesetipp: Liebe
Tracey, liebe Mandy
**Liebe Tracey,
liebe Mandy 124**
aus: Marsden, Liebe Tracey,
liebe Mandy. Briefroman.
Aus dem Englischen von Heike
Brandt. Beltz & Gelberg, Weinheim und Basel 1998, S. 5–7

Maur, Jost auf der
1954 geboren, Schweizer
Journalist und Reporter
**Durch die Schweiz
in 57 Minuten 152**
aus: GEO special Nr. 2/1996:
Schweiz, S. 51–62 (gekürzt)

**Mayröcker,
Friederike**
1924 in Wien geboren,
Englischlehrerin, seit 1969
freie Schriftstellerin
Früher 91
aus: Mayröcker, Gesammelte
Prosa 1949–75. Suhrkamp
Verlag, Frankfurt/Main. 1989

McCann, Colum
1965 in Dublin geboren, war
Lehrer und Journalist, lebt als
Schriftsteller in New York
**Wo der Stahl
den Himmel trifft 156**
aus: McCann, Der Himmel
unter der Stadt. Roman.
Deutsch von Matthias Müller.
Rowohlt Taschenbuch Verlag,
Reinbek 2000, S. 278 ff.

**Meyer,
Conrad Ferdinand**
1825 in Zürich geboren,
1898 in Kilchberg bei Zürich
gestorben, schrieb Romane,
Erzählungen, Gedichte und
Balladen
Jetzt rede du! 90
Die Füße im Feuer 147
aus: Meyer, Sämtliche Werke
in zwei Bänden. Winkler Verlag, München 1968, Band 2

**Michal, Wolfgang;
Schlösser, Joerdis**
1954 geboren, Journalist, Repor-

ter; 1977 geboren, Fotografin
Menschen auf der Kippe 180
aus: GEO, Nr. 11/1999,
S. 120–142 (Auszug)

Molière

eigentlich Jean Baptiste Poquelin; 1622 in Paris geboren,
französischer Lustspieldichter,
1673 in Paris gestorben
Der Geizige 46–56
aus: Molière, Der Geizige.
In der Übertragung von Tankred Dorst. Surkamp Verlag,
Frankfurt/Main 1978 (sur-
kamp taschenbücher 486)

Mörike, Eduard

1804 in Ludwigsburg geboren,
1875 in Stuttgart gestorben,
Pfarrer und Dichter
Um Mitternacht 43
aus: Mörike, Sämtliche Werke.
Hrsg. von G. Baumann und
S. Grosse. Cotta, Stuttgart
1961, Band 1, S. 110

Newman, Cathy; McCurry, Steve

amerikanische Journalistin;
amerikanischer Fotoreporter
**Sharbat, das Flücht-
lingsmädchen 177**
aus: National Geographic
Deutschland, April 2002,
S. 42 ff. (Auszug)

Nilsson, Per

1954 in Malmö/Schweden
geboren, Gymnasiallehrer für
Mathematik und Musik, seit
1986 auch Autor von Jugendbüchern. Lesetipp: So lonely
**Busfahrten
mit Herztrost 105**
aus: Nilsson, So lonely.
Aus dem Schwedischen von
Brigitta Kicherer. dtv, München 1999, S. 30. © Oetinger
Verlag, Hamburg 1996

Parigger, Harald

1953 in Flensburg geboren,
schreibt vor allem über
geschichtliche Themen,
lebt in Rosenheim
Die Hexe von Zeil 184
aus: Parigger, Die Hexe von
Zeil. Deutscher Taschenbuch
Verlag, München 2002,
S. 9/10, 15–25, 148–156

Rauschenbach, Erich

1944 in Lichtenstein/Sachsen
geboren, bekannter Zeichner
und Karikaturist
Alle meine Medien 83
aus: Gibt es noch ein Leben
hinter der Scheibe? Eulenspie-
gelverlag, Berlin 2000, S. 95

Reding, Josef

1929 in Castrop-Rauxel
geboren, lebt in Dortmund-
Lüttringhausen, wurde besonders durch seine Kurzge-
schichten bekannt
Ich habe nicht … 34
aus: Reding, Nennt mich nicht
Nigger. Kurzgeschichten. Georg
Bitter Verlag, Recklinghausen
1991 (Anfang der Kurzge-
schichte „Generalvertreter Ellebracht begeht Fahrerflucht")

Rilke, Rainer Maria

1875 in Prag geboren, 1926 in
Val Mont bei Montreux ge-
storben, wurde vor allem
durch seine Gedichte berühmt
**Der Panther 43
Zum Einschlafen
zu sagen 114**
aus: Rilke, Sämtliche Werke.
Insel Verlag, Wiesbaden 1955,
Band 1, S. 505 bzw. 147

Rinser, Luise

1911 in Pitzling/Oberbayern
geboren, schreibt Romane
und Erzählungen, 2002 in
Unterhaching gestorben
Die rote Katze (Anfang) **27**
aus: Rinser, Ein Bündel weißer
Narzissen. S. Fischer Verlag,
Frankfurt/Main 1956

Rodrian, Irene

1937 in Berlin geboren, schreibt
Krimis, Dreh- und Jugendbücher, lebt in München
Ruf mal an 102
aus: Anne Bender/Dagmar Ka-
linke (Hrsg.), Liebe–was denn
sonst?! dtv, München 1994, S. 65

Schliwka, Dieter

1939 in Gelsenkirchen geboren,
schreibt Kinder- und Jugendliteratur und Romane.
Lesetipp: Salto abwärts
Ich heiße Sebastian 126
aus: Schliwka, Hakenkreuz und
Gänseblümchen. Verlag Dürr
und Kessler, Köln 1995, S. 61

Schneyder, Werner

1937 in Graz/Österreich
geboren, Kabarettist, Schriftsteller, Fernsehmoderator,
Sportreporter
Abendlied 93
aus: Schneyder, Wut und Liebe. Kindler Verlag, München

Schnurre, Wolfdietrich

1920 in Frankfurt/Main geboren, in Berlin aufgewach-

sen, 1989 in Kiel gestorben;
war einer der bekanntesten
Kurzgeschichtenautoren
Die Kurzgeschichte ist ... 33
aus: H. Chr. Graf von Nayhauss
(Hrsg.), Theorie der Kurzgeschichte. Reclam Verlag,
Ditzingen bei Stuttgart, S. 21
**Beste Geschichte
meines Lebens 34**
aus: Schnurre, Der Schattenfoto-
graf. List Verlag, München 1978
**Und Richard lebt
auch nicht mehr 137**
aus: Schnurre, Als Vaters Bart
noch rot war. Die Arche,
Zürich 1958

Spee, Friedrich von
1591 bei Düsseldorf geboren,
1635 in Trier gestorben,
zur Biografie siehe S. 196
Wider den Hexenwahn 196
aus: Manfred Hammes, Hexenwahn und Hexenprozesse.
Fischer Taschenbuch Verlag,
Frankfurt/Main

Spinelli, Jerry
1941 in Norristown/Pennsyl-
vania/USA geboren, schreibt
Romane für Jugendliche und
Erwachsene.
Lesetipp: Taubenjagd
Die Behandlung 121
aus: Spinelli, Taubenjagd.
Jugendroman. Deutsch von
Andreas Steinhöfel, dtv, Mün-
chen 2001, S. 21 © Dressler
Verlag, Hamburg 1999

Sprenger, Jakob
Dominikaner und Inquisitor
Der Hexenhammer 194
siehe Institoris, Heinrich

Steenfatt, Margret
In Hamburg geboren, Jugend-
arbeiterin, seit 1976 freie Schriftstellerin, lebt in Hamburg
Im Spiegel 32
aus: Hans-Joachim Gelberg
(Hrsg.), Augenaufmachen.
Siebtes Jahrbuch der Kinder-
literatur. Verlag Beltz & Gelberg, Weinheim 1984, S. 218

Margret Steenfatt

Steinbuch, Karl
1917 in Stuttgart geboren,
Ingenieur und Professor für
Nachrichtentechnik, wurde
durch seine Publikationen zur
Nachrichtentechnik bekannt
Mensch und Technik 161
aus: Vorwort zu Herbert W.
Franke, Technik in unserer
Welt. Bertelsmann Lexikon
Verlag, Gütersloh 1975, S. 12

Storm, Theodor
1817 in Husum geboren,
1888 in Hademarschen
gestorben, Rechtsanwalt und
Schriftsteller, schrieb Gedichte und Erzählungen
In der Frühe 37
aus: Storm. Werke in einem
Band. Hanser Verlag, Mün-
chen 1988, S. 43

Stünzner,
Günther von
1910 in Namslau/Schlesien
geboren, Pastor und Dichter,
lebt in Eutin-Wilhelmshöhe
Der Morgen 37
aus: Stünzner, Augenzeuge.
Gedichte. Christians, Hamburg 1975, S. 42

Toorn, Willem van
1935 geboren, niederländischer
Jugendbuchautor. Lesetipp:
Karotte und die erste Liebe
Robs Haare, 116

aus: Toorn, Karotte, Maulwurf und die erste Liebe.
Aus dem Niederländischen
von Monika Barendrecht und
Thomas Carpey. Verlag St. Ga-
briel, Mödling/Wien 1995

Tieck, Ludwig
1773 in Berlin geboren,
1853 in Berlin gestorben,
Schriftsteller der Romantik
Unsinn und Poesie 37
zitiert nach: Ivo Braak, Poetik
in Stichworten, Kiel 1972, S. 31

Urban, Martin
1936 geboren, Journalist im
Wissenschaftsbereich
**Tschernobyl: Mahnmal
für die Welt 166**
aus: Berner Zeitung vom
17. 4. 2000

Verne, Jules
1828 in Nantes/Frankreich
geboren, 1905 in Amiens
gestorben, wurde durch seine
fantastischen Romane und
Erzählungen berühmt
Der Start zum Mond 200
aus: Verne, Von der Erde zum
Mond. Fischer Bücherei, Frank-
furt/Main 1968, S. 129–136

Walser, Robert
1878 in Biel/Schweiz geboren,
1956 in Herisau gestorben,
Schweizer Schriftsteller
Menschen, die leiden ... 91
aus: Walser, Das Gesamtwerk,
Band 1. Suhrkamp Verlag, Zü-
rich/Frankfurt am Main

Weizsäcker,
Carl Friedrich von
1912 in Kiel geboren,
Physiker und Philosoph,
schrieb bedeutende Arbeiten
zur Verantwortung der Wissen-
schaften und Technik
**Technik und
Verantwortung 166**
Auszug aus: Weizsäcker,
Umgang mit der Technik.
In: Herbert Tuchel (Hrsg.),
Bedingungen des Friedens,

Herausforderung der Technik.
Schünemann Verlag,
Bremen 1967

Werner, Dittmar

1949 geboren, Lyriker
Illusion 92
aus: Werner, Doppelfenster.
Lyrik. St. Michael 1983, S. 60

Wichert, Silke

Journalistin
**Mit 13 blau,
mit 17 süchtig 130**
aus: Welt am Sonntag, 9. Mai
2004, S. 13 (gekürzt)

Zimmermann, Tanja

Sommerschnee 110
aus: Marion Bolte u. a. (Hrsg.),
Total verknallt. Ein Liebeslese-
buch. Rowohlt Taschenbuchverlag, Reinbek 1984, S. 121

Ungenannte Verfasser

**Der Schneider
von Ulm 12/13**
(Historische Zeitungsanzeige,
Augenzeugenbericht des Christian Wachter, Lebenslauf,
satirische Anekdote von Hans
Traxler) aus: Der Schneider
von Ulm. Fiktion und Wirklichkeit. Veröffentlichungen
der Stadtbibliothek Ulm,
Band 7, Weißenhorn 1986
**Die Wahrheit über den
Schneider von Ulm 14**

von Otto Schwarz. Aus: Der
Schneider von Ulm. Fiktion
und Wirklichkeit. Veröffentli-
chung der Stadtbibliothek Ulm,
Band 7, Weißenhorn 1986,
S. 51 ff. Zuerst in „Schweizer
Aero-Revue"
**Vorbereitungen
für den Start 18**
aus: R. Strehl, Der Himmel
hat keine Grenzen. Econ Ver-
lag, Düsseldorf 1962, S. 176
Unterwegs 18
aus: Charles A. Lindbergh, Mein
Flug über den Ozean. Fischer
Verlag, Frankfurt / Main 1954
100 Jahre Luftfahrt 22
Text auszugsweise zusammen-
gestellt nach: Poster-Beilage
„100 Jahre Luftfahrt" zum
Heft 12/2003 von „National
Geographic Deutschland";
Text: Lynne Warren
Aufdringlicher Bote 38
Stürmisches Spiel 38
Schülertexte aus einer
Schreibwerkstatt
Ich als Wind 41
Ich als Rose 41
Schülertexte einer 8. Realschul-
klasse 1998. Zur Verfügung
gestellt von Claudia Baumgar-
ten-Millington, Hamburg
Klappentexte 65
Deutscher Taschenbuchverlag,
München
Jonas und die Medien 70
Originaltext UNTERWEGS
**Medienwelt
Jugendlicher 70**
aus: JIM (Jugend, Information,
Multimedia), Studie 2004
des Medienpädagogischen
Forschungsverbunds Südwest
**Vom Buchdruck
zum Internet 71**
Originaltext UNTERWEGS
**Bindung Jugendlicher
an Medien 2004 72**
aus: JIM (Jugend, Information,
Multimedia), Studie 2004
des Medienpädagogischen
Forschungsverbunds Südwest
**Mediennutzung und
Freizeitbeschäftigung 72**
aus: Media Perspektiven 1/2003

**Entwicklung
der Mediennutzung 72**
**Nutzungsmotive
der Medien 73**
Images der Medien 73
aus: Berg, Klaus / Ridder, Chris-
ta Maria (Hrsg.): Massenkommunikation VI. Eine Langzeitstudie zur Mediennutzung und
-bewertung 1964–2000. Schrif-
tenreihe Media Perspektiven,
Band 16, Baden-Baden 2002
**Internetnutzer in Deutsch-
land 1997–2003 74**
aus: Media Perspektiven 8/2003
**Jugendliche Computer-
und Internet-Nutzer
2004 74**
PC-Tätigkeiten 2004 75
**Auswahl Internet-
Aktivitäten 2004 75**
aus: JIM (Jugend, Information,
Multimedia), Studie 2004
des Medienpädagogischen
Forschungsverbunds Südwest
**Was in der Tages-
zeitung interessiert 81**
Quelle: BDZV/Institut für
Demoskopie Allensbach
**Top 10 der von Jugendli-
chen gelesenen Zeit-
schriften 81**
Quelle: KVA 2003. Jugendme-
dienstudie der Verlagsgruppen
Egmont-Ehapa, Bauer und
Springer
Texte zum Tropenwald 88
aus: Verschiedene Sachbücher
zum Thema
**Brief eines
Vierzehnjährigen 123**
aus: Zeitschrift Eltern, Nr. 10/70
**Menschliche Technik
im Grenzbereich:
Kernspaltung 161**
Text von den Herausgebern
**Dass auch die zivile,
friedliche Nutzung
von Atomenergie ... 165**
Text von den Herausgebern

Abbildungsverzeichnis

Seite 10/11: Abbildungen zum „Schneider von Ulm", aus: Der Schneider von Ulm. Fiktion und Wirklichkeit. Veröffentlichungen des Stadtbibliothek Ulm, Band 7, Anton H. Konrad Verlag, Weißenhorn 1986. © Stadtarchiv Ulm. **Seite 11 unten:** Gedenkpostkarte von Therese Flock, erschienen zur Hundertjahrfeier 1911 im Verlag Gebr. Metz, Tübingen. Aus: Der Schneider von Ulm, (s. o.). **Seite 15:** Otto Lilienthal, Foto: Underwood & Underwood / Corbis, Düsseldorf. **Seite 16:** Werbeanzeige der Uhrenfirma Longines, Werbeagentur BBDO, Düsseldorf. **Seite 20/21:** „Spirit of St. Louis", Fotos: Bettmann/Corbis, Düsseldorf. **Seite 23:** Fotos von Flugpionieren, aus: Beilage „100 Jahre Luftfahrt" zum Heft 12/2003 von National Geographic Deutschland. **Seite 24:** Mann mit Hut, Foto: Elvira Heising, Leipzig. **Seite 26/27:** Zerstörtes Köln 1945, Foto: Archiv für Kunst und Geschichte (AKG), Berlin. **Seite 33:** Wolfdietrich Schnurre, Foto: Picture-Alliance/dpa, Frankfurt/Main. **Seite 36:** Morgenstimmungen, Fotos (von oben): Picture-Alliance, Frankfurt/Main; Peter Lilja/Mauritius, Mittenwald; Kuhnle & Knödler/Mauritius, Mittenwald. **Seite 44–55:** Theaterfotos von einer Aufführung von Molières „Der Geizige" am Theodor-Heuss-Gymnasium Göttingen: Karl Lehrke. **Seite 49:** Entwurf des Bühnenmodells: Walter Schroeter; Figurinen: Schüler des Theodor-Heuss-Gymnasiums Göttingen. **Seite 57:** Szenenfotos aus dem Film „Louis der Geizkragen": Cinetext, Frankfurt/Main. **Seite 59:** Umschlag zu Boie: „Ich ganz cool": Jutta Bauer, © dtv, München. **Seite 64:** Kirsten Boie, Foto: Picture-Alliance/dpa, Frankfurt/Main. **Seite 65:** Umschlag zu Boie: „Erwachsene reden: Marco hat etwas getan": Jutta Bauer, © dtv, München; Umschlag zu Boie: „Nicht Chicago, nicht hier": Jorge Schmidt, Tabea Dietrich, Foto: Jan Roeder, © dtv, München. **Seite 67:** Umschlag zu Boie: „Monis Jahr": © Oetinger Verlag, Hamburg. **Seite 69:** Kirsten Boie, Foto: Privatarchiv Kirsten Boie. **Seite 76:** Cartoon von Peter Hürzeler, CH 8105 Regensdorf. **Seite 83:** Karikatur von Erich Rauschenbach, aus: Gibt es noch ein Leben hinter der Scheibe? Veröffentlichung zum Wettbewerb „Deutscher Karikaturenpreis 2000" der Sächsischen Zeitung, Dresden, Eulenspiegel Verlag, Berlin 2001. **Seite 84/85:** Waldfotos: Herbert Schnierle-Lutz, Bad Teinach (4) und Uwe Häntsch, Berlin. **Seite 83:** Tote Bäume, Foto: Uwe Häntsch, Berlin. **Seite 88:** Holzfäller im Tropenwald, Foto: Sebastian Bolesch/Das Fotoarchiv, Essen; Brand im Amazonas-Regenwald, Foto: Claus Meyer/Das Fotoarchiv, Essen. **Seite 94:** Gemälde „Brautzug im Frühling" von Ludwig Richter, Vorlage: AKG, Berlin; Zeichnung „Die ungebrochene Anziehungskraft der Natur" von Max Peintner, Vorlage: Max Peintner, Wien. **Seite 95:** Gemälde „Dschungel, 1908" von Henri Rousseau, Vorlage: AKG, Berlin; Gemälde „Waldlandschaft mit Bach" von Ernst Ludwig Richter, Vorlage: Kunsthaus Zürich, © by Ingeborg und Dr. Wolfgang Henze-Ketterer, Wichtrach/Bern; Gemälde „Der große Wald" von Max Ernst, Kunstmuseum Basel, Foto: Martin Bühler, © Galerie Henze & Ketterer, Bern. **Seite 151:** Tunnelarbeiter beim Bau des Lötschbergtunnels um 1906, Vorlage: Bildarchiv Die Weltwoche, Zürich. **Seite 152:** Schnellzug in Alpentunnel, Foto: Emmanuel Ammon/Fotoagentur Aura. **Seite 153:** Grafik Gotthardtunnel, aus: Schweizer Eisenbahnrevue 10/93, Grafik: Gitta Stein. **Seite 154:** Vision Swissmetro, Grafik Tom Ungemach. **Seite 155:** Moderner Tunnelbohrkopf, Foto: Picture-Alliance/dpa-Bildarchiv, Frankfurt/Main. **Seite 157:** Arbeiter im Stahlskelett eines Wolkenkratzers, Foto: Vince Streano/Corbis, Düsseldorf. **Seite 158:** Arbeiter an Wolkenkratzerskulptur, Foto: Nathan Ben/Corbis, Düsseldorf. **Seite 160:** Industrieroboter im VW-Werk, Foto: Helga Lade Fotoagentur, Frankfurt/Main. **Seite 163:** Zerstörtes Hiroshima 1945, Foto: Picture-Alliance/dpa-Fotoreport, Frankfurt/Main. **Seite 165:** Sarkophag um den Katastrophenreaktor des Kernkraftwerks Tschernobyl, Foto: Picture-Alliance/dpa-Fotoreport, Frankfurt/Main. **Seite 169/172:** Inuitsiedlung/Schlittenhundegespann, Fotos: Christian Jungblut. **Seite 175/176:** Pythonschlangenjagd, Fotos: Gilles Nicolet. **Seite 177/179:** Sharbat Gula 1985 und 2002, Fotos: Steve McCurry/FOCUS, Hamburg. **Seite 180/181:** Menschen auf der Müllkippe von Klausenburg, Fotos: Jordis Antonia Schlösser/Agentur Ostkreuz, Berlin. **Seite 186:** Umschlag zu Parigger: „Die Hexe von Zeil": Klaus Steffens/dtv, München. **Seite 192/196:** Verlagsarchiv. **Seite 233:** Heinrich Böll, Foto: Picture-Alliance, Frankfurt/Main. **Seite 234:** Wolfgang Borchert, Foto: AKG, Berlin. **Seite 235:** Herbert Grönemeyer, Foto: Picture-Alliance, Frankfurt/Main. **Seite 236:** Günter Kunert, Foto: Ullstein Bilderdienst, Berlin. **Seite 237:** Molière, Vorlage: AKG, Berlin. Irene Rodrian, Foto: Isolde Ohlbaum, München. **Seite 238:** Margret Steenfatt, Foto: Rowohlt Archiv. **Seite 239:** Carl Friedrich von Weizsäcker, Foto: Ullstein Bilderdienst, Berlin.
Alle übrigen Illustrationen, Bildcollagen und Grafiken: Uwe Häntsch, Berlin